JAYAKUMAR CHRISTIAN

EL DIOS DE LOS DESPOSEÍDOS

POBREZA, PODER, Y REINO DE DIOS

Ediciones PUMA

El Dios de los desposeídos
Pobreza, poder y reino de Dios
© *Jayakumar Christian*

Título original: God of the Empty-Handed: Poverty, Power and the Kingdom of God

Hecho el Depósito Legal en la Biblioteca Nacional del Perú N° 2012-04975
ISBN N° 978-9972-701-81-8

Primera edición en español, abril 2012
Categoría: Asuntos contemporáneos / Misión - Reino de Dios - Pobreza

Editado por:
© 2012 Centro de Investigaciones y Publicaciones (CENIP) – Ediciones Puma
Av. Arnaldo Márquez 855, Jesús María, Lima
Telf./Fax: (511) 423–2772
E-mail: Administración: puma@cenip.org
Perú: pedidos@edicionespuma.org
Internacional: ventas@edicionespuma.org
Web: www.edicionespuma.org
Ediciones Puma es un programa del Centro de Investigaciones y Publicaciones (CENIP).

Traducción: Virginia Anne Powell
Diseño de carátula: Adilson Proc
Diagramación: Hansel James Huaynate Ventocilla

Dedicado a mi esposa y mejor amiga, Vidhu, y a nuestros queridos hijos y compañeros, Jayanth y Vikram.

Contenido

Prefacio a la edición en español

El mundo de los desposeídos: campo de misión

A Jayakumar Christian tuve el privilegio de conocerlo recién cuando ingresé a trabajar con Visión Mundial, eso por allá a finales del año 2000, cuando visitó Costa Rica para participar en una de las muchas reuniones internacionales en las que se le requiere. Unas veces participa como asesor (sus campos de especialización son variados), en otras como Director de Visión Mundial India, en otras como conferencista bíblico o de temas de desarrollo y pobreza. Después de ese primer contacto personal vinieron otros. Jayakumar ha sido siempre el mismo: vistiendo con su elegante atuendo típico de la India, participando de las reuniones con anotaciones precisas, aportando a diferentes temas siempre con información actualizada y demostrando un vasto conocimiento del mundo de las personas empobrecidas y de las estructuras en las cuales viven y luchan.

Sin duda, entre los varios encuentros que he tenido con él, el más significativo para mi formación personal fue cuando lo visité en su oficina en Channai, India, capital de Tamil, conocida también como Madrás, al sur del país. Fui por una semana para recibir orientación para un nuevo campo de trabajo que estaba iniciando. Mis amigos quienes coordinaban mi nuevo trabajo pensaron que yo necesitaba tener una comprensión más amplia de la pobreza en países fuera de mi América Latina y que, además, debía recibir orientaciones (consejos) prácticas de alguien que tuviera la experiencia directa de trabajar en las comunidades de esos continentes. ¡Y quién mejor que Jayakumar!

Al conocer el trabajo de Visión Mundial en la India, al ver a los equipos de trabajo servir con tanta entrega a favor de las causas sociales más nobles y al observar la sensibilidad humana y el carácter de Jayakumar supe, entonces, que el valor de sus escritos —los que había disfrutado unos años atrás en sus escasas traducciones al castellano— derivaba de su condición de cristiano encarnado en las realidades de pobreza de su India querida.

Así es como conozco al autor del presente libro. Y me he permitido reseñarlo, así, en tono personal, porque no quiero quedarme con la presentación formal de un autor que, aunque tiene méritos académicos y solvencia profesional como especialista en las teorías de la pobreza y sus estructuras, no es esto lo que más convoca a la lectura de su texto. En mi opinión, lo mejor de *El Dios de los desposeídos. Pobreza, poder y reino de Dios*, está en la experiencia que aporta su autor como una persona que ha servido a los desposeídos reales de su país por muchos años. Es un intelectual integral, de los que no se encuentran muchos, de los que pueden discutir con análisis en mano las cifras de la pobreza y de la exclusión social, pero, ante todo, el que de corazón sufre viendo sufrir a su pueblo y no se resiste a ver la pobreza como tema de investigación, sino como una realidad contra la que hay que luchar y resistir cada día.

Para J. Christian la pobreza no es un mero espacio de reflexión; es, principalmente, un campo de misión. Él, como cristiano comprometido, sirve a los empobrecidos con pasión vocacional y queriendo dar testimonio de la plenitud del reino de Dios en medio de las tantas miserias que siguen padeciendo los desposeídos del mundo. Su trabajo a favor del desarrollo integral de los empobrecidos de la India es una expresión de su fe; lo hace porque cree que Jesús vino para comunicarnos buenas nuevas de salvación, que incluye paz, bienestar, reconciliación y dignidad para todos los seres humanos. Y allí donde hay violencia, injusticia y explotación, hay un campo de misión que invita a los seguidores y seguidoras de Jesús a servir con calidad profética como nuestro autor lo ha hecho.

El libro apareció hace ya varios años en el idioma inglés y, desde entonces, ha sido referencia obligada para quienes hemos querido escribir acerca de la misión integral de la iglesia o para quienes han querido desentrañar las raíces profundas de la pobreza de nuestros pueblos. Varios libros escritos en castellano reseñan la obra de Jayakumar y dan cuenta del valor que ella tiene para la comprensión de la responsabilidad social cristiana. Es una obra que se adentra en la presentación de diferentes teorías acerca del desarrollo y de la pobreza, más sin dejar de tener en cuenta los referentes de la fe que proceden de su seguimiento de Jesús. Quizá en este diálogo creativo radique uno de los valores más preciados de esta obra.

El horizonte de fe que enmarca el libro es el reino de Dios y su justicia. Por eso sus propuestas de acción no se contentan con los análisis, sino que acude a la acción solidaria e invita al compromiso movilizador y profético. Porque el reino de Dios es un sueño que mira al futuro mientras transforma el presente y trata de superar en el pasado las huellas destructoras dejadas por el antireino. Si el reino de Dios es alegría, paz y justicia (Ro 14.17), entonces, no hay razones para conformarnos con menos: aquí y ahora debemos ser agentes de esos valores.

De manera particular quiero resaltar la consideración que hace Jayakumar en uno de los capítulos de su libro acerca de la teología latinoamericana de la liberación. ¡Qué emotivo leer lo que dice un cristiano de la India acerca de los aportes que hicieron los más insignes teólogos de nuestras tierras! Él entiende que tal teología, hoy desafiada también por las nuevas realidades del pentecostalismo, es una propuesta inspirada en la fe; así la estudia y así valora sus aportes.

Aquí está el libro, ahora en castellano. Llega en buen momento; cuando cada vez más cristianos y cristianas en Latinoamérica y el Caribe comprenden que la fe está relacionada con las realidades sociales y quieren contribuir a su trasformación holística. Es un buen momento; hay entusiasmo y aires de cambio. Sin embargo —es mi opinión— sobra voluntad y hace falta seriedad teórica y conceptual. Obsérvese no más la forma cómo el pueblo cristiano ha participado en los debates políticos electorales; allí ha sobrado el interés de cambio, pero ha faltado pensamiento político sólido, consistente y bien informado. Con igual candidez se están desarrollando muchos proyectos asistencialistas (todo a nombre de la misión integral), organizando instituciones de servicio social, formando grupos de trabajo político y fundando organizaciones no gubernamentales (ONG). Hay entusiasmo y deseos de servicio, pero falta, repito, fundamentación conceptual, tanto la que procede de las ciencias sociales como la que ofrece la teología y la pastoral social. El libro de

Jayakumar viene para cubrir algunos de estos faltantes. Viene desde el llamado Tercer Mundo, pobre, inequitativo y violento. Es una mano hermana que se une a las nuestras para seguir soñando con la plenitud del reino... aquí y ahora. Porque es hora de reconocer que "el reino de Dios está cerca" (Lc 21.31).

Gracias a quienes han contribuido a este proyecto. A los directivos de la oficina global de Visión Mundial quienes mostraron desde el primer momento su disposición de apoyo a nuestra oficina de América Latina para que coordinara la publicación; en especial a nuestro buen amigo y hermano, Tim Dearborn, Líder Global de Compromiso Cristiano. También a Ediciones Puma, siempre atenta a poner en manos del liderazgo de las iglesias nuevos recursos que contribuyan al cumplimiento de la misión. A todos, gracias; a los editores, traductores, personal administrativo y directivos de las instituciones participantes. Para el Departamento Regional de Compromiso Cristiano de Visión Mundial es un privilegio poner este libro en manos de los lectores y lectoras como un recurso más para el trabajo socio-pastoral.

Por varios años esperamos tener este texto en castellano; hoy el sueño se ha hecho realidad. Ahora está en nuestras manos. Llegue a ustedes mi invitación a leerlo con atención y aplicar sus lecciones con profundo sentido de misión. ¡Así sea!

Harold Segura
Director de Relaciones Eclesiásticas e Identidad Cristiana
Oficina de Visión Mundial para América Latina y el Caribe
San José, Costa Rica, 15 de abril de 2012

Prefacio a la primera edición

La Biblia está llena de órdenes y mandamientos que llaman al pueblo de Dios a ministrar a los extranjeros, los desconocidos, los huérfanos, las viudas y a los pobres que pueda haber entre ellos. Ese ministerio no es optativo para la iglesia, sino un mandamiento de nuestro Señor. Desde todas las tradiciones cristianas diferentes personas han escrito bastante instando a la iglesia a comprometerse, con seriedad a participar en la misión de Jesús:

> [...] anunciar buenas nuevas a los pobres [...] proclamar libertad a los cautivos [...] dar vista a los ciegos, a poner en libertad a los oprimidos, a pregonar el año del favor del Señor (*Lc 4.18-19*).

Hasta ahora, sin embargo, quienes enseñamos sobre las misiones nos hemos sentido profundamente limitados por la ausencia de textos documentados, compasivos y amenos, enfocados en los pobres, en los desamparados, los oprimidos y los marginales. Felizmente, ahora Jayakumar Christian nos ha provisto de una obra con las características deseadas por muchos de nosotros.

Christian no teoriza en forma idealista desde una torre de marfil, se inspira en su herencia india, y permite que su reflexión fluya desde sus más de treinta años de experiencia ministrando entre los pobres.

Su enseñanza, movilización y escritos han sido moldeados por su ministerio en *Visión Mundial*, principalmente en la India. Conoce a fondo su tema, muestra una notable y profunda sabiduría sobre la misión entre, con y en medio de los pobres. Muestra una honda relación personal con el *Dios de los desposeídos.* Y las sugerencias que hace para responder al desamparo de los pobres son prácticas, contextualmente apropiadas, potenciadoras y transformadoras. Derivan de la gran familiaridad que tiene Christian con un amplio espectro de perspectivas sobre el tema de la pobreza.

Hace varios años, tuve el placer de reunirme con Jayakumar Christian a lo largo de cuarenta semanas durante un seminario doctoral del que surgió el libro que editamos Jude Tiersma y yo, *God so Loves the City* (MARC, 1994). Este libro incluye un capítulo escrito por el doctor Christian cuyo título es "Hacia la redefinición de la pobreza urbana". Mi vida resultó enriquecida, mi perspectiva ampliada y mi corazón desafiado por la profunda interacción de aquellos meses con este personaje notable.

Este libro es una contribución única al campo de la misión entre los pobres. Presenta una visión profundamente perturbadora, pero, a la vez, gratamente clara de la realidad percibida con los ojos de los pobres. Christian nos enseña que la pobreza consta de diversas "esferas" de desamparo. El tema es la pobreza en todos los niveles de la existencia. La misión cristiana, entonces, implica la búsqueda interdisciplinaria de respuestas al desafío del desamparo de los pobres.

El libro se divide en tres partes: "Aprender de la historia", "Aprender de los pobres" y "Aprender del reino de Dios". La primera parte reúne todas las condiciones para publicarse algún día como un libro aparte. Ofrece una perspectiva minuciosa y también concisa de las respuestas cristianas a la pobres, una de las mejores que jamás he visto.

En la segunda parte, Christian desafía a sus lectores a mirar la realidad a través de los ojos de los pobres. Lo que vemos es un cuadro profundamente conmovedor de desamparo que impregna diversas "esferas" de la vida de los pobres. "La pobreza tiene que ver con las relaciones de poder", afirma el autor.

El doctor Christian trata a los pobres no como objetos de nuestra misión, sino como a sujetos plenamente humanos que representan un desafío único. Los trata como personas valiosas y amadas, cuya visión del mundo está moldeada por relaciones de poder. Nos muestra que los pobres pueden enseñarnos acerca de su mundo. Al hacerlo, abre un nuevo camino en el tema y nos conduce un paso adelante respecto de los antiguos límites de discusión sobre el evangelismo y la acción social, los cuales han predominado en la misionología durante el último medio siglo.

La tercera parte abunda en sugerencias prácticas y creativas sobre cómo podemos hacer que la misión del "reino de Dios" nos permita respuestas más apropiadas frente a los más desamparados. El lector encontrará aquí un enfoque holístico, integral y ecológico de los temas de la misión entre los pobres, el cual se ofrece para sortear los escollos muchas veces reduccionistas, miopes y con frecuencia paternalistas experimentados por la misión cristiana entre los pobres. Christian procura encontrar enfoques que encaren simultáneamente las esferas física, socioeconómica, relacional y espiritual, en la visión del mundo sobre la pobreza.

¿Quiénes deberían leer este libro? Las perspectivas mostradas aquí serán muy útiles para los pastores de iglesias de todo el mundo. También para los voluntarios y trabajadores sociales, los misioneros interculturales de corto y largo tiempo, los cristianos comprometidos con la misión de las ciudades del mundo, los evangelistas rurales y urbanos, y los estudiantes de misionología. Este libro debería convertirse en un texto fundamental en las escuelas bíblicas, seminarios y programas de formación de las misiones de todo el mundo.

Jayakumar Christian me ha ayudado a repensar la forma en que veo la misión entre los pobres. Ha ampliado mi horizonte, desafiado mi percepción y tocado mi corazón. Estoy profundamente agradecido porque me ha ministrado por medio de este libro. Espero que quienes somos el pueblo del *Dios de los desposeídos*, nos comprometamos totalmente a vivir la misión de Jesucristo entre los más desamparados del mundo.

Charles Van Engen
Arthur F. Glasser, Professor of Biblical Theology of Mission
Fuller Theological Seminary
Pasadena California

Prefacio a la segunda edición

A lo largo de estos últimos años ha sido una experiencia reveladora ver cómo Dios ha usado estos "cinco panes y dos peces" —el libro *El Dios de los desposeídos*— para bendecir a muchos. Cuando trabajaba en mi tesis, jamás imaginé que este libro sería una realidad. Estoy agradecido a Dios porque se dignó a usar esta ofrenda mía. Mi oración es que Dios siga utilizando estas páginas para desafiar, motivar y moldear respuestas holísticas y proféticas entre los pobres y los oprimidos.

El libro original se debió principalmente al estímulo de Bryant Myers (actualmente profesor del Fuller Theological Seminary) y de Edna Valdez (*Visión Mundial*). Ambos trabajaron duro para convertir en un libro ameno lo que originalmente era una sencilla tesis. Estoy personalmente agradecido a ellos por su dedicación.

También agradezco a *Acorn Press* por aceptar reimprimir el libro con revisiones y actualizaciones menores. Estoy particularmente agradecido a Rod Jule de Visión Mundial Australia, quien tuvo un papel decisivo en hacer posible la reimpresión.

En estos años, desde la publicación de la primera edición de *El Dios de los desposeídos*, he procurado sinceramente poner en práctica mis reflexiones. En el proceso he ganado mucho. Estoy en deuda con mis colegas de Visión Mundial, especialmente de Visión Mundial India, quienes con mucha amabilidad desafiaron algunas de mis suposiciones y crearon espacios para intentar poner a prueba lo no verificado. Por ejemplo, he aprendido que una manera concreta de ponerse del lado de los desamparados es ubicarse del lado de los niños en situaciones de pobreza. Este es un acto profético que con frecuencia desafía a los poderosos. He aprendido mucho de esas revelaciones sencillas pero poderosas. En esta versión he agregado datos que explican cómo entiendo el proceso de pérdida del poder (página 216) y la telaraña de mentiras (página 221).

Finalmente, junto con mi esposa Vidhu, y nuestros hijos Jayanth y Vikram, puedo testificar que verdaderamente Dios ha sido fiel con nosotros. Hemos aprendido valiosas lecciones sobre lo que es estar desamparados delante de Dios, y depender enteramente de él. Presentamos este libro como ofrenda de adoración a este Dios fiel.

Es nuestra continua oración que el Señor y Salvador Jesucristo nos halle siempre fieles a él.

Apreciamos sus oraciones.

Jayakumar Christian
Chennai
India

Reconocimientos

Este libro no hubiera sido posible sin la gracia y la fidelidad de Dios. La guía, las oraciones y la solicitud de muchos me permitieron ver el fruto de esta dedicación.

Agradezco a Dios por la comisión tutora en el Fuller Theological Seminary, que me guio en este esfuerzo. La disposición a dialogar conmigo mientras luchaba con cada tema, fue una fuente especial de estímulo. Edgar J. Elliston me ayudó más de una vez en situaciones difíciles. Su crítica detallada y su apoyo solícito fueron una gran fuente de afirmación. Disfruté de momentos de profunda reflexión con Charles Van Engen. Su diálogo reflexivo sobre mi trabajo fue muy estimulante. También estoy agradecido a Paul E. Pierson por su cuidado y estímulo pastoral, así como por compartir conmigo las lecciones de sus años de experiencia, además de sus ricos aportes sobre la misión y los movimientos.

Estoy en deuda con otras dos personas con quienes tuve el privilegio de trabajar mientras investigaba. Me refiero a Samuel T. Kamaleson, exvicepresidente general de Visión Mundial, quien fue un pastor para mí durante mi estadía en Estados Unidos, y Charles Kraft, de quien estoy especialmente agradecido por su interés en mí, incluso antes de iniciar mi investigación. Sumo a ello el sostén de sus oraciones a lo largo de los años en el Fuller Seminary.

La preocupación de Viggo Sogaard por mi bienestar desencadenó todo el proceso de investigación en Fuller. También estoy en deuda con Nancy Thomas, bibliotecaria de la Fuller's School, de Visión Mundial, quien pacientemente leyó mi tesis y me guio hasta las últimas etapas.

Aparte de todos ellos, hubo muchos cuya amistad y aportes convirtieron este proceso de reflexión en un tiempo muy rico: Dean Hirsch, presidente; Watt Santatiwat, vicepresidente de la región asiática; la fallecida Joan Levett, entonces vicepresidente de ministerio y sociedad de apoyo; y Bryant Myers, vicepresidente de ministerio (todos de Visión Mundial). Aparte del apoyo financiero, su interés en este trabajo fue muy animador. Estoy especialmente agradecido a Dean Hirsch y Joan Levett por el amoroso apoyo que nos prodigaron a mi familia y a mí mientras transitábamos el camino que teníamos por delante. Estoy en deuda con Visión Mundial India por permitirme el tiempo y el espacio para realizar esta investigación. Estoy en deuda con mis colegas, quienes me tuvieron paciencia mientras me guiaban a través de sus propias experiencias.

También agradezco a otros amigos que nos apoyaron como una gran familia durante mi estadía en Fuller: Jim Brown, Ian Thornton, John Steward, Steve Commins, John Key, John Robb, Frank Cookingham y Geroge Marhad. Agradezco, también, a la Fundación First Fruit y a Visión Mundial por su apoyo financiero.

No podría haber hecho gran cosa sin el apoyo de mi querida familia. Agradezco a Dios por mis padres, quienes ya se fueron de esta vida a estar con el Señor. En vida, mi madre me sostuvo con sus constantes oraciones y su amor. También agradezco a mi familia extendida: mis hermanos y hermanas con sus familias, quienes me apoyaron y animaron durante el tiempo que duró la investigación. Finalmente, estoy agradecido a Dios por mi esposa y mis hijos. Mi esposa y amiga, Vidhu, fue mi compañera y mi crítica amorosa. Fue parte muy importante y editó esta investigación. Nuestros hijos, Jayanth y Vikram oraron por mí y me dieron el tiempo que les correspondía legítimamente a ellos para que pudiera realizar este estudio. Mi familia me apoyó durante los numerosos momentos de impotencia personal que fueron parte de esta investigación.

Asimismo, vaya mi agradecimiento especial a Edna Valdez de Publicaciones Visión Mundial, así como a Rebecca Russell y Joan Laflamme, quienes revisaron laboriosamente este manuscrito y se esforzaron mucho en convertir este material académico en algo ameno. Para estas mujeres, mi sincero agradecimiento por su paciencia a lo largo de todo el proceso.

Es mi sincera esperanza que este libro sea una bendición para quien lo lea.

Jayakumar Christian

Abreviaciones

CSI	Iglesia de India del Sur
CRESR	Consulta sobre la Relación entre Evangelismo y Responsabilidad Social
ECI	Iglesias evangélicas de la India
FAO	Organización de las Naciones Unidas para la Agricultura y la Alimentación
PNB	Producto Nacional Bruto
IADP	Programa Intensivo de Desarrollo Agrícola
FMI	Fondo Monetario Internacional
IVP	Inter Varsity Press
LCWE	Comité de Lausana para la Evangelización Mundial
NEO	Nuevo Orden Económico
ONG	Organización no gubernamental
UN	Naciones Unidas
UNICEF	Fondo Internacional de Emergencia Infantil de las Naciones Unidas
USAID	Desarrollo Internacional de los Estados Unidos de América
VDA	Asociación para el desarrollo de los pueblos

Introducción

Durante años el tema de la pobreza ha desafiado a las mejores mentes tanto a nivel de las bases como entre los académicos. La preocupación por la pobreza ha ido y venido desde los libros de política hasta los programas de los partidos políticos. Los expertos han desarrollado muchas teorías para "explicar" la pobreza. Se han diseñado diversas escalas, índices y herramientas para "medir" este complejo fenómeno.

No obstante, la pobreza, con todas sus complejidades, sigue siendo un gran desafío tanto para la iglesia como para el mundo. Desafía las respuestas y soluciones fáciles. Este estudio es la búsqueda de una respuesta alternativa para los pobres carentes de poder.

En esta búsqueda he optado por comenzar con relatos acerca de los pobres y el poder, por tres razones bien específicas y como parte intencional de mi metodología. Primero, los relatos tienen una forma de captar la dimensión humana de la pobreza. La pobreza es y siempre será un fenómeno humano. A pesar de todos los esfuerzos por reducirla a datos estadísticos o a un concepto, su rostro humano nunca se podrá ocultar. Otros autores han usado relatos sobre los pobres en sus escritos, aunque no reflexionan conscientemente sobre las implicancias metodológicas de tal enfoque[1]. No obstante hace falta desarrollar el valor del relato como marco metodológico, válido para interpretar el contexto y hacer teología para la misión, y también para ampliar las perspectivas obtenidas en la teología narrativa. Para ser rigurosos en su procesamiento, el relato debería ser más que una simple "lectura" del contexto.

---

1 Ver Oscar Lewis, *Five Families: Mexican Case Studies in the Culture of Poverty* (Cinco familias: Estudios de caso en Méjico, en la cultura de la pobreza). Basic Books, Nueva York, 1959; *Pyramids of Sacrifice: Political Ethics and Social Change* (Pirámides de sacrificio: ética política y cambio social) de Peter Berger, Basic Books, Nueva York, 1974; y *Charity and Change: From Bandaid to Beacon* (Caridad y cambio: de la venda al faro) de Frances O'Gorman, World Vision, Melbourne, 1992.

Además, los relatos hacen las veces de ventanas para investigar más a fondo el tema de la pobreza y el desamparo:

> Los seres humanos necesitan relatos, símbolos, figuras, mitos y ficción para abrir su imaginación a algunas posibilidades genuinamente nuevas que el análisis conceptual, comprometido como está con la comprensión de las realidades actuales, no puede proveer adecuadamente[2].

Tercero, esta investigación teológica debe interactuar estrechamente con la realidad humana, y los relatos proveen ese escenario. Porque:

> Si no se habla de Dios en relación con la experiencia que tiene el hombre de sí mismo y de su mundo, entonces la teología se retira a un gueto, y la realidad con que el hombre tiene que ver queda abandonada a la impiedad[3].

Por todo eso, este estudio comienza con relatos de la realidad humana.

Escenarios de poder

Tres perspectivas del poder moldean la vida de los pobres y la misión de la iglesia entre ellos. Primero, la visión que los desamparados tienen del poder, luego la percepción de los poderosos y, finalmente, la perspectiva que posee el reino de Dios[4]. Los teólogos

---

2 David Tracy, *Blessed Rage for Order: The New Pluralism in Theology* (Bendito furor por el orden: La nueva pluralidad en teología). Harper & Row, San Francisco, 1988, p. 207. Ver también J. P. M. Walsh, *The Mighty from Their Thrones: Power in the Biblical Traditions* (Los poderosos desde sus tronos: el poder en las tradiciones bíblicas), Fortress Press, Filadelfia, 1987.

3 Jürgen Moltmann, *Theology of Hope: On The Grounds and the Implications of a Christian Eschatology* (Teología de la esperanza: sobre las bases y las implicancias de una escatología cristiana), Harper & Row, Nueva York, 1967, p. 89.

4 Esta investigación es el resumen de un proceso de interacción entre tres aspectos entrelazados de la misión: el contexto de la pobreza; las reflexiones bíblicas y teológicas; y finalmente las reflexiones históricas de la iglesia (como comunidad de fe) sobre temas relativos a la pobreza y las respuestas misionales entre los pobres (ver Charles Van Engen,

de la liberación sugieren que la "praxis de la solidaridad" con los oprimidos es el punto de partida de la teología de la liberación[5]. Al comenzar con los pobres, no estoy sugiriendo que el contexto de la misión moldeará mi reflexión bíblica o servirá de criterio para interpretar la Biblia. No obstante, los relatos acerca de los pobres sirven como un muy necesitado recordatorio de las realidades sociales, culturales, religiosas y políticas que me han impulsado a embarcarme en esta búsqueda de una respuesta alternativa para los pobres y su condición. También generan nuevas preguntas al leer y reflexionar sobre las Escrituras. En ese sentido limitado, esta es una teología "desde abajo". No obstante, este estudio se construye sobre la convicción de que las Escrituras

> ...tienen primacía sobre la práctica [o *pathos* de la situación de la pobreza] y determinan la práctica correcta [o lo que debe hacerse para revertir la situación de pobreza] [...] para capacitar al hombre de Dios *para toda buena obra* (2Ti 3.17)[6].

En consecuencia, he optado por comenzar el proceso de investigación en el umbral mismo de la pobreza con un relato acerca de una comunidad de pobres carentes de poder.

Una perspectiva desde los pobres

Los harijan de Mogalliwakkam viven a 19 kilómetros de Madras, la cuarta mayor región metropolitana de la India. En un pueblo semiurbano, alejado de la ruta principal. Como ocurre con la mayoría de las castas inferiores, los harijan han sido una comunidad de

---

Dean S. Gilliland y Paul E. Pierson (eds.): *The Good News of the Kingdom: Mission Theology for the Third Millenieum* (La buena noticia del reino: Teología de la misión para el tercer milenio, Orbis Books, Maryknoll, NY, 1993, p. 30).

5 Gustavo Gutiérrez, *A Theology of Liberation: History, Politics and Salvation* (Teología de la liberación: Historia, política y salvación), Orbis Books, Maryknoll, NY, 1988.

6 Miroslav Volf, "*Doing and Interpreting: An Examination of the Relationship Between Theory and Practice in Latin American Liberation Theology*" (Hacer e interpretar: un estudio de la relación entre teoría y práctica en la teología de la liberación en América Latina), *Themelios*, vol. 8, n.° 3, 1983, pp. 11–19. Ver también Van Engen *et al.*, *The Good News of the Kingdom* (La buena noticia del reino), pp. 29–35.

obreros agrícolas sin tierra. "Dios ha querido que fuéramos coolies[7] agrícolas y viviéramos del ingreso que obtenemos con nuestro trabajo duro", explica un harijan. *Harijan* significa literalmente 'hijo de Dios'. Sin embargo, a lo largo de los años, el término ha llegado a identificarse con los de la casta más baja y los sin casta.

Aunque los harijan no son dueños de la tierra, esta siempre ha sido su lugar sagrado de trabajo[8]. Mogalliwakkam tiene cuatrocientas familias, las cuales tradicionalmente han formado una comunidad agrícola. La tierra apta para la agricultura en la región pertenecía mayormente a los mudaliar de casta superior.

Si bien los harijan no eran dueños de la tierra donde trabajaban, "pertenecían" a ella. Pero, con el paso del tiempo, el pueblo sufrió cambios que sacudieron las bases mismas de la vida comunitaria. Cuando la tierra agrícola comenzó a venderse a precios muy elevados para la construcción de viviendas, la base económica y el perfil laboral del pueblo se precipitó drásticamente. Los sin tierra no tienen voz ni voto en la venta de la tierra, a pesar de que es su trabajo el que está en juego.

La Autoridad Metropolitana de Desarrollo de Madras, en un esfuerzo por aliviar la congestión en los alrededores de Madras, permitió que la élite de Madras comprara tierra cultivable para la construcción de viviendas.

> Ahora casi no hay actividad agrícola [...]. Ya no producimos más arroz; estamos obligados a comprar arroz en el mercado y es costoso (Selvam, un líder local de la comunidad)[9].

---

7 "Coolie", obrero agrícola semiesclavo de China e India [nota del traductor].

8 Alrededor de 12 harijans de este pueblo son cristianos, el resto son hindúes. El pueblo tiene un templo para Mariamman y otro para Venkatesaperumal. Hay una iglesia del sur de la India y una iglesia evangélica de la India fuera de la comunidad que atiende a los cristianos del pueblo. Los trabajadores agrícolas ganan entre 15 y 20 rupias (aproximadamente 50 a 60 centavos de dólar) por día. Los mudaliar de la casta más alta viven en la aldea contigua a la colonia Mogalliwakkam. Mogalliwakkam tiene una escuela primaria pública a la que asisten 600 niños. La escuela media más próxima está a una distancia de 5 kilómetros, allí sólo asisten entre 25 y 30 niños de Mogalliwakkam, únicamente unos 12 niños del pueblo logran llegar a la universidad ubicada en Madras.

9 Las entrevistas y los datos sobre la comunidad Mogalliwakkam los reuní durante mi estudio de campo en julio de 1992.

Madras está invadiendo esta pequeña comunidad agrícola y los dueños de las fábricas traen obreros calificados de otros países. En otro tiempo se consideraba a los habitantes de Mogalliwakkam obreros calificados, pero ahora se los considera mano de obra no calificada y se ven obligados a esperar, a la orilla de la ruta, que alguno los recoja y contrate por un jornal. "Nuestro lugar de trabajo, la tierra cultivable, ha sido ocupada por las fábricas. En las fábricas no nos quieren", afirma un líder de la comunidad. Incluso, cuando los contratan, reciben salarios muy bajos. Estos ancestrales labradores ahora son apenas ayudantes de albañiles calificados. Están siendo gradualmente alejados de la tierra donde pertenecen. Hoy sus herramientas agrícolas están abandonadas en un oscuro rincón de la casa, recordándoles que ellos mismos se han convertido en meras herramientas de la élite urbana.

¿Qué significa la pobreza en este contexto? ¿Es meramente la combinación de ingresos *per cápita* bajos, la condición de vida por debajo de la línea de pobreza, la ausencia de bienes básicos, el atraso, la falta de acceso y posibilidades, el incremento de la degradación ambiental y la familia numerosa? ¿Qué teorías sobre la pobreza y qué paradigmas de misión nos ayudan a comprender cabalmente las experiencias de los pobres de Mogalliwakkam? ¿Podría el "poder" servir como motivo[10] integrador para explicar la relación entre esas fuerzas y la pobreza? ¿Qué significan el poder y la falta de este para los pobres de Mogalliwakkam? ¿Cómo debería responder la iglesia ante el desamparo de los sin tierra de esa comunidad?

Una perspectiva desde los no pobres

Josiprasda es un pueblo típico de la India central, conformada por una comunidad heterogénea de brahmanes, purnis, chandrakars, chamars, satnamis, pescadores y tellis o sahu (nombres de diferentes

10 A lo largo de este libro he utilizado la idea de *motivo integrador* como manera de investigar el todo, evitando el reduccionismo y la fragmentación. El concepto de motivo integrador afirma que el desamparo es solamente una parte del fenómeno mayor llamado pobreza. También evita el peligro de reducir toda la pobreza al único tema del desamparo y mantiene la integración de todo el proceso y sus conclusiones.

castas en el pueblo). Los satnamis de la región adoran al santo Kasidas, un intocable que demostró el poder de la verdad. Creen que Kasidas los une entre ellos y que sus creencias no generan tantas divisiones como ocurre en otras religiones.

El centro de atención primaria de salud más próximo a este pueblo está a 17 kilómetros. Hay una escuela primaria en el pueblo, pero los niños deben viajar muy lejos para acceder a la escuela de enseñanza media más próxima. Por esa y otras razones, las niñas del pueblo no asisten a la escuela de enseñanza media. Sólo dos personas de Josiprasda asisten a la universidad. El pueblo queda aislado de los otros pueblos durante la estación del monzón.

Los "no pobres"[11] de Josiprasda han tenido éxito en excluir a los pobres de la corriente principal de la sociedad. Los partidos políticos principales del Estado tienen una fuerte presencia en el área, pero, como señaló un poblador, "A causa de los políticos corruptos ya no podemos sentarnos con nuestros hermanos [...] los líderes son ricos y [...] no tenemos líderes honestos que nos representen". Los sahus son los obreros sin tierra de ese pueblo. Se les paga 10 o 12 rupias (equivale a 30 o 40 centavos de dólar) de jornal. Un vecino de un pueblo cercano señaló: "Trabajamos todos los días sólo para reunir algún dinero para la comida [...] No podemos ahorrar. Si iniciáramos algún negocio, las castas superiores nos boicotearían y fracasaríamos".

En Josiprasda, algunos terratenientes y granjeros sin tierra quisieron labrar en tierra fiscal (recurso de propiedad comunitaria), pero los terratenientes, con ayuda de la policía local, desalojaron a los granjeros sin tierra y los llevaron a la corte. El caso se presentó sólo contra estos. Los funcionarios siempre les negaron sus pedidos de justicia con un comentario: "Ustedes no tienen dinero ni para comprar una copia de la Constitución... ¿cómo pueden pretender justicia?". Al describir su situación, uno de los vecinos comentó: "No tenemos dinero ni siquiera para ponerle guirnaldas a Murthy [una deidad india], ¿cómo podremos engalanar a los ministros y políticos locales?"

11 Utilizo la expresión "no pobres" para referirme a los ricos y la clase media. Esta expresión no supone ninguna relación de opresión, a menos que se lo especifique.

¿Qué significa el "poder" para los ricos y los poderosos en Josiprasda? ¿Cuál es la relación entre el poder y la pobreza intergeneracional aquí? Estas y otras experiencias similares han llevado a que los pobres de la región lleguen a la conclusión de que Dios está del lado de los ricos. ¿Qué significa "ser la iglesia" entre los pobres que no tienen poder y que sienten que Dios está implicado en la perpetuación de su desamparo? Esta investigación se construye sobre la premisa adelantada por David Bosch de que "El mundo contemporáneo nos desafía a practicar una 'hermenéutica transformadora' [...] una respuesta teológica que nos transforme primero a nosotros antes de que nos involucremos en la misión para el mundo"[12].

Una perspectiva desde el trono

La percepción del poder es un tema importante para la iglesia local entre los pobres, especialmente cuando se lo entiende desde la expresión subversiva de poder en el trono de Dios en Apocalipsis 5.

Esa visión del futuro reino de Dios es una clave y un punto de referencia decisivo en esta indagación sobre la relación entre reino de Dios y poder.

El reino de Dios venidero y la visión del futuro "moldea[n] y determina[n] el contenido de nuestra misión"[13]. Como lo expresa Jacques Ellul, "Todos los hechos adquieren su valor a la luz del futuro reino de Dios"[14]. Hay tres razones específicas para poner el foco en el modelo futuro:

* Un estudio del futuro reino de Dios y una respuesta misional ante los desamparados basada en una perspectiva del futuro, seguramente permitirá a las misiones

12 David J. Bosch, *Transforming Mission: Paradigm shifts in theology of Mission* (Misión en transformación: cambios de paradigma en la teología de la misión), Orbis Books, Maryknoll N.Y., 1991, p. 189.

13 Vinay Samuel y Chris Sugden (eds.). *The Church in Response to Human Need.* (La iglesia en respuesta a la necesidad humana), Eerdmans, Grand Rapids MI, 1987, p. 148.

14 Jacques Ellul, *The Presence of the Kingdom* (La presencia del reino), Helmers y Howard, Colorado, 1989, p. 37.

alejarse de una actitud meramente reactiva. Con frecuencia los hechos y las cifras acerca de los pobres son tan persuasivos que nos apresuramos a reaccionar o ejercemos un pragmatismo vacío. Al final terminamos "formulando" nuestras teorías e imperativos de desarrollo según nuestras suposiciones acerca del futuro... [sin contrastar] con los planes de Dios para el futuro[15].

* Al comenzar por el futuro, afirmamos el hecho de que el futuro de Dios ya ha invadido el presente. En la visión del Antiguo Testamento sobre el tiempo, no había escisión entre la historia presente y el futuro escatológico. Wolfhart Pannenberg rechaza la idea de que la condición futura del reino de Dios implica que Dios está en desarrollo. En lugar de eso, afirma que "la idea de la condición futura de Dios y su Reino, definitivamente no 'elimina' a Dios y el futuro [del presente]... Todo lo contrario, como poder del futuro domina el pasado más remoto"[16] y el presente. El reino de mañana ha invadido el hoy.
* Comenzar con el futuro aporta la dimensión de la fe al proceso de reflexión y acción. Cuando modelamos un paradigma alternativo para responder a los pobres que no tienen poder basándonos en el reino de Dios, no estamos haciendo una simple elección mecánica lógica. Vamos más allá. Hacemos una afirmación de fe. Creemos que el futuro como lo ven las Escrituras es de un valor tan determinante que permitimos que ese futuro moldee nuestras actuales respuestas ante los pobres que no tienen poder. Sólo por medio de la fe podemos agradar a Dios (Heb 11.6). "La fe no espera a que la soberanía de Dios se establezca en la tierra; actúa como si esa soberanía

15 Maurice Sinclair, "Development and Eschatology", en Samuel y Sugden, *The Church in Response to Human Need* (La iglesia en respuesta a la necesidad humana), p. 161.

16 Wolfhart Pannenberg, *Theology and the Kingdom of God*, Westminster Press, Philadelphia, 1968, p. 62.

ya tuviera dominio completo"[17]. Por estas razones, este estudio analiza la visión futura del trono, la forma de las cosas que vendrán.

Esta figura del trono es una de las muchas descripciones que aparecen en el Apocalipsis. En efecto, "al Apocalipsis le preocupan los problemas del poder"[18].

El poder y el cordero inmolado

La visión desde el trono en Apocalipsis 5 provee varias claves para comprender el poder en el reino de Dios. A continuación, algunas breves reflexiones sobre el poder como se lo ve desde el trono en este pasaje.

El poder, como se lo entiende en el reino de Dios, revertirá el así llamado orden natural y la comprensión popular del poder. En Apocalipsis 5.5, el anciano anuncia que el León de Judá entrará para abrir el rollo. Se corre la cortina y entra "un Cordero" (v 6). La palabra griega para Cordero —*arnion*— aparece 29 veces en el Apocalipsis; una traducción estricta debería decir "pequeño cordero" porque la palabra griega está en diminutivo[19].

---

17 Walter Wink, *Engaging the Powers: Discernment and Resistance in a World of Domination*, (Encarar el poder: Discernimiento y resistencia en un mundo de dominación), Fortress Press, Filadelfia, 1992, p. 323.

18 David Prior, *Jesus and Power* (Jesús y el poder), IVP, Downers Grove IL, 1987, p. 172. En la Biblia hay diferentes percepciones del poder. La liberación en Éxodo presenta el poder como la fuerza liberadora de Dios. La tradición real veía al poder como la capacidad para cambiar el curso de la historia. Los sabios lo veían como la administración del poder terrenal aquí y ahora, y los sacerdotes como la raíz de todo lo impuro y del pecado (Hans-Ruedi Weber, *Power: Focus for a Biblical Theology* (Enfoque para una teología bíblica), WCC Publications, Ginebra, 1989, p. 167). Hace falta conocer la vida de Jesucristo y las enseñanzas paulinas sobre el poder, así como realizar un detallado estudio acerca de las palabras poder, autoridad y dominación para comprender la visión de las Escrituras referida el poder. En el Apocalipsis hay diversas figuras del poder. A Jesús se lo describe como el futuro juez, como el jinete del caballo blanco, etcétera. No obstante, a lo largo del Apocalipsis el autor señala continuamente al "Cordero del trono" como la imagen definitoria de Jesucristo. Además, el Cordero no contradice la imagen del juez ni las otras figuras mencionadas en el Apocalipsis.

19 Earl F. Palmer, *1, 2, 3 John, Revelation* (1, 2, 3 Juan, Apocalipsis), Word Book Publishers, Waco TX, 1982, p. 166.

Reflexionando sobre esto, León Morris observa:

> Cuando los hombres con visión terrenal quieren símbolos de poder, evocan bestias poderosas y aves de presa. Rusia tiene como símbolo el oso, Inglaterra el león, Francia el tigre, los Estados Unidos el águila con alas extendidas —todos ellos feroces[20].

En la India el símbolo de poder es el tigre. Y en el reino de Dios el símbolo de poder es este "pequeño cordero", un cordero inmolado. El poder, como se expresa aquí desde el trono, no es simplemente diferente, sino que invierte completamente la comprensión popular del poder.

> El señorío de Cristo no se basa en alguna fuerza militar, sino en el amor sacrificial. No es opresivo ni castrador, sino creativo y liberador. No es totalitario, sino comunitario y fraternal. Facilita la formación de una nueva comunidad sobre la base del amor y el sacrificio[21].

Este modelo de inversión se evidencia a lo largo de todas las Escrituras. Por ejemplo, la idea misma del Cordero en el trono es una inversión. En Apocalipsis 7.17, vemos al Cordero en el centro del trono; más adelante, *el cordero pastoreará* [a los redimidos] *y los guiará a fuentes de agua viva.* Esta descripción del trono y su disposición del poder nos resulta contradictoria con las imágenes "normales". Vemos un Cordero en el trono, un Cordero que se convierte en pastor y, finalmente, un Cordero que guía al pueblo de Dios a las fuentes de agua viva. "El verbo *poimanei* (guiar) se asocia normalmente con un pastor y es inusual en relación con un cordero. Supone una total inversión de roles"[22]. Después de todo, este mismo

---

20 Leon Morris, *Revelation of St. John* (El Apocalipsis) Tyndale New Testament Commentaries, rev. edn, IVP, Leicester, 1987, p. 94.

21 Orlando E. Costas, *Christ Ouside the Gate: Mission Beyond Christendom* (Cristo fuera de la tranquera: La misión más allá de la cristiandad), Orbis Books, Maryknoll, NY, 1982, p. 9.

22 Leon Morris, *The Revelation of St. John: An Introductory Commentary* (Apocalipsis: un comentario introductorio), Eardmans, Grand Rapids MI, 1969, p. 118.

Cordero, más atrás en la historia de la salvación, fue Aquel que … *como cordero, fue llevado al matadero; como oveja, enmudeció ante su trasquilador* (Is 53.7). En consecuencia, esta visión desde el trono sugiere que en el futuro, cuando el reino de Dios venga en toda su gloria, habrá inversiones en el orden natural y en la comprensión popular del poder.

Segundo, en el reino de Dios, el Cordero inmolado es el paradigma del poder. El pasaje de Apocalipsis también presenta al Cordero como "el inmolado". El Cordero inmolado es hallado digno (5.9, 12) y se lo describe como el que "ha vencido" (5.5). "Su dignidad no se reconoce aquí en términos de su poder o de la majestad de su Persona, sino en su muerte por nosotros"[23]. El Cordero inmolado es una digna expresión de poder. El Cordero inmolado invierte la comprensión del mundo sobre el poder hasta hacerlo aparecer como impotencia.

Tercero, el poder en el reino incluirá a todos. Anteriormente, Jesús había dicho: *Dichosos ustedes los pobres, porque el reino de Dios les pertenece* (Lc 6.20). No obstante, vemos que cuando el reino de Dios sea finalmente cumplido comprenderá a "todos los pueblos, naciones y lenguas".

> El alcance universal de la redención se resalta sumando expresiones que muestran que los redimidos no provienen de algún grupo restringido sino de todo el mundo[24].

El reino de Dios, que Jesús dijo que pertenece a los pobres, al final de los tiempos incluirá a personas de todos los grupos étnicos y socioeconómicos. ¿Cómo puede ser eso? Los pobres y desamparados, excluidos de los reinos de hoy, tendrán el singular gozo de ver a toda tribu, lengua, pueblo y nación incluidos en el reino de Dios. Siguiendo esta visión desde el trono, tenemos una tercera clave sobre la comprensión que tiene el reino sobre el poder. El reino de Dios afirma que el poder siempre debería ser relacional e inclusivo.

---

23 *Ídem*, p. 97.

24 Morris, *Revelation of St. John*, 1987, p. 97.

Finalmente, en el reino de Dios todas las expresiones de poder afirmarán la naturaleza geocéntrica del reino. El Cordero inmolado de Apocalipsis 5, nos comprará y convertirá en sacerdotes de un reino en el que podamos servir a Dios. En la economía del reino, "la redención no carece de propósito; [las personas] son compradas para que pertenezcan a Dios (*cf.* 1Co 6.19–20)"[25]. Nuevamente, somos redimidos para ser un reino y somos sacerdotes para "servir a Dios" (Ap 5.10). En el reino de Dios, servir precede a reinar. Esta es, entonces, la cuarta clave desde el trono. Todo poder, de acuerdo con el reino de Dios, estará orientado a Dios. Todo poder pertenecerá a Dios (Sal 62.11).

Por eso, en el reino de Dios, el poder invertirá el orden natural, invertirá la visión que tiene el mundo del poder, será relacional y siempre afirmará que el poder pertenece a Dios. El poder, expresado aquí desde el trono, es transformador (Ap 5.9, 10), es digno de un nuevo cántico (Ap 5.9, 12)[26] y es la comprensión última del poder (Ap 11.17).

Visión general

Estos tres escenarios —desde la perspectiva de los pobres, los no pobres y el trono de Dios— sugieren por lo menos tres puntos de vista conflictivos del poder que se evidencian en las situaciones de pobreza. Una es la profundamente arraigada impotencia de los pobres,

---

25 *Ibíd.*

26 La palabra *nuevo* es un tema predominante en el Nuevo Testamento. Charles Van Engen en su análisis del "tema del pacto" sugiere que el concepto más popular es el término *kainos*. Van Engen sugiere que *kainos* se refiere a *nuevo* como algo continuo con el pasado pero que enriquece la comprensión del pasado. Propone que entender *nuevo* como la idea *continua pero enriquecida* también supone que hay contextualización (Charles Van Engen; "*The New Covenant*" (El nuevo pacto), en Dean Guilliland (ed.) *The World Among Us: Contextualising Theology for Mission Today* (El mundo que nos rodea: contextualizando la teología para la misión hoy), Word Publishing, Dallas TX, 1989, pp. 86–88). *Nuevo* también es una palabra frecuente en el Apocalipsis. Se refiere al nuevo nombre (2.17; 3.12), la Nueva Jerusalén (3.12; 21.2), el nuevo cielo y la nueva tierra (21.1), y finalmente está la resonante declaración de que Dios hará nuevas todas las cosas (21.5). "En tanto la palabra griega *kainos* pueda distinguirse de la otra palabra nuevo, *neos* (que no aparece en el Apocalipsis), significa "fresco" frente a "reciente". Tiene que ver con la calidad más que con la fecha" (Morris, *Revelation of St. John*, 1987, p. 96.)

como en Mogalliwakkam. La segunda son las diferentes expresiones de poder entre las comunidades no pobres, como en Josiprasda. Finalmente, para la iglesia en misión entre los pobres, está también la interpretación decisiva del poder como se lo ve en el reino de Dios.

Estos tres escenarios de poder generan una serie de preguntas. ¿Cómo juzgará la comprensión del poder, como se lo ve desde el trono, a las otras dos visiones del poder? ¿Cómo podrá transformar la interpretación y la experiencia de impotencia de los pobres? ¿Cómo transformará el reino de Dios la naturaleza misma del poder que mantiene carentes de poder a los pobres?

Cualquier análisis de la pobreza supone el estudio de diversas disciplinas[27]. Por ello, procuraremos aquí introducir perspectivas de los campos de la antropología, la sociología, la política, además de la teología del hinduismo y el cristianismo, para proveer información y dar forma a la indagación del sentido de la impotencia. No obstante, este estudio evita intencionalmente desarrollar el paradigma alternativo simplemente sobre la base de las perspectivas de la historia o del contexto de la impotencia. Ni la historia ni la impotencia ni la cultura ni el rol de los principados y poderes pueden brindar la base para desarrollar una respuesta alternativa al desamparo. Sólo una comprensión de la visión del poder desde el trono (el reino de Dios) puede proveer la base para una adecuada respuesta a la impotencia. En el contexto de estos tres escenarios de poder, la primera parte de este libro analiza los diferentes paradigmas de la pobreza que gobernaron las reflexiones y respuestas históricas. Explora las reflexiones de los teóricos del desarrollo secular, los teólogos de la liberación, los teólogos Dalit y los evangélicos, así como las respuestas de diversos ministerios históricos y contemporáneos. La segunda parte, basada en aportes de la historia, indaga en el sentido de la impotencia. La tercera parte es la búsqueda de una respuesta alternativa, explora específicamente la interpretación del poder en la teología del reino de Dios para construir esta respuesta alternativa para la impotencia de los pobres.

---

27 Mandfred Max-Neff, Antonio Elizalde y Martin Hopnhayn, "*Human Scale Development: An Option for the Future*" (Desarrollo a escala humana: una opción para el futuro), *Development Dialogue*, vol. 1, 1989, pp. 18ss.

El estudio

Escudriñando los relatos de comunidades como Mogalliwakkam y Josiprasda, sorprende el hecho de que la carencia de poder, se ha convertido en sinónimo de pobreza. Por consiguiente, el poder se ha convertido en una parte ineludible del contexto de la misión. David Bosch comenta:

> Más importante todavía era toda el área de poder. Quedó claro que, muy al fondo, era el verdadero punto, y que el desarrollo auténtico no podía tener lugar sin la transferencia de poder[28].

La cuestión del poder se ha vuelto primordial en todas las situaciones de pobreza, y la iglesia entre los pobres está llamada a responder de una manera nueva y más efectiva.

El paradigma alternativo

¿Cómo equipamos a los pobres para que se conviertan en agentes de transformación en lugar de ser meros receptores de esta? Lo que subyace en nuestro compromiso es la convicción de que la actividad misional entre los pobres debe equipar a la iglesia para que genere movimientos que hagan de ellos agentes clave de la transformación.

Las reflexiones sobre el paradigma alternativo que se presentan en este libro se basan en la convicción fundamental de que los profesionales locales que trabajan entre los pobres son la "comunidad hermenéutica". Una comunidad de profesionales en una red de personas con fuerte compromiso, ejemplos y valores compartidos, quienes poseen una sabiduría crítica para la tarea de responder a las necesidades de los desamparados, y tienen la responsabilidad fundamental de construir el paradigma para su propia respuesta. En este sentido, el presente estudio sólo puede servir como "orientación

28 Bosch, *Transforming Mission*, p. 357.

para la elaboración del mapa"[29]; no brinda el mapa mismo. Por ello, las reflexiones del capítulo final sobre un paradigma alternativo generan preguntas para los profesionales de base sobre cómo construir mapas relevantes para realizar su parte en la misión de Dios. Específicamente, el capítulo genera preguntas acerca de su percepción de la realidad de la pobreza y de la impotencia. Permite a la comunidad de profesionales reevaluar los hechos que han dado forma al compromiso misional en el pasado.

Aparte de generar preguntas, las reflexiones del capítulo final también ofrecen definiciones operativas alternativas para conceptos comunes entre los mencionados profesionales: sustentabilidad, empoderamiento y transformación. También proponen temas clave para analizar las situaciones de pobreza.

Finalmente, el paradigma alternativo contribuye igualmente a la autodefinición (reequipamiento) de los profesionales de base a medida que responden a las necesidades de los pobres que no tienen poder. La transformación de la iglesia y de los profesionales de base, se da mientras estos procuran transformar la vida de los otros, mientras responden a las necesidades de los que carecen de poder.

Algunas definiciones

He utilizado algunos términos que requieren ser definidos de entrada.

* *Hindú* se refiere a quien practica el hinduismo popular. Cuando examinamos el papel de la visión del mundo en situaciones de pobreza, fue necesario enfocar un grupo particular de gente. En consecuencia, este estudio examinó el hinduismo popular como ejemplo de caso concreto, más que como hinduismo filosófico.
* El *poder* se define como la capacidad de algunas personas dentro de una relación social para llevar a cabo su propia

29 Thomas S. Kuhn, *The Structure of Scientific Revolutions* (La estructura de las revoluciones científicas), segunda edición aumentada. The University of Chicago Press, Chicago, 1970, p. 109.

voluntad en función de producir efectos intencionados o previstos sobre otros a pesar de su resistencia.

* *Relaciones de pobreza* se usa en este estudio para significar las diversas relaciones dentro de situaciones de pobreza que afectan a los pobres, sus familias y sus comunidades. No obstante, esta expresión no sugiere una evaluación de la calidad de las relaciones. Es sólo una descripción de las muchas relaciones socioeconómicas, políticas, burocráticas y religiosas en situaciones de pobreza.
* *Visión del mundo* se entiende como el conjunto de suposiciones, valores y compromisos/lealtades que han modelado las percepciones y respuestas de los pobres y los no pobres implicados en relaciones de pobreza.
* *Principados y poderes* se usa para significar las fuerzas caídas del reino de Satanás que son poderes cósmicos personales. Desafían el propósito de Dios para su creación por medio del ejercicio de influencias dominantes sobre las personas y las estructuras.

Alcance y limitaciones

Aunque se reunieron datos sobre los enfoques contemporáneos hacia los pobres, este estudio se centra en los supuestos acerca de la pobreza que han dominado la respuesta de las iglesias respecto de estas personas. El estudio de campo no se proyectó para reunir datos acerca de los pobres ni de toda la teología de misión de la iglesia. El foco estuvo específicamente en la comprensión de las suposiciones y de la teología de la iglesia sobre la pobreza.

Finalmente, este estudio reconoce que hay más de una teología del reino. Existen teologías del reino ecuménicas, católico-romanas, ortodoxas orientales, y evangélicas. No obstante, debido a mi interpretación de la fe cristiana, la naturaleza del ministerio en que estoy involucrado y el tipo de grupos con los que interactúo en los diversos ministerios entre los pobres en la India, esta investigación se limita a las bases de la teología evangélica sobre el reino de Dios, sin examinar la riqueza existente en otras tradiciones cristianas.

Primera parte

Aprender de la historia

Capítulo 1

Teorías acerca del desarrollo y supuestos sobre la pobreza

La pobreza es un fenómeno humano complejo. Es un concepto cargado de valores que incluye juicios de valor en relación con pautas mínimas, necesidades básicas y niveles deseados de vida.

Los teóricos del desarrollo y los misionólogos han procurado entender mejor la pobreza conceptualizándola de diversas maneras. Así, la entienden como aquella que "afecta a pocos o en cualquier caso la minoría de alguna sociedad [...] [y] que afecta a casi todos en otras sociedades"[30]. Asimismo, se tiene el concepto de pobreza relativa contra la idea de pobreza absoluta.

> El informe del Banco Mundial de 1980 define "pobreza absoluta" como una "condición de vida caracterizada por la malnutrición, el analfabetismo y la enfermedad por debajo de cualquier definición razonable de decencia humana. La pobreza relativa, por otra parte, supone la mala distribución de los recursos, los ingresos y el poder[31].

Esto sugiere que la comunidad —local, nacional o internacional— es el punto de referencia para definir la pobreza relativa[32].

30 Kenneth Galbraith, *The Nature of Mass Poverty* (La naturaleza de la pobreza masiva) Harvard University Press, Cambridge MA, 1979, p. 1.

31 Banco Mundial, *Desarrollo mundial*. Banco Mundial, Washington D. C., 1980, p. 32.

32 S. P. Gupta, *Structural Dimensions of Poverty in India* (Dimensiones estructurales de la pobreza en la India), Mittal Publications, New Delhi, 1987, p. 11.

Un gran número de debates sobre la pobreza en el pasado se han basado en un análisis de variable única de ésta. El enfoque era los recursos, el ingreso, el consumo de calorías, el alfabetismo, la estructura o cualquier otra variable. Además, la pobreza se consideraba esencialmente un asunto de medidas y de análisis. Se daba por sentado que por reducir el complejo fenómeno de la pobreza a números, los diseñadores de políticas, gerentes de desarrollo y políticos "podrían comparar, reducir y controlar la pobreza"[33].

Los pobres carecen de recursos

Un punto de inicio lógico para el análisis de la pobreza es que consiste esencialmente en la "falta de recursos". Esta suposición guio las formulaciones políticas de gobiernos e intervenciones de desarrollo durante años. Como lo sugieren Danker y Rath, en las "áreas rurales, una causa importante de la pobreza es la carencia del recurso de la tierra"[34]. Esto incluiría carencia de bienes de capital, baja inversión y carencia de tierra[35]. "Los pobres son pobres porque carecen de capital"[36].

---

33 Los enfoques de desarrollo han sido analizados por Robert Chambers, John Friedmann y otros. En su análisis de los puntos de vista sobre la pobreza, Robert Chambers clasificó esos puntos de vista en dos "culturas". A la primera la denominó "economistas políticos" del "polo negativo de las ciencias sociales", que explican la pobreza desde una perspectiva social, económica y política. La segunda es la de los "ecologistas físicos" del "polo positivo de profesionales", que explican la pobreza utilizando términos físicos y ecológicos (Robert Chambers, *Rural Development: Putting the Last First* [Desarrollo rural: poner lo último al principio], Longman Scientific and Technical, Essex UK, 1983, pp. 35ss). John Friedmann clasifica las posturas sobre la pobreza en tres grupos: aquellos que se consideran como socialmente superiores a los pobres, los reformadores sociales y los burócratas de estado (J. Friedmann, *Empowerment: The Politics of Alternative Development* [Empoderamiento: las políticas del desarrollo alternativo], Blackwell, Cambridge MA, 1992, p. 55). Len Doyal e Ian Gough clasifican los enfoques de la pobreza en seis categorías amplias: la postura económica Ortodoxa, la Nueva Derecha, la Marxista, la Imperialista cultural, los Demócratas Radicales, y la postura Fenomenológica de los sociólogos (L. Doyal e I. Gough, *Theory of Human Need* [Teoría sobre la necesidad humana], The Guilford Press, Nueva York, 1991, p. 22ss).

34 V. B. Dandekar y Nilakantha Rath, *Poverty in India* (Pobreza en la India), Gokhale Institute of Politics and Economics, Pune, 1971, p. 14.

35 J. L. Bajaj, *Rural Poverty: Issues and Options* (Pobreza rural: temas y opciones), Print House, Lucknow, India, 1985, p. 87.

36 Galbraith, *The Nature of Mass Poverty.*

Sobre la base de esta suposición sobre la pobreza, el ingreso *per cápita* se convirtió en una variable clave para medirla. Por consiguiente, el progreso y el desarrollo se convirtieron en sinónimos de crecimiento económico[1]. Modelos anteriores de desarrollo destacaban el ingreso *per cápita*, el progreso, la transferencia de recursos y el incremento en el nivel de ingreso. El desarrollo se medía con base en su capacidad para:

* Sustentar un rápido crecimiento económico.
* Modificar el modelo de crecimiento económico para elevar la productividad y el ingreso de los pobres.
* Incrementar el acceso de los pobres a los servicios públicos esenciales.
* Mantener un entorno internacional que apoye el desarrollo[2].

En los niveles macro e internacional, las naciones se clasificaban como pobres si su capital, ingreso y producción eran bajos. En 1944, la conferencia de Bretton Woods estableció el Fondo Monetario Internacional (FMI) y el Banco Mundial, los cuales dieron grandes préstamos a los países en desarrollo y aplicaron políticas de ajuste estructural.

La Década de Desarrollo de las Naciones Unidas siguió el ejemplo de definir el desarrollo como un fenómeno económico, y a la pobreza como la falta de recursos. La Primera Década de Desarrollo de la ONU en 1960 se centró en "acelerar el progreso hacia el crecimiento autosustentable"[3].

---

1 "El éxito del Plan Marshall en las décadas de 1940 y 1950 llevó a muchos a creer que una transferencia similar de capital a los países en desarrollo genera resultados similares a pesar de sus limitaciones humanas, materiales e institucionales (Banco Mundial, *Desarrollo Mundial*. Banco Mundial, Washington D. C., 1985, p. 97).

2 Banco Mundial, Desarrollo Mundial, Banco Mundial, Washington D. C., 1978, p. 65.

3 La comparación de los objetivos de las tres Décadas de Desarrollo de la ONU provee algunas ideas útiles sobre los puntos de vista de los diseñadores de políticas sobre la pobreza. La Primera Década de Desarrollo (la de 1960) se impuso la meta de "acelerar el progreso hacia el crecimiento autosustentable de la economía de las naciones individuales y su progreso social para obtener en cada país subdesarrollado un incremento sustancial en la tasa de crecimiento, en el que cada país se fijará su propia meta. Tomando como objetivo la tasa mínima de crecimiento del ingreso nacional total del 5 por ciento al final de la Década" (Brian W. W. Welsh y Pavel Butorin, *Dictionary of Development: Third World Economy, Environment, Society* (Diccionario del desarrollo: economía, medioambiente y sociedad

Este acento en la falta de recursos, no obstante, no implicó ignorar otras necesidades de los pobres. También se reconoció la falta de acceso a los servicios públicos y la necesidad de servicios de apoyo. Pero se los consideró secundarios respecto de la meta del crecimiento económico.

Análisis

Definir la pobreza como la falta de recursos ignoraba otros aspectos de la pobreza. Reflexionemos brevemente sobre algunos de ellos.

Primero, el crecimiento económico resultó en mayores inequidades. En países y comunidades que mostraron este crecimento, se reforzaron las inequidades tradicionales en los ingresos, los recursos y el poder[4]. Como señala Gunnar Myrdal:

> La inequidad económica —la distribución desigual de ingresos y riqueza, y por consiguiente de poder económico— genera algunos temas controversiales. Se observa comúnmente, incluso por parte de quienes apoyan en principio la idea de nivelar, que históricamente el desarrollo económico ha llevado con frecuencia a una mayor concentración de la riqueza y el poder; al punto que a veces se ha inferido que este resultado es inevitable[5].

---

del tercer mundo), Garland Publishing, Nueva York, 1990, p. 426). La Segunda Década de Desarrollo (la de 1970) se desplazó levemente del foco en el desarrollo económico afirmando que "el fin último del desarrollo [...] debe ser generar una mejora sustancial en el bienestar de los individuos y otorgar beneficios a todos. Si los privilegios indebidos, los extremos de riqueza, y las inequidades sociales persisten, entonces falla el desarrollo en su propósito esencial. Esto requiere una acción global centralizada por parte de países desarrollados y en desarrollo en todas las esferas de la vida económica y social: en la industria y la agricultura, en el comercio y las finanzas, en el empleo y la educación, en la salud y la vivienda, en la ciencia y la tecnología" (*Ídem*, p. 876). La Tercera Década de Desarrollo (la de 1980) cubrió el paquete total de comercio, asistencia, reforma monetaria, y temas de energía e industria. La controversia sobre la asistencia de parte de los países ricos y el asunto de la deuda de las dos terceras partes del mundo se convirtieron en un gran elemento disuasorio durante la Tercera Década de Desarrollo. En consecuencia, después de estas tres décadas, la ONU cambió su énfasis desde un punto de vista económico de la pobreza para incluir un enfoque estructural.

4 Bajaj, *Rural Poverty*, p. 76.

5 Gunnar Myrdal, *Asian Drama: An Inquiry into the Poverty of Nations* (El drama de Asia, una indagación en la pobreza de las naciones), vol. 2, The Twentieth Century Fund, New York, 1968, p. 766.

No obstante, quienes proponen este enfoque responden señalando que normalmente las estrategias de desarrollo económico no benefician a los pobres en los primeros años[6], sino que esto ocurre a largo plazo[7]. Los defensores activos de este enfoque también sugieren que, antes de poder distribuirla equitativamente, primero se debe crear la riqueza[8], la cual, según este punto de vista, se "filtrará" hacia los niveles más bajos de la sociedad[9]. Otra suposición subyacente a este enfoque acerca del crecimiento económico por "filtrado" fue la creencia de que aquellos con habilidad para desarrollarse se manejarían bien y progresarían. Esta variación de la teoría de Darwin de la supervivencia del más apto se conoce como darwinismo social[10].

Segundo, este enfoque de la pobreza tendía a excluir a los sin tierra así como también a los "pobres ocultos"[11]. Los niveles de producción y los de ingreso *per cápita* eran fundamentales para hacer uso de esta visión de la pobreza. A un micronivel, esto significaba que los obreros del sector no organizado[12] y los "pobres ocultos",

---

6 Berger, *Pyramids of Sacrifice*, p. 141.

7 Banco Mundial, *Desarrollo mundial*, 1985, p. 59.

8 Berger, *Pyramids of Sacrifice*, p. 141.

9 Un ejemplo clásico de este enfoque a nivel nacional ha sido el presupuesto del Gobierno Indio. El ministro de economía indio Manmohan Singh señaló que "con suficiente crecimiento, por ejemplo un 6% anual, India podría abolir la "pobreza extrema" para el año 2000 (*Los Angeles Times*, 5 marzo 1994, p. 2).

10 Los defensores activos de la teoría del darwinismo social fueron Herbert Spencer y William Graham Sumner. Eran individualistas no conformistas que creían que el Estado no debía poner muchas restricciones a la libre empresa. Los darwinistas sociales creían que si se ayudaba a mejorar a los indignos, ayudándolos a escapar de la mortalidad a la que su condición indigna los destinaba naturalmente, se reproduciría generación tras generación más indignidad" (Michael Curtis [ed], *The Great Political Theories*, vol. 2, Avon Books, Nueva York, 1981, pp. 254, 263).

11 Joe Remenyi, *Where Credit is Due: Income-Generating Programmes for the Poor in Developing Countries* (Donde hacen falta créditos: programas generadores de ingresos para los pobres en países en desarrollo), Intermediate Technology Publications, Londres, 1991, p. 1.

12 Adam Smith en *The Wealth of Nations* (La riqueza de las naciones) (1894), al describir el sistema agrícola menciona la "clase improductiva" —los que viven de un salario dado por los propietarios y los cultivadores—. La labor de la clase improductiva no agrega nada al valor de la suma total del producto bruto del país (*Select Chapters and Passajes from "The Wealth of Nations" of Adam Smith* [Capítulos y pasajes selectos de "La riqueza de las naciones" de Adam Smith], Macmillan, Nueva York, 1894.

incluyendo mujeres, débiles y niños, eran normalmente dejados de lado.

Tercero, los factores estructurales, como la influencia del mercado, no recibían adecuada consideración. El mercado marginaba a los pequeños agricultores (a quienes yo llamaría "los sin tierra en la práctica"), especialmente a los que tenían pequeñas parcelas de tierra seca sin facilidades de irrigación. El mercado estaba diseñado para excluir a los pequeños productores. Sus productos se valoraban bajo a causa de los "embotellamientos" institucionales[13]. Por consiguiente, esos pequeños agricultores se veían obligados a vender sus escasos productos a muy bajo precio (malvenderlos) y, en el proceso, caían a lo más profundo en el empinado sendero de la pobreza.

Para resumir, los primeros debates sobre los aspectos económicos de ser pobres sugerían que la pobreza era falta de ingresos adecuados, riqueza, inversión de capitales y de medios para contribuir al ingreso nacional. No obstante, las inequidades crecientes, la exclusión de mayor número de pobres, el descuido de factores estructurales y otros resultados negativos dieron lugar a la teoría del neocolonialismo y la dependencia. Por otra parte, el debate sobre la economía de la pobreza proveyó el escenario para la indagación en la llamada línea de pobreza y el consiguiente énfasis en la modernización.

Los pobres por debajo de la línea de pobreza

Arthur Youg fue el primero en usar el concepto de línea de pobreza. No obstante, fue Charles Booth (1889) quien definió por primera vez el término en sus investigaciones con encuestas de puerta en puerta[14]. Booth definió la línea de pobreza como "un nivel de ingreso

---

13 Bajaj, *Rural Poverty*, p. 89.

14 Charles Booth (1840–1916) fue un hombre de negocios británico cuyas extensas investigaciones sobre la pobreza, la industria y la religión se publicaron en *Life and Labour of the People of London* (Vida y trabajo del pueblo de Londres) (1889–1891) (Nicholas

donde 'los medios pueden ser suficientes pero no suficientes para la vida independiente"[15].

Gradualmente la definición pasó del referente del ingreso *per cápita* a la inclusión de los patrones de gasto y consumo de alimentos (en calorías). La discusión sobre los patrones de gasto se basó en lo que hacía falta para llevar una vida plena y provechosa en la sociedad.

Análisis

Por lo menos cuatro temas tienden descuidarse al definir la pobreza utilizando el marco de la línea de pobreza.

Primero, establecer la línea de pobreza con base en el promedio nacional de ingresos, es ignorar la naturaleza estacional de estos en las áreas rurales, lo cual es un grave problema[16]. La estacionalidad también afecta a otros aspectos de la vida de los pobres. Las relaciones de explotación se vuelven más fuertes en los períodos entre cosechas.

> Es cuando los pobres se ven obligados a vender o hipotecar la tierra, el ganado, las joyas, la cosecha futura o su mano de obra futura; mendigan a sus patrones y se quedan endeudados con los prestamistas[17].

Ahluwalia concluye que hay un "patrón" de fluctuación, la incidencia de la pobreza decae en períodos de buen desempeño agrícola y se eleva en etapas de un pobre desempeño"[18].

Abercrombie, Stepehn Hill y Bryan S. Tanner, *Dictionary of Sociology*. Penguin Books, Londres, 1984, p. 20)

15 Ver T. L. Jain. *Poverty in India: An Economic Analysis* (Pobreza en la India: Un análisis económico), ESS ESS Publications, Nueva Delhi, 1987, p. 21.

16 Bajaj, *Rural Poverty*, p. 89.

17 R. Chambers, R. Longhurst, D. Bradely y Richard Feacheim, "The Seasons of Poverty" (Las estaciones de la pobreza), en David C. Korten y Rudi Klauss (eds.), *People Centred Development: Contributions Toward Theory and Planning Frameworks* (Desarrollo centrado en la gente: contribuciones hacia un marco teórico y de planeamiento), Kumarian Press, Hartford CT, 1984, p. 123.

18 Montek Ahluwalia, *Rural Poverty in India* (Pobreza rural en India), 1956–57 a 1973–74. Banco Mundial, Washington D. C., 1977 p. 39.

No obstante, los debates sobre la línea de pobreza parecen haber prestado escasa atención a este tema.

Además, la discusión sobre la línea de pobreza tiende a sobreenfatizar la mensurabilidad. Es, como sugiere Robert Chambers, la expresión de la necesidad de los profesionales de contar[19]. Sin embargo, a pesar del énfasis en la mensurabilidad, no siempre es fácil obtener los datos para el análisis:

* Es muy difícil obtener información acerca del ingreso o el gasto *per cápita* de la población.
* Los patrones de vida varían de una población a otra.
* Patrones de vida distintos llevan a conclusiones diferentes.
* Hay una variabilidad cuando se usa el nivel de ingresos y cuando se considera el patrón de gastos.
* Existe fluctuación en los recursos financieros a lo largo del año[20].

Tercero, el uso de consumo de calorías para calcular el nivel promedio de gastos de una población ignora otros gastos que no son alimentos. También ignora las variaciones en los hábitos alimenticios entre las regiones. Por ejemplo, los pobres tienden a centrarse en una franja angosta de tipos de granos alimenticios[21].

Finalmente, la obsesión profesional con los números y la tendencia a reducir la pobreza a una variante única, también reduce a los pobres a meras estadísticas. Esto, entonces, permite a los defensores de la línea de pobreza pasar la atención al incremento o el descenso de los valores estadísticos.

> Estamos peleando entre nosotros por los números precisos de los pobres que viven entre nosotros. Los números implicados variarán según la norma usada [...] y los porcentajes podrían moverse unos pocos puntos en cualquier sentido dependiendo

19 R. Chambers, *Poverty in India: Concepts, Research and Reality* (Pobreza en la India. Conceptos, análisis y realidad), *Institute of Development Studies*, Sussex UK, 1988, p. 1.

20 N. N. Vyas y S. N. Samadani, *Crossing the Poverty Line* (Cruzando la línea de pobreza), Himanshu Publications, Udaipur, 1987, p. 10.

21 *Ídem*, p. 20.

> de la metodología usada. Pero estos problemas de metodología y definición no cambian el crudo hecho de la escandalosa magnitud de la pobreza [...] y las dimensiones más humanas del desarrollo genuino[22].

Lo básico para vivir

Los diseñadores de políticas y los profesionales del desarrollo comenzaron a ver que los diferentes modelos de crecimiento económico no estaban produciendo resultados satisfactorios. Los beneficios del crecimiento no se estaban "filtrando" hacia los pobres. Las frustraciones con estos modelos reactivaron la preocupación especial por las necesidades de los más pobres.

A fines de la década de 1970, los diseñadores de políticas determinaron que el propósito de las diversas estrategias nacionales, así como de las negociaciones internacionales y ayudas mundiales, era

> ...satisfacer los requerimientos humanos de la gente, y especialmente las necesidades mínimas de los más necesitados [...]. La presencia de las 'necesidades básicas' en el centro del escenario comienza un nuevo acto en el continuo drama del Desarrollo Mundial[23].

No obstante, surgieron planteamientos sobre la supervivencia de los más necesitados. Muchos de estos no eran económicamente productivos, porque luchaban con cuestiones de supervivencia. Como afirmó Shamsuddin, un joven granjero de Bangladesh cuya tierra fue arrasada por el ciclón de 1991, "Por ahora me es un esfuerzo incluso hablar con usted. ¿Cómo puedo cavar y remover la tierra sin

---

22 John Desrochers y George Joseph, *India Today* (India hoy), *Center for Social Action*, Bangalore, India, 1988, p. 84

23 John McHale y Magda Cordell McHale, *Basic Human Needs: A Framework for Action* (Necesidades humanas básicas: un marco para la acción), Transaction Books, New Brunswick NJ, 1977, p. 3.

comida en el estómago?"[24]. ¿Cómo pueden los pobres aumentar sus ingresos y contribuir al producto bruto nacional (PBN) cuando no tienen comida para sobrevivir y son incapaces de mantenerse con vida? En consecuencia, la cuestión de las necesidades básicas fue el siguiente paso lógico en el debate, lo mismo que el plantearse ello como una cuestión moral[25].

El concepto de necesidades básicas fue articulado por primera vez por la Organización Internacional de Trabajadores (OIT). El Banco Mundial también cambió su foco hacia las necesidades básicas, pero mantuvo el acento en lo económico[26]. Sin embargo, el concepto de necesidades básicas sirvió para aunar explicaciones teóricas, persuasión moral y recomendaciones prácticas, e inició un esfuerzo por determinar el nivel deseado de vida para los más necesitados[27].

La Declaración de la ONU sobre los Derechos Humanos se usó finalmente como marco para definir las necesidades básicas. Por consiguiente, los niveles deseados de vida incluyeron la seguridad social, la educación y otros derechos similares. En 1954, la ONU incluyó en su lista de necesidades básicas la salud, el alimento y la nutrición, la educación y la alfabetización, condiciones de trabajo, empleo, consumo y ahorro, transporte, vivienda, vestido, recreación, seguridad social y libertades humanas. En 1957, la Conferencia de Trabajadores de la India estableció algunos patrones, además de ajustar el salario mínimo. En su definición de "lo mínimo", la

---

24 Anita Pratap, "In Disaster's Wake" (Tras el desastre), *Time*, vol. 137, n.° 20, 1991, p. 39.

25 Doyal y Gough, *Theory of Human Need*, p. 153.

26 Welsh y Butorin, *Dictionary of Development*, p. 99.

27 El debate sobre lo que constituye la vida humana básica no es nuevo. Platón y Aristóteles ensalzaron las virtudes de la razón. Descartes reestructuró y continuó la idea y llegó a ver a los humanos como cuerpo material y mente inmaterial. Kant sugirió que para ser humana, una persona debía tener un cuerpo con vida y la capacidad mental para deliberar y elegir. Gunnar Myrdal usa una lista de lo que denomina "aspectos pertinentes de los niveles de vida". Su lista incluye alimento y nutrición, vestido, vivienda, servicios educativos, medios de información, consumo de energía y trasporte (Myrdal, *Asian Drama*, p. 538). S. R. Gupta definió el nivel deseado de vida como el "nivel de satisfacción de las necesidades [de una nación] obtenidas en una unidad de tiempo como resultado del flujo de bienes y servicios que disfruta la población en esa unidad de tiempo" (Gupta, *Structural Dimentions of Poverty in India*, p. 16).

conferencia incluyó consumo de alimentos con calorías para un adulto promedio de actividad moderada, vestido (18 metros por año por cabeza), alquiler por un espacio mínimo determinado por el Gobierno, y combustible[28]. Con este tipo de intentos, la definición de las necesidades humanas se hizo más amplia y más indefinida.

Para encarar estas interminables listas de necesidades básicas, los defensores de este enfoque continuaron clasificando las necesidades básicas como "necesidades humanas básicas de primer piso" y "necesidades humanas básicas de segundo piso". Las del primer piso las conforman el alimento, la salud y la educación, derechos que tienen todos los nacidos. El segundo piso incluye lo que cada nación puede decidir por su propio pueblo en el contexto de la interdependencia de todas las sociedades.

John y Magda McHale clasificaron las necesidades básicas de otra manera. Propusieron tres tipos de necesidades básicas:

- Necesidades de déficit
- Necesidades de suficiencia
- Necesidades de crecimiento

Definieron las necesidades por déficit como necesidades límite que son principalmente biofísicas y necesarias para la supervivencia. Aquellas necesidades que están más allá de un nivel marginal de supervivencia se denominaron necesidades de nivel de suficiencia. Las necesidades de crecimiento eran las que superaban el nivel de suficiencia e incluían el disfrute de fines y aspiraciones no materiales[29]. No obstante, según Friedmann, estas necesidades básicas eran sólo un subconjunto dentro de la categoría mayor llamada necesidades humanas[30].

En conjunto, los debates sobre las necesidades básicas ampliaron la discusión sobre la pobreza a un diálogo multidisciplinario. Desafortunadamente, en el nivel internacional la coordinación para

---

28 McHale y McHale, *Basic Human Needs*, p. 13.

29 *Ídem*, pp. 30-31.

30 John Friedmann, "*Agropolitan Development: A Territorial Approach to Meeting Basic Needs*" (Desarrollo agropolitano, un enfoque territorial para enfrentar las necesidades básicas), en Korten y Klauss, *People Centred Development* (Desarrollo centrado en la gente), 1984, p. 210.

impulsar la agenda de las necesidades básicas demostró ser algo difícil:

> Estábamos en la víspera de la crisis de la deuda mundial y la ola del neoliberalismo que atravesó el mundo durante la década de 1980, bajo la cual muchos programas para las necesidades humanas básicas tuvieron que ser recortados en atención a la deuda[31].

Análisis

Los críticos del enfoque de necesidades básicas señalan diversas "lagunas" en esta teoría de la pobreza.

Primero, si las discusiones anteriores sobre la falta de recursos y la línea de pobreza tendieron a reducir la complejidad de la pobreza, esta discusión sobre las necesidades básicas complicó el asunto con su multiplicidad de variantes. No ha habido ningún intento en el debate de reunir las diversas piezas del rompecabezas de las necesidades básicas.

Segundo, el modelo de las necesidades básicas carecía de rigor analítico. Sin embargo, como lo señalara Ralph van der Hoeven, el modelo de las necesidades básicas por lo menos encaró los aspectos distributivos y enfocó a los pobres[32].

Tercero, el modelo de las necesidades básicas implicó un alto nivel de subjetividad. La pregunta que surge inevitablemente sobre el enfoque de las necesidades básicas es ¿quién decide lo que es básico? La pregunta llevó gradualmente a destacar las necesidades percibidas y la participación de la gente en la identificación de las necesidades. Hubo un esfuerzo por diferenciar entre necesidades subjetivas (necesidades contextuales) y objetivas (necesidades universales). Doyal y Gough

---

31 Kofi Buenor Hadjor, *Dictionary of Third World Terms* (Diccionario de términos del Tercer Mundo), Penguin Books, Londres, 1992, p. 47.

32 Ralph van der Hoeven, *Planning for Basic Needs: A soft Option or a Solid Policy? A Basic Needs Simulation Model Applied to Kenya* (Planificar para las necesidades básicas: ¿una opción blanda o una política sólida? Un modelo de simulación de las necesidades básicas aplicado a Kenia), Gower, Brookfield, 1988, p. 17.

sugirieron que la autonomía y la salud humanas son dos de las necesidades humanas objetivas o universales más importantes[33].

Cuarto, los defensores del modelo de crecimiento económico señalaron que el modelo de las necesidades básicas desvió el foco del crecimiento y que, por consiguiente, se retardaría el crecimiento.

Quinto, el enfoque de las necesidades básicas ignoró el análisis de clase y las causas estructurales de ellas. La debilidad de esta interpretación de la pobreza hizo que los críticos miraran con más cuidado las cuestiones de la estructura y la pobreza y también de la tecnología y la pobreza. Los defensores del nuevo orden económico (NEO) sugirieron que el enfoque de las necesidades básicas:

- era un enfoque pragmático ante la pobreza del mundo y carecía de la profundidad que el NEO mostraba;
- desviaba la atención de las inequidades dentro del sistema económico del mundo;
- ignoraba la corrupción, la inestabilidad política y otros defectos estructurales inherentes al sistema[34].

Los pobres son atrasados

La siguiente gran suposición que dio forma a la respuesta del desarrollo era que los pobres son atrasados en sus prácticas económicas y sociales. La pobreza es el resultado de utilizar técnicas tradicionales. Las naciones y comunidades pobres carecen de "talento técnico y administrativo entrenado, educado o experimentado"[35].

33 Doyal y Gough, *Theory of Human Need*, pp. 53, 59. Doyal y Gough sugieren que enfatizando que las necesidades básicas pueden considerarse universales y objetivas, se pueden lograr tres funciones políticas: "Primero ejemplifica lo que tienen en común los grupos oprimidos [...] Segundo, esa coincidencia sugiere el grado en que sus diversas experiencias son similares y abre la puerta para mucho entendimiento mutuo y solidaridad. Y tercero, esto a su vez posibilita la acción conjunta con una meta común" (pp. 74, 75). Yo no creo que tener una comprensión objetiva y universal de las necesidades básicas sea un prerrequisito para la acción conjunta. Hay algo en la experiencia de ser pobre que provee el combustible para esa acción. No es necesariamente una comprensión común acerca de una necesidad humana específica, especialmente del tipo que Doyal y Gough intentan sugerir en su libro.

34 Walsh y Butorin, *Dictionary of Development*, p. 99.

35 Galbraith, *The Nature of Mass Poverty*, p. 10.

Esta suposición sobre la pobreza modeló la modernización del desarrollo. El *Stages of Economic Growth*[36] (Estadios del crecimiento económico) de Rostow se basó en la preocupación por el atraso de los pobres y las naciones pobres. Rostow imaginó un despegue de un estadio estacionario de desarrollo a uno de estadio avanzado[37]. Según la teoría de Rostow, los pobres necesitan pasar de su estadio tradicional a la era del consumo masivo elevado. Hacia fines de la década de 1960, la modernización era una "colección de perspectivas un tanto diferentes, en la que se podía encontrar el neoevolucionismo, el funcionalismo estructural y el difusionismo"[38].

A un micronivel, esta suposición acerca de la pobreza, implicaba que los pobres eran receptores de masivas transferencias tecnológicas y enfoques modernos. Los neoliberales de nuestros días son un ejemplo clásico de esta manera de ver[39]. La transferencia

---

36 Subtitulado "*A Non-communist Manifesto*" (Un manifiesto no comunista), los *estadios* fueron una invitación al Tercer Mundo a seguir a Occidente en su crecimiento económico. Los estadios de Rostow para el crecimiento económico de todas las sociedades incluían la sociedad tradicional, precondiciones para el despegue, el tránsito a la madurez y la era del consumo masivo elevado (Hadjor, *Dictionary of Third World Terms* (Diccionario de términos del Tercer Mundo), pp. 276-78.

37 El modelo de Cambridge de las décadas de 1940 y 1950 suponía que la producción crecería en proporción a los ingresos reproducibles, o capital. La teoría del despegue de Rostow y la consiguiente formulación de los estadios de desarrollo se basaron en esta visión neoclásica del crecimiento (World Bank, *World Development*, World Bank, Washington D. C., 1989, p. 35).

38 David Harrison, *The Sociology of Modernization and Development* (Sociología de la modernización y el desarrollo), Unwin Hyman, Londres, 1988, p. 61. Harrison, señalando las dimensiones clave de una sociología de la modernización en el contexto del desarrollo, propuso que no habría una única teoría de la modernización. Como el marxismo y otras teorías de desarrollo, la modernización también tendría diversas versiones.

39 Amy Sherman presenta un caso para una respuesta neoliberal a los pobres de América Latina. Recomienda a las ONG (organizaciones no gubernamentales) considerar la opción neoliberal seriamente, ahora que ha colapsado el modelo económico socialista. Provee una definición útil del punto de vista neoliberal y sugiere que tiene sus raíces en seis propuestas básicas: (1) decisiones económicas acerca de la producción, el consumo y la inversión son mejor determinadas por los mecanismos de mercado; (2) el poder político y el poder económico deberían estar lo más separados posible; (3) los profesionales del desarrollo y los diseñadores de políticas deberían poner mayor énfasis en la creación de riqueza que en la distribución de la riqueza; (4) el comercio libre y el mercado de trabajo libre son superiores a las políticas proteccionistas y a la excesiva regulación gubernamental; (5) el derecho a la propiedad privada es legítimo y debe ser protegido (6) el rol del gobierno en la economía, hablando en forma general, es realizar ciertas tareas "centrales" (Amy Sherman, *Preferential Option: A Christian and Neo-liberal Estrategy por Latin America's*

de enfoques de modernización suponía predicar los ideales de la planificación y la modernización. "No obstante, también representa una racionalización por parte de aquellos que están mucho mejor acerca de cómo deberían sentirse las personas que viven en absoluta pobreza y privación"[40]. Los defensores de esta postura afirmaban que las comunidades tradicionalmente pobres necesitan tener las políticas y las actitudes adecuadas para pasar a ser sociedades más avanzadas. Por consiguiente, la modernización y el desarrollo se percibían como resultados de una adecuada "mentalidad"[41] que caracterizaba a la modernidad.

No obstante, los teóricos de la modernización se centraron en la relación Nación-Estado. Los modernistas creen que hay sociedades duales. Por consiguiente, se definió a la modernización como la influencia del sector moderno o "polo de crecimiento" (enclaves industriales modernizados), que se irradian gradualmente hasta que los ambientes rurales tradicionales (comunidades tradicionales subdesarrolladas) se transforman económica, política y socialmente[42].

Estas ideas sobre la pobreza modelaron las teorías de desarrollo de la década de 1960[43]. Los teóricos del desarrollo miraban hacia Occidente a fin de encontrar claves para el desarrollo de los pobres.

Poor (Opción preferencial: una estrategia cristiana y neoliberal para los pobres de América Latina), Eardmans, Grand Rapids MI, 1992, p. 6).

40 Myrdal, *Asian Drama*, p. 730.

41 La siguiente es la mentalidad que los modernistas proponen para las naciones y los pobres "atrasados": (1) disposición para las experiencias nuevas y apertura a la innovación; (2) interés en cosas diferentes de las que tienen relevancia inmediata; (3) una actitud "más democrática" hacia las opiniones de los demás; (4) orientación hacia el futuro más que hacia el pasado; (5) disposición para planificar la propia vida; (6) confianza en que podemos dominar nuestro medioambiente y lograr nuestras metas; (7) aceptación de que el mundo es "calculable" y, por ende, controlable; (8) conciencia de la dignidad de los demás, por ejemplo mujeres y niños; (9) confianza en los logros de la ciencia y la tecnología; y (10) confianza en la justicia "distributiva" (Harrison, *The Society of Modernization and Development* (La sociedad de la modernización y el desarrollo), pp. 20–21.

42 *Ídem*, pp. 59–60.

43 Los siguientes fueron temas clave en las teorías ortodoxas de desarrollo: (1) el desarrollo no implica intereses irreconciliables entre los desarrollados y los subdesarrollados de los diferentes grupos sociales; (2) no hay lazos estructurales ni causales entre el desarrollo y el subdesarrollo; (3) lo que es moderno es bueno y lo que es tradicional es malo; (4) el desarrollo supone modernizarse, como el Occidente (David A Crocker, "*Toward Development Ethics*" [Hacia la ética del desarrollo], *World Development*, vol. 19, no 5, 1991, p. 464).

Análisis

Sin embargo, el marco del "atraso" no respondió muchas de las preguntas que los profesionales de base encontraban entre los pobres.

Primero, el enfoque de la modernización era, en definitiva, una lectura etnocéntrica de la pobreza. Los ingenieros y los economistas eran los sumos sacerdotes de la modernidad[44]. A un micronivel, los obreros del desarrollo se convirtieron en los sacerdotes que administraban este concepto de la modernidad. Las estrategias de comunicación del desarrollo reflejaban estas suposiciones[45]. En consecuencia, el paradigma del atraso ignoraba la sabiduría de los pobres, generalmente una sabiduría rural, y su historia como pueblo. Incluso siguiendo la propuesta de Rostow para los no desarrollados, este enfoque etnocéntrico ignora el hecho de que cada sociedad puede estar en diferente estadio de desarrollo. Segundo, al desligar el desarrollo del subdesarrollo, esta postura tampoco tiene en cuenta las causas estructurales de la pobreza, y genera desequilibrios regionales. K. C. Alexander, exdirector del Instituto Nacional de Desarrollo Rural de la India, señala que, aunque los programas de gobierno de reducción de la pobreza, como el Programa Intensivo de Desarrollo Agrícola (IADP)[46], incrementaron la producción agrícola, también

---

44 Ananta Giri, "Social Development as a Global Challenge" (Desarrollo social como un desafío global), *Social Action*, vol. 42, n.° 3, 1992, p. 286.

45 Everett M. Rogers y Floyd E. Shoemaker, *Communication of Innovations: A Cross-Cultural Approach* (Comunicación de innovaciones: un enfoque intercultural), segunda edición, The Free Press, Nueva York, 1971, pp. 6ss.). El énfasis en la adopción de innovaciones, los innovadores tempranos y otros conceptos fue construido sobre la suposición de que las innovaciones eran la clave para el desarrollo y que debían tomarse desde afuera.

46 El IADP fue uno de los muchos programas de reducción de la pobreza que el Gobierno de la India introdujo. El programa se centró en aumentar la producción agrícola en áreas con mayor potencial para los buenos resultados. Cuando el Gobierno descubrió que algunos de esos programas estaban causando desequilibrios regionales, se iniciaron programas con el foco en un área específica, incluyendo la *Small Farmer Development Agency* (Oficina para el Desarrollo del Pequeño Agricultor), *Drought Prone Area Program* (Programa para las áreas con tendencia a la sequía), *Tribal Area Development Program* (Programa para el Desarrollo del Área Tribal), *Minimum Needs Program* (Programa para las Necesidades Mínimas), *Integrated Rural Development Program* (Programa Integrado de Desarrollo Rural), y National Rural Employment Program (Programa de Empleo Rural Nacional), K. C. Alexander, "Strategies for Rural Development in Third World Countries" (Estrategias

> ...ampliaron la distancia social entre los sectores ricos de la sociedad que podían utilizar los insumos necesarios para la producción agrícola, y los sectores más pobres que no podían hacerlo[47].

Tercero, el marco del atraso para explicar la pobreza rural no tiene en cuenta el "factor de la oportunidad". La falta de conocimiento y habilidades tecnológicas genera una pregunta previa que se debe considerar antes de rotular a los pobres de atrasados; a saber, ¿tuvieron los pobres la oportunidad de adquirir las habilidades y el conocimiento?

Estos supuestos sobre la pobreza no prestan adecuada atención al *contexto* de las "malas elecciones" de las que se acusa a los pobres. Pasan por alto el hecho de que esas elecciones están influenciadas por elecciones que hacen los no pobres, y también se encuentran moldeadas por la experiencia de vida y aquello a lo que estuvieron expuestos los pobres.

Finalmente, el paradigma del atraso y la propuesta de la modernidad tienden a preferir a los innovadores tempranos y asumidores de riesgos antes que a los sin tierra, quienes carecen de los medios para asumir algún riesgo. Aparte de beneficiar a los ricos, el enfoque de la tecnología y los métodos innovadores tienden a favorecer a pocos[48].

Factores estructurales que perpetúan la pobreza

El crecimiento que no se desarrolló, el "filtrado" que no ocurrió, y la riqueza que constantemente se encaminaba a los no pobres era descarrilada por un sistema de distribución sesgado —todo eso causó mucha preocupación entre los teóricos del desarrollo y los diseñadores

---

para el desarrollo rural en los países del tercer mundo), en John S. Augustine (ed.), *Strategies for Third World Development*, SAGE Publicacion, Nueva Delhi, 1989, p. 73).

47 *Ibíd.*

48 Giri, "Social Development as a Global Challenge", p. 289.

de políticas[49]. Se expresaron preocupaciones por la mala distribución y las diferencias regionales que resultaban de las deficiencias estructurales existentes y el incremento del número total de pobres, incluso cuando hubo aumento de la producción de alimentos. Una gran parte del mundo también estaba siendo excluido sistemáticamente del acceso a lo que se producía. En medio del aumento en las reservas de alimento, seguía creciendo la malnutrición y el hambre. De manera similar, cuando la producción de vestimenta iba en aumento, muchos de los pobres seguían mal vestidos. Además, las desigualdades de la tierra seguían creciendo[50]. Por una parte, la sociedad vio aumento de la producción y crecimiento, y por otra, el mundo era testigo de la lucha de los pobres con asuntos de supervivencia. Hubo que reconocer que tanto la riqueza como la pobreza surgían del fermento llamado crecimiento y desarrollo económico.

De esta preocupación por el papel de las estructuras, los sistemas y las políticas, surgieron teorías como la teoría de la dependencia[51]. Esta criticaba las suposiciones de la modernización sobre el subdesarrollo y la pobreza. La teoría marxista de la lucha de clases y sus herramientas para el análisis social proveyeron una lectura diferente de la pobreza y el subdesarrollo.

En general, la teoría de la dependencia dividió a la sociedad en dos grupos conflictivos: los opresores fuertes y la clase débil oprimida. El Manifiesto Comunista, citado del prefacio de Friedrich Engels, sugiere que

49 Según el Banco Mundial, hay que evitar los siguientes siete obstáculos generales al desarrollo: (1) la ausencia de propiedad erosiona un programa y hace falta un consenso interno; (2) "los altibajos en las reformas hieren la credibilidad; (4) no se deben pasar por alto las demandas institucionales y se debe mejorar la capacidad institucional; (4) corresponde prestar atención a la inestabilidad macroeconómica; (5) no hay que olvidar las personas vulnerables; (6) los intentos parciales siempre fallan; y (7) hay que ser realista (World Bank, *World Development*, World Bank, Washington D. C., 1991, p. 152).

50 "Más del 72 % de las personas (dueñas de menos de dos hectáreas de tierra) tenían el 23,5% de la tierra, 24,4% (dueños de 2–10 hectáreas) tenían el 50,25 % de la tierra, mientras que el 3% de los ricos (dueños de más de 10 hectáreas de tierra) tenían el 26,35 % de la tierra" (Desrochers y Joseph, *India Today*, p. 130).

51 El nacimiento de la teoría de la dependencia del subdesarrollo recibió mucha ayuda de la popularización de la obra de Paul Baran hecha por Andre Gunder Frank, especialmente *Political Economy of Growth* (Economía política del crecimiento) (publicado primero en 1957, reimpreso en 1973).

> ...la historia de todas las sociedades que han existido hasta ahora es una historia de lucha de clases. Hombre libre y esclavo, patricio y plebeyo, señor y siervo, maestro artesano y jornalero, en una palabra, *opresores y oprimidos, estuvieron en constante oposición* entre sí, llevaban adelante una lucha interrumpida aunque oculta, lucha que cada vez terminaba en una restitución revolucionaria de la sociedad en conjunto o en la ruina común de las clases contendientes[52].

Habiendo dividido la sociedad en dos clases bastante definidas, la pobreza de varios millones de obreros se definió entonces como inequidad entre las dos clases[53]. C. T. Kurien propuso que la pobreza es

> ...el fenómeno socioeconómico por medio del cual los recursos disponibles de una sociedad se usan para satisfacer las necesidades de unos pocos mientras muchos ni siquiera tienen satisfechas sus necesidades básicas[54].

La teoría de la dependencia dio por sentado que el subdesarrollo de los pobres tenía sus raíces en la historia y en los sistemas de todo el mundo. Por consiguiente, se centró fuertemente en las relaciones internacionales. Andre Gunder Frank, de la escuela de la dependencia, en su análisis de los sistemas mundiales, propuso que

---

52 Curtis, *The Great Political Theories*, pp. 158–159. Énfasis agregado.

53 La crítica marxista al sistema capitalista incluyó una fuerte reacción a las implicancias negativas de la división del trabajo. La respuesta marxista a ese sistema "deshumanizante" es el Estado comunista ideal. Marx y Engels describieron el Estado comunista como una sociedad "donde nadie tiene un área exclusiva de actividad sino que cualquiera puede comprometerse con cualquier rama que desee [...] (y será un lugar donde será posible) [...] que yo haga una cosa hoy y otra mañana, cazar por la mañana, pescar por la tarde, criar ganado por la noche, criticar después de la cena, simplemente porque tengo una mente, sin jamás convertirme en cazador, pescador, pastor, o crítico" (ver Robert Nisbet, *History of the Idea of Progress* (Historia de la idea de progreso), Basic Books, Nueva York, 1980, p. 261). No obstante, la caída del sistema socialista sugiere que el camino hacia ese Estado ideal no es tan suave como se pensó originalmente, o que la estrategia marxista para llegar a ese Estado comunista estaba lejos de ser adecuada.

54 C. T. Kurien, *Poverty, Planning and Social Transformation: Alternatives in Development Planning* (Pobreza, planeamiento y trasformación social: alternativas en la planificación del desarrollo), Allied Publishers, Nueva Delhi, 1978, p. 8.

las relaciones al interior de un país y en sociedades pobres eran un reflejo de los sistemas mundiales[55].

En su análisis político-económico, Paul Baran no ignoró las estructuras internas dentro de la sociedad pobre. Señaló que el excedente "potencial" en sociedades pobres se iba a cuatro grupos:

* la lumpen-burguesía, una categoría indeterminada (que incluye prestamistas, comerciantes, agentes inmobiliarios, y otros similares)
* productores industriales, que tienden a ser monopólicos en sus operaciones
* empresarios extranjeros
* el Estado[56].

La teoría de la dependencia ilumina el papel causal que las políticas y prioridades de Gobierno juegan en la pobreza. Desafía el lazo malsano que hay entre los no pobres y el Gobierno local. Destaca la influencia negativa de las políticas de gobierno sobre los pobres, especialmente las implicancias de la tendencia actual en las economías de las dos terceras partes del mundo que se desplazan rápidamente hacia el sistema de libre mercado[57]. Identificó

55 Según Andre Gunder Frank, lo que sigue es fundamental para entender la pobreza de (algunas) naciones: (1) no puede haber ninguna teoría del subdesarrollo que no tenga en cuenta la historia real de las sociedades subdesarrolladas; (2) una cadena de relaciones metropolitana/satelital en la estructura de este sistema mundial que trasciende las fronteras nacionales; (3) es incorrecto sugerir que solamente los países estrechamente vinculados a Occidente se desarrollan e industrializan; (4) la estructura interna de clases es un reflejo, en el análisis final, del sistema mundial; y (5) la historia de las sociedades subdesarrolladas no ha sido y no puede ser un mero duplicado de la historia del Occidente capitalista (Harrison, *The Sociology of Modernization and Development*, pp. 81–84.).

56 *Ídem*, pp. 71–73.

57 Basudeb Sahoo, "India's Economic Crisis, New Dispensations and The Poor" (La crisis económica de la India: las nuevas administraciones y los pobres), *Social Action*, vol. 42, n.° 1, enero de 1992, pp. 64–67. Sahoo señala que el gasto del Gobierno no destinado al desarrollo aumentó del 56% del desembolso total en 1984–85 al 65 por ciento en 1990–91. Este "aumento ha sido a costa de la inversión en desarrollo que decayó en el 7,3%" (p. 66). Sahoo concluye señalando que "hoy los cambios drásticos en el enfoque fiscal se han establecido no según las necesidades de los pobres, sino por el desastre de nuestra economía en el sector externo" (p. 67).

políticas de trabajo[58], estructura salarial[59] y el sistema legal[60] como contribuyentes del subdesarrollo de un pueblo.

Análisis

Aunque este enfoque de la pobreza recibió una amplia aceptación por poner el dedo en algunos temas sensibles, debemos considerar algunas inquietudes.

Primero, la visión estructural echa la culpa únicamente al otro "exterior". Los defectos internos al interior de las situaciones de pobreza se perciben meramente como reflejos de los defectos del sistema mundial. Esto ignora la estructura política interna y la opresión entre los pobres. Esta tendencia a enfocar el afuera, sin una crítica proporcional de los factores internos, puede impulsar a los pobres a adoptar la postura de víctimas.

Segundo, el análisis estructural de la pobreza con frecuencia tiende a estar en un macronivel, ignorando las causas de micronivel.

Tercero, el énfasis en las dimensiones estructurales ignora las dimensiones económicas de la pobreza. No resalta adecuadamente el hecho de que la pobreza es un fenómeno económico y que no puede haber desarrollo sin creación de riqueza.

Cuarto, quienes comparten la visión estructural de la pobreza son fuertes en el análisis; sin embargo, el excesivo énfasis en el análisis de las causas puede resultar en una postergación de la acción. Con frecuencia, enfocar las necesidades actuales parece ser el combustible necesario para encender la ira de los pobres contra las causas estructurales y sistémicas de la pobreza (temas de mañana).

Finalmente, el análisis estructural de las causas de la pobreza puede por momentos ser demasiado directo e insensible. Ignora el costo económico y social en que los pobres tendrán que incurrir, si se dan respuestas rápidas y cargadas emocionalmente sin considerar

58 Gupta, *Structural Dimensions of Poverty in India*, p. 345.

59 World Bank, *World Development*, 1980, p. 41.

60 Chambers, *Rural Development*, p. 152.

sus efectos. Los "de afuera" tienen otras opciones, los pobres pagan con su vida el desafiar las estructuras y los sistemas.

Según este análisis, la pobreza es el resultado de deficiencias estructurales y sistemas defectuosos en los niveles de pueblo, macroniveles y niveles globales; la alianza malsana entre los Gobiernos y los ricos; y las políticas erróneas de gobierno.

No obstante, el descuido de las deficiencias estructurales y sistémicas en el micronivel y la tendencia a postergar la acción a un futuro distante han generado la preocupación entre los profesionales de base y teóricos del desarrollo.

Los pobres carecen de acceso a los recursos

Con el creciente énfasis en el aprendizaje social y el empoderamiento, el debate sobre la pobreza cambió de foco hacia temas como el acceso al control, la participación y la propiedad.

En la década de 1980, creció el reconocimiento del potencial de los pobres para contribuir con su propio desarrollo. Este énfasis entró en conflicto directamente con el tema de "los pobres son atrasados". Ahora el acento estaba en el desarrollo centrado en la gente, con el foco en

> ...la iniciativa creativa de la gente como recurso principal de desarrollo y en su bienestar material y espiritual como el fin al que todo el proceso de desarrollo debe servir[61].

El crecimiento y el bienestar humano, la equidad y la sustentabilidad eran La inquietud central detrás de estas suposiciones acerca de la pobreza. Implicaba un nuevo enfoque de la planificación que destacaba el aprendizaje mutuo junto con los pobres. David C. Korten invitaba a realizar esfuerzos para "dar energía a una masa crítica de iniciativas independientes y descentralizadas en apoyo

61 Korten y Klauss, *People Centred Development*, p. 201

de una visión social"[62]. De aquí que el nuevo debate llamó a la comunidad de desarrollo a reconsiderar sus supuestos acerca de la pobreza y los pobres. Entre los expertos en desarrollo de esta escuela de pensamiento surgió una pregunta clave: ¿quién controla los recursos, las decisiones y otros factores que determinan la vida de los pobres? Esta pregunta era "central en los debates sobre políticas en vigencia, pero no como habían definido la pregunta los socialistas y capitalistas tradicionales"[63]. La pregunta sobre el control y el acceso era un tema político.

Respondiendo a la cuestión del "control", los estrategas del desarrollo iniciaron los programas de participación de la gente y de movilización social. Para Korten, el control y el acceso suponían la necesidad de una "verdadera democracia económica", una en la que hubiera una participación significativa en la propiedad y el control de los recursos productivos. Otras agencias a nivel nacional e internacional demandaban la redistribución del poder político[64] y la participación[65].

---

62 David C. Korten, *Getting Toward the Twenty-first Century: Voluntary Action and The Global Agenda* (Llegando al siglo veintiuno: la acción voluntaria y la agenda global), Kumarian Press, West Hartford CT, 1990, p. 127.

63 *Ídem*, p. 174.

64 En respuesta a estas preocupaciones, las agencias, incluyendo la ONU y el Banco Mundial, proponían algunos elementos para el buen desarrollo. La lista de Unicef de los "siete pecados mortales" o "no hacer" en el desarrollo incluye los siguientes: (1) desarrollo sin infraestructura, (2) desarrollo sin participación; (3) desarrollo sin mujeres; (4) desarrollo sin el medioambiente; (5) desarrollo sin los pobres; (6) desarrollo sin lo alcanzable (hay necesidad de poner en práctica la investigación y el desarrollo que se han quedado como meras estrategias y teorías de desarrollo); y (7) el desarrollo sin movilización (Welsh y Burton, Dictionary of Development, pp. 311–13).

65 La demanda de participación, movilización y desarrollo centrado en la gente vino de diferentes fuentes. USAID y otras organizaciones comenzaron a pensar seriamente en invertir en lo humano y en destacar el compromiso de la gente. Comprendieron que "la meta real del desarrollo no es la construcción de grandes fábricas, represas y autopistas, sino asegurar que las personas lleven vidas más plenas y disfruten de más posibilidad de elegir" (Paul Lewis, *"New UN Index Measures Wealth as Quality of Life"* (Nuevo índice de la ONU mide la riqueza como calidad de vida), *New York Times International*, 23 de mayo de 1993, p. 6). Unicef, basado en su estudio del compromiso en el pasado, concluyó que la participación y la movilización eran fundamentales para cualquier desarrollo positivo. La FAO (Organización de la ONU para la agricultura y la alimentación) demandaba una redistribución del poder económico y político, con "oportunidades ampliadas para el empleo y mayor ingreso para los campesinos, y desarrollo de las cooperativas y asociaciones de granjeros" (Welsh y Butorin, *Dictionary of Development*, p. 854).

Gupta en su análisis de la pobreza tribal señala en tanto "los grupos no tengan mecanismos para llevar adelante fuertes acciones políticas e instrumentales por su propia cuenta, sus perspectivas de salir de la trampa de la pobreza seguirán siendo casi completamente dependientes de la acción iniciada desde afuera"[66].

La participación era la "acción iniciada internamente" que ayudaría, según Korten, a organizar y unir a los pobres para su desarrollo[67].

El énfasis en la participación era también una afirmación de que la pobreza tiene que ver con la motivación y el conocimiento. La participación y la organización de los pobres es una declaración de que el desarrollo,

> ...contrariamente a lo que muchos piensan, no es una condición o un estado definido por lo que la gente tiene [...] Es más un asunto de motivación y conocimiento que de riqueza[68].

Análisis

El énfasis en la participación de la gente, el aprendizaje social y el desarrollo centrado en la gente fue una corriente correctiva necesaria a la suposición del atraso. No obstante, este nuevo énfasis también esquivó algunas dimensiones fundamentales de la pobreza.

Primero, el énfasis en el potencial y la participación de la gente con frecuencia resulta en el descuido de las macrocausas de la pobreza. A nivel de base, los enfoques de participación tienden a centrarse exclusivamente en las microcausas de la pobreza. Una razón podría

---

66 Ranjit Gupta, "*The Poverty Trap: Lessons from Dharampur*" (La trampa de la pobreza: lecciones desde Dharampur), en David C. Korten y Felipe B. Alfonso (eds.), *Bureaucracy and the Poor: Closing the Gap* (La burocracia y los pobres: cómo cerrar la brecha), Kumairan Press, West Hartford CT, 1983, p. 119.

67 Frances Korten, "*Community Participation: A Management Perspective on Obstacles and Options*" (Participación comunitaria: una perspectiva de manejo de obstáculos y opciones) en Korten y Alfonso (eds.) *Bureaucracy and the Poor*, p. 189.

68 Russell L. Ackoff, "On the Nature of Development and Planning" (Sobre la naturaleza del desarrollo y la planificación), en Korten y Klauss, *People Centered Development* (Desarrollo centrado en la gente), p. 195.

ser que los procesos de participación presuponen una comunidad. Tal comunidad es real principalmente respecto del micronivel. En consecuencia, David C. Korten propone como solución pedir a las organizaciones de voluntarios que inicien los movimientos de la gente con una agenda global como correctivo[69].

Segundo, el énfasis en los recursos de la gente se puede construir ignorando la necesidad de crear riqueza y la necesidad de recursos externos. Como se mencionó anteriormente, sin la creación de riqueza nunca puede haber ningún desarrollo real para los pobres.

Tercero, la experiencia con la participación de la gente indica que las cuestiones estructurales pueden quedar descuidadas. La participación de la gente normalmente debería conducir a lidiar con el asunto de las deficiencias estructurales. De hecho, la participación puede convertirse en un ejercicio de introspección que resulte en dejar de lado la cuestión de la estructura. Una razón para esto podría ser que los pobres raramente consideran el desafío de las estructuras como algo de su jurisdicción. El proceso de participación debe encarar intencionalmente las causas estructurales de la pobreza. Sin ese enfoque intencional sobre las causas de la pobreza en su totalidad, la participación de la gente se puede convertir en un mero ejercicio de proyectar y planificar.

Los pobres tienen gran número de dependientes

El tema de la población siempre ha orientado los diversos debates sobre la pobreza. Ha sido la tela sobre la que con frecuencia se han pintado los perfiles de la pobreza.

Malthus (1766–1834)[70] razonaba así: "Mientras que la población tiende a crecer geométricamente (a un ritmo constante), los

69 Korten, *Getting Toward the Twenty-first Century.*

70 Ver la teoría de Malthus sobre la población en su *Essay on the Principles of Population* (Ensayo sobre los principios de la población) (1798). La teoría neomalthusiana se basa en un sentido común que deriva de la teoría de Malthus, es decir, si hay más gente, habrá menos alimento disponible. Esta preocupación ha llevado a los países, incluyendo India, a programas masivos de control de la natalidad.

medios de subsistencia sólo crecen aritméticamente (en cantidad constante). De aquí que la pobreza y la necesidad son prácticamente inevitables y [...] debido a la acelerada reproducción de las *clases más bajas*"[71].

La preocupación entre los expertos en desarrollo era principalmente que el grueso del aumento de la población mundial ocurriera en las familias que ya son pobres[72]. Comentando sobre los niveles de vida de los pobres, Lewis T. Preston, presidente del Banco Mundial, concluyó: "Estamos progresando, pero no lo suficientemente rápido. El nivel total de pobreza sigue siendo absolutamente inaceptable"[73]. Por esa razón se consideraba a las familias numerosas una causa significativa de la pobreza. Los estudios mostraban que el tamaño de la familia afectaba la medida de la propiedad de la tierra y del ingreso familiar, y con ello se perpetuaba la pobreza[74].

A fines de la década de 1970, el Banco Mundial concluyó que "el crecimiento por sí solo no es suficiente. Esto es en parte porque el crecimiento de la población tiende a aumentar las cifras de la pobreza absoluta"[75]. Galbraith señala que "hasta hoy día, el énfasis en la presión de la población como causa de la pobreza está de algún modo acallado. Esto es en parte porque se ha retrasado cualquier mejora que pudiera resultar[76].

La cuestión de la población también llevó a los pensadores del desarrollo a la preocupación por el agotamiento de los recursos del mundo. Según la visión malthusiana o neomalthusiana,

> ...el crecimiento desenfrenado de la población finalmente lleva a la caída de los salarios y a la suba de los precios de los alimentos porque, a medida que se expande la mano

71 Haljor, *Dictionary of Third World Terms*, p. 187. Énfasis añadido.

72 Los agentes del Banco Mundial señalan que más de mil millones de personas viven con el equivalente o menos de un dólar por día. La tasa de pobreza se redujo más rápido en la década de 1970 que en la de 1980 (The *World Bank News*, vol. 13, n.° 17, 12 de abril de 1994, p. 1)

73 *Ibíd.*

74 A. Ahmed, *The Anatomy of Rural Poverty in Assam: A case Study of Dibrugarh Sub-Division* (Anatomía de la pobreza rural en Assam: un estudio de caso de la subdivisión de Dibrugarh), Mittal Publishers, Delhi, 1987, p. 168.

75 Banco Mundial, *World Development*, 1980, p. 40.

76 Galbraith, *The Nature of Mass Poverty*, p. 38.

> de obra, la tasa creciente de trabajadores del campo lleva a aumentos cada vez menores de rendimiento por trabajador. El crecimiento de la población a la larga implica un aumento de la mortalidad[77].

Algunos expertos creen que ciertos recursos como la tierra, los bosques y la pesca, aunque fijos, son renovables. Sin embargo, el rendimiento sostenible es limitado. Los defensores de esta postura señalan que "una población cuyas necesidades (de subsistencia y comerciales) excedan el rendimiento sostenible tendrá menor ingreso *per cápita* a largo plazo"[78].

Finalmente, otros proponen que "no hay límites reales de los recursos naturales, porque la población misma trae los reajustes que aplazan continuamente el día del juicio"[79]. Citan *The Ultimate Resource* (El último recurso) de Simon para apoyar sus afirmaciones:

> El último recurso es la gente —gente capacitada, enérgica y esperanzada— que ejerza su voluntad y su imaginación para su propio beneficio y así inevitablemente, para el beneficio de todos nosotros[80].

El optimismo de la postura de Simon, aunque admirable, tiene dificultades a corto plazo. Según él, pueden pasar entre 30 y 80 años antes de que ocurra un giro. Para entonces, entre dos y cuatro generaciones de pobres habrán pasado por la vida sufriendo la pobreza y el desamparo. Simon también reconoció que en ese período, incluso un crecimiento moderado de la población podría ser perjudicial para la base de recursos del mundo.

Análisis

Estas suposiciones acerca del empeoramiento de la pobreza no carecen de problemas.

77 Banco Mundial, *World Development*, 1980, p. 80.

78 *Ibíd.*

79 *Ibíd.*

80 *Ibíd.*

Primero, para los pobres, una familia numerosa es una necesidad económica. Para los sin tierra, cuyo trabajo es su único producto comercializable, el número de manos, especialmente de sexo masculino, representa un valor. En consecuencia, una familia numerosa es una base de recursos.

Segundo, estrechamente relacionada con el anterior, está la preferencia por el hijo varón. En la India, la dote (aunque legalmente abolida) es un "mal que se cultiva", el nacimiento de una niña se inscribe en el sector de débito de la economía familiar, mientras que un niño es parte del crédito.

Tercero, para los pobres, su número es su único recurso político. Durante las elecciones, el ser numerosos les da ciertos privilegios. Para una comunidad cuya base de poder es estrecha, el número es una importante fuente de poder, por lo menos cuando se trata de negociaciones políticas.

Finalmente, en algunas comunidades la familia numerosa está vinculada con prácticas sociorreligiosas. En algunas comunidades pobres, el niño es el foco de las maldiciones durante las hostilidades entre familias o entre pueblos. En consecuencia, teniendo más hijos, las familias aseguran su futuro contra las posibles pérdidas.

Historia y medioambiente en escenarios de pobreza

La pobreza —como otros aspectos de la vida— se ve afectada por las fuerzas que en el tiempo han influido en todas las situaciones de vida de las personas. En particular, el análisis de la pobreza intergeneracional nunca será adecuado si no consideramos la presencia de la variable tiempo. La pobreza es una experiencia de vida real tanto en el espacio como en el tiempo.

El análisis marxista de las relaciones de clases puso en primer plano la cuestión de la historia. Marx propuso una lectura materialista de la historia. Sugirió que la economía es una clave determinante de todos los procesos históricos y que el modo de producción es la forma principal de relaciones económicas[81]. Marx afirmó que la explotación es el sello de esas relaciones de clase. Por consiguiente, percibía la historia como la historia de la lucha de clases[82]. De ahí que para quienes siguen una lectura marxista de la realidad y las situaciones de pobreza, la historia, específicamente la historia de las luchas de clase, es información relevante[83].

Hasta hace poco se daba por sentado que los temas ambientales sólo interesaban a los ricos y a las naciones ricas. No obstante, los debates más recientes han enfocado la relación entre la pobreza y la degradación del medioambiente. El informe del Club de Roma, *Our Common Future* (Nuestro futuro común) señaló que "el medioambiente debería ser parte de la reflexión previa y no una idea de último momento de toda iniciativa de desarrollo"[84]. Se reconoció que el desarrollo y el crecimiento económico sin la preocupación por el medioambiente era "un representante imperfecto del progreso"[85]; en consecuencia, el Banco Mundial[86] se centró especialmente en "el desarrollo y el medioambiente". Los expertos recordaban constantemente a los trabajadores del desarrollo que la tierra es una nave espacial con recursos renovables limitados[87].

Este debate sugiere que la pobreza resulta de la explotación del medioambiente y a la vez ejerce considerable presión sobre los recursos ambientales del mundo.

---

81 Stuart Corbridge, "*Post-Marxism and Development Studies: Beyond the Impasse*" (El post-marxismo y los estudios sobre el desarrollo: más allá del callejón sin salida), World Development, vol. 18, n.° 5, 1990, pp. 623–629. Corbridge sugiere que "el marxismo ha sido culpado no solamente de economismo, sino de reducir los diversos circuitos de la economía a un estrecho produccionismo basado en la lógica de la acumulación de capital" (p. 629).

82 La idea de Marx del materialismo dialéctico sustentó su visión del proceso implicado en la lucha histórica de clases. Pensaba que el mundo real "se desarrollaba según las secuencias dialécticas" (Abercrombie *et al.*, *Dictionary of Sociology* [Diccionario de sociología], p. 70). La lógica dialéctica suponía tres momentos: tesis, antítesis y luego síntesis.

83 La pobreza y la opresión no parecen estar limitadas por las relaciones de clase. El marco "de clases" marxista para definir la pobreza tiende a descuidar varias otras formas de opresión.

84 Welsh y Butorin, *Dictionary of Development*, p. 312.

85 Banco Mundial, *World Development*, Banco Mundial, Washington D. C., 1992, p. 34.

86 *Ibíd.*

87 Korten, *Getting Toward the Twenty-First Century*, pp. 135ss.

Análisis de la pobreza como resultado de muchas variables

J. K. Galbraith y la mayoría de los esfuerzos actuales por comprender la pobreza han reconocido que

> ...hay que poner bajo sospecha cualquier intento de analizar el problema en términos de una o dos variables, como la baja formación de capital, o la ausencia de medidas políticas para asegurar la distribución adecuada del ingreso[88].

Este descubrimiento hizo que los diseñadores de políticas y los expertos en desarrollo comenzaran a explorar la naturaleza multifacética de la pobreza masiva.

Galbraith propuso que la pobreza rural era el resultado de la "causalidad circular" de diversas fuerzas:

> Como la vida está cerca de los niveles mínimos de subsistencia, no hay ahorros. Sin ahorros y la consecuente inversión de capitales, no puede haber ninguna inversión en tecnología agrícola [...] sin esa inversión no puede haber mejora en los ingresos que permita ahorro y luego inversión[89].

El Banco Mundial sugirió que este círculo de causas y síntomas de pobreza es intergeneracional. Si el desarrollo humano es un "círculo virtuoso", la pobreza es un "círculo vicioso que sentencia a los hijos de padres carenciados a ser ellos mismos carenciados"[90].

En su informe de 1980, El Banco Mundial propuso un modelo multifacético —"el tejido invisible"— para explicar la relación entre la pobreza y las políticas. Distinguiendo entre intereses centrales y el medioambiente en los asuntos relacionados con la pobreza, este informe sugería que el ingreso, la nutrición, la salud, la educación y la fertilidad están influidos por los modeladores del medioambiente (la religión, la cultura, los recursos naturales, el clima y las realidades

---

88 Galbraith, *The Nature of Mass Poverty*, p. 44.

89 *Ibíd.*, p. 52.

90 Banco Mundial, *World Development*, 1980, p. 70.

políticas, incluyendo las limitaciones administrativas y la economía mundial).

En su informe de 1993, Human Development Report (Informe sobre el desarrollo humano), la ONU reunió la expectativa de vida, los patrones educativos y el poder adquisitivo individual[91] para construir el "Índice de Desarrollo Humano". No obstante, como la mayoría de los índices y medidas, esta escala también depende fuertemente de información que es difícil reunir y de porcentajes.

El debate sobre las causas de la pobreza fue especialmente enriquecido por las contribuciones de Robert Chambers, quien fue probablemente el primero en distinguir entre pobreza y ausencia de poder. Hizo dos contribuciones fundamentales. Primero, comprendió la urgencia de reexaminar las causas de la pobreza desde la perspectiva de los pobres. Segundo, sus reflexiones sobre la "trampa de la carencia" —pobreza, aislamiento, impotencia, vulnerabilidad y debilidad física— proveyeron una herramienta útil para entender la naturaleza multifacética de las causas de la pobreza[92].

Joe Friedmann también exploró las bases teóricas para un enfoque alternativo al desarrollo, proponiendo el modelo del "(des) empoderamiento". En su modelo, Friedmann definió la pobreza como "falta de acceso a las bases del poder social". Usando la familia como la unidad política y económica básica, identificó ocho bases de poder social, "los medios principales disponibles para una economía familiar en la producción de su vida y su sustento": recursos financieros, redes sociales, información apropiada, excedente de tiempo aparte del requerimiento de subsistencia, herramientas de trabajo y sustento, organización social, conocimientos y habilidades y espacio vital justificable[93].

En este modelo, el empoderamiento se define como el paso de los pobres, desde la pobreza abyecta —la falta de acceso a esas bases de poder social— al completo acceso a las ocho bases de poder.

91 Lewis, "*New UN Index Measures Wealth as Quality of Life*", p. 6.

92 Chambers, *Rural Development*, pp. 112ss.

93 Friedmann, *Empowerment* (Empoderamiento), p. 67.

Capítulo 2

Teologías de la liberación y supuestos sobre la pobreza

A mediados de la década de 1960, el vocablo *liberación* pasó de ser un término técnico político a ser un tema teológico. Esta palabra quedó vinculada a un gran movimiento popular y a una reflexión teológica dentro de la tradición católica. La Conferencia de Medellín en 1968 resultó un estímulo para iniciar las teologías de la liberación[94].

Trasfondo histórico

Las teologías de la liberación en América Latina nacieron en medio del fermento revolucionario. Las condiciones de pobreza y opresión en esta parte del planeta proveyeron el contexto para el surgimiento de un cambio radical en la Iglesia católica. La frustración con diversos modelos de desarrollo y el crecimiento de la teoría de la dependencia (ver página 53) impulsaron a esta iglesia a buscar una alternativa más radical para responder a la pobreza de América Latina.

Los intentos anteriores para enfrentar la pobreza se consideraron completamente inadecuados. El subdesarrollo dejó de considerarse

94 Concilio Episcopal Latino Americano (CELAM). "Documento de Medellín sobre la Paz". En Dean William Ferm (ed.) *Third World Liberation Theologies: A Reader* (Teologías de la liberación del Tercer Mundo: un lector), Orbis Books, Maryknoll NY, 1989.

el resultado del atraso económico, social y político, y se puso la mira en el capitalismo. Las ayudas y el reformismo se rechazaron por considerar que perpetuaban la opresión y la dependencia en América Latina. Las ayudas se veían como un enfoque tipo "parche", y al reformismo como impotente frente a las causas estructurales de la pobreza.

El desarrollismo, según Gutiérrez, se consideraba "sinónimo de reformismo y modernización [...] y [como] contraproducente para lograr la verdadera transformación"[95]. El modelo dominante de desarrollo en América Latina se describía como "capitalismo dependiente caracterizado por una rápida industrialización y urbanización"[96]. En este escenario, las teologías de la liberación fueron una reacción ante las teorías del desarrollo dominantes y un abrazo a la teoría de la dependencia. No obstante, ésta también se consideró inadecuada para tratar los desafíos particulares en América Latina[97]. Asimismo, las teologías de la liberación fueron una reacción a muchas dicotomías dentro del cristianismo clásico; a saber, entre el evangelismo y el compromiso en la esfera temporal, así como entre el clero y el laicado[98]. A partir de esto, comenzaron su búsqueda de una lectura alternativa del contexto.

Sin embargo, las teologías de la liberación no se confinaron al contexto de América Latina. Teologías similares surgieron en otras partes, incluyendo la teología Minjung en Korea, la teología de la lucha de los pueblos en Filipinas, la teología Dalit[99] en la India, y las teologías negra y feminista en América del Norte.

---

95 Gustavo Gutiérrez, *A Theology of Liberation* (Teología de la liberación), p. 17. Ver también pp. 49–51.

96 Leonardo Boff, *When Theology Listens to the Poor* (Cuando la teología escucha a los pobres), Harper y Row, San Francisco, 1988, p. 8.

97 Ver Gutiérrez, *A Theology of Liberation* (Teología de la liberación), pp. 53–57; Arthur F. McGovern, "*Dependance Theory, Marxist Analysis, and Libertaion Theology*" (Teoría de la dependencia, análisis marxista y teología de la liberación), en Marc H. Ellis y Otto Maduro (eds), *The Future of Liberation Theology: Essays in Honor of Gustavo Gutiérrez* (El futuro de la teología de la liberación: ensayos en honor de Gustavo Gutiérrez), Orbis Books, Maryknoll NY, 1989.

98 Gutiérrez, *A Theology of Liberation*, 1988, pp. 37–39.

99 El término Dalit se refiere a los Harijan y a los marginados de la sociedad india.

En el contexto indio, donde trabajo, hay dos diferentes pistas dentro del pensamiento de liberación[100]. Primero está la extensión de las teologías de liberación latinoamericanas, dirigidas especialmente por teólogos católicos. Estos, aparte de aplicar las teologías de la liberación al contexto indio, también lidiaban con los desafíos del contexto plural de este país. La otra pista, conducida principalmente por teólogos protestantes, dio origen a la teología Dalit.

El movimiento Dalit tiene sus raíces en el siglo XIX. Las reflexiones teológicas *acerca* de los Dalit, pasaron a ser reflexiones *para* los Dalit y, luego, teologías *de* los Dalit[101]. A comienzos de la década de 1930, el estudio de Wascom Pickett, *Christian Mass Movements in India* (Movimientos cristianos de masa en India) fue cuestionado por sus reflexiones paternalistas sobre los Dalit y por la explotación de las cifras. No obstante, para Pickett, evangelizar a los Dalit con el evangelio cristiano significaba la única solución real al "problema Dalit"[102]. Luego John Subhan, en *The Good News of Christ for Depressed Classes* (La buena noticia de Cristo para las clases oprimidas), demandaba una transformación de los individuos y una restructuración de la sociedad en general, y de las clases oprimidas en particular[103]. Sin embargo, recién a mediados de la década de 1980 se desarrolló una teología Dalit deliberada, y está representada por los trabajos de gente como Arvind P. Nirmal y M. E. Prabhakar.

Marco para teologizar

Tanto la teología de la liberación como la Dalit, ofrecen un rico despliegue de temas teológicos en relación con los pobres:

100 Hay puntos en común, lo mismo que diferencias, entre las teologías de liberación y Dalit. No obstante, aquí no pretendemos comparar ambas teologías, sino más bien comprender sus supuestos sobre la pobreza.

101 John C. B. Webster, *The Dalit Christians: A History* (Los cristianos Dalit: una historia), ISPCK, Delhi, 1992, p. 191.

102 *Ibíd.*, p. 216

103 *Ibíd.*, p. 212.

- El concepto de "punto de partida" para teologizar
- La opción preferencial por los pobres
- La teología como "segundo acto" en el proceso de teologizar
- La hermenéutica de la sospecha
- La conexión marxista

El punto de partida

Tradicionalmente, el "escándalo" de la pobreza y la opresión es el único "punto de partida [...] [a partir del cual] se puede izar la bandera de la liberación"[104]. James Cone sostiene que "cualquier otro punto de partida es una contradicción del *a priori* social de las Escrituras"[105]. Para las teologías de la liberación, este es el paso "pre-teológico para teologizar"[106].

Específicamente, las teologías de la liberación sugieren que la actual práctica de liberación entre los oprimidos del mundo debería ser el punto de partida para teologizar. Leonardo Boff identifica tres niveles de acción que cuestionan las estructuras y los sistemas: el nivel pastoral, el compromiso de la iglesia con la acción política y la actividad política"[107]. "La discusión sobre la praxis constituye una de las contribuciones a la teología más controvertidas y de gran alcance de la teología de la liberación"[108]. Miroslav Volf concuerda en que la teología siempre debe estar orientada a la práctica, y señala que el término *praxis*, como lo utilizan los teólogos de la liberación, generalmente se refiere al "compromiso político práctico para liberar a los pobres y oprimidos"[109]. No puede haber una postura neutral; como señala Leonardo Boff: "Todos tomamos posturas;

---

104 Leonardo Boff y Clodovis Boff, *Introducing Liberation Theology* (Introducción a la teología de la liberación), Orbis Books, Maryknoll NY, 1990.

105 James H. Cone, *God of the Oppressed* (El Dios de los oprimidos), Seabury Press, New York, 1975, p. 97.

106 Boff y Boff, *Introducing the Liberation Theology*, p. 22.

107 Boff, *When Theology Listens to the Poor*, pp. 13–14.

108 William A. Dyrness, *Learnig About Theology from the Third World* (Aprender teología a partir del Tercer Mundo), Zondervan, Grand Rapids MI, 1990, p. 90.

109 Volf, *Doing and Interpreting* (Hacer e interpretar), p. 15.

pero sucede que algunas personas no han tomado conciencia de su posición"[1]. Según los teólogos de la liberación, sólo desde esa postura puede haber una verdadera lectura de las Escrituras. Por consiguiente, las teologías de la liberación comienzan con la sensibilidad y el compromiso de la iglesia en respuesta a los pobres.

Los teólogos Dalit enfocan la cuestión del punto de partida desde una perspectiva diferente. En la teología Dalit, "el *pathos* es anterior a la *praxis*". Comienza con "el relato de su *pathos* y su protesta contra las injusticias socio-económicas". La teología Dalit se construye sobre el supuesto de que el *pathos* debe generar la protesta, una protesta "tan fuerte que los muros del brahmanismo se derrumbarán"[2].

La opción preferencial por los pobres

En las teologías de la liberación, la cuestión fundamental no es si Dios está vivo, sino de qué lado está el Dios vivo[3]. Considerando que este Dios vivo se encuentra del lado de los pobres, las teologías de la liberación y Dalit comienzan con una opción preferencial por estos. Como señala Gutiérrez, el vientre histórico del que nacieron las teologías de la liberación fue la vida de los pobres[4]. Para los teólogos de la liberación,

> Dios es el Dios del clamor de la víctima de injusticia. Dios oye el clamor. Una teología sorda al llanto de los pobres por su sufrimiento inocente también está muda frente a Dios y frente a la sociedad[5].

---

1 Leonardo Boff, *Church Charism and Power: Liberation Theology and the Institutional Church* (Iglesia: carisma y poder), Nueva York, 1981, p. 27.

2 Arvind P. Nirmal (ed.). *A Reader in Dalit Theology* (Un lector en la teología Dalit), Gurukal Lutheran Theological College and Research Institute, Madras, India, 1991, pp. 141, 58, 62.

3 Bosch, *Transfroming Mission*, p. 439.

4 Guitiérrez, *A Theology of Liberation*, p. xxxiii.

5 Leonardo Boff, "The Originality of the Theology of Liberation" (La originalidad de la teología de la liberación), en Ellis y Otto, *The Future of the Liberation Theology*, p. 41.

Esta opción es un reconocimiento de que Dios ama a los pobres no porque son mejores sino porque son pobres[6]. Es el reconocimiento de que encontraremos al Señor por medio del encuentro con los pobres[7].

Esta opción preferencial por los pobres se expresa de muchas formas diferentes. No obstante, la idea central es que no se trata de un simple diálogo con ellos, sino en realidad de "asumir el lugar de los pobres"[8]. Esta preferencia exige un compromiso político con los temas estos. La teología Dalit lo expresa como tener conciencia de su "dalitidad": de reconocer que "la humanidad Dalit se compone de su *dalitidad*"[9]. Para Dyanchand Carr, un teólogo Dalit, esta opción es el reconocimiento de que Jesús representa a los oprimidos de toda la historia. Jesús "[perdonó] pecados en su nombre [de los pobres] y afirmó que un día juzgará al mundo en nombre de los oprimidos de toda la historia"[10]. En la teología negra, esta opción supone que "el evangelio, por la definición misma de su carácter liberador, *excluye* a aquellos que se posicionan fuera de la existencia social de los pobres"[11].

La teología como "segundo acto"

A partir de un compromiso de comenzar con la praxis y el pathos de los pobres, tanto la teología de la liberación como la teología Dalit reconocen que la teología es el "segundo acto"; sigue al "silencio de la acción" y al escuchar el clamor de los pobres. Se "deriva del primer nivel, que es la contemplación y la acción como respuesta a la opresión de los pobres"[12].

---

6 Gutiérrez, *A Theology of Liberation*, p. 140.

7 Gustavo Gutiérrez, *The Power of the Poor in History* (El poder de los pobres en la historia), Orbis Books, Maryknoll NY, 1983.

8 Boff, *When Theology Listens to the Poor*, p. ix.

9 Nirmal, *A Reader in Dalit Theology*, p. 48.

10 Dyanchand Carr, *The Meaning in the Struggle for a Just Community* (El sentido en la lucha por una comunidad justa), Student Christian Movement in India, Bangalore, India, 1991, p. 36.

11 Cone, *God of the Oppressed*, p. 79.

12 Leonardo Boff, *Jesus Christ Libertator: A Critical Christology for Our Time* (Jesucristo libertador: Una cristología crítica para nuestro tiempo), Orbis Books, Maryknoll NY, 1978, p. 41.

La condición de "segundo acto" asignada a la teología no supone que la teología sea secundaria en importancia. Más bien es un llamado a los teólogos mismos a convertirse, a abandonar su camino y entrar en la vida de sus prójimos, especialmente los pobres. La teología es el segundo acto en el sentido de que el contexto provee el criterio teológico para la lectura de las Escrituras. Provee nuevas preguntas para nuestra reflexión bíblica y desafía nuestras antiguas maneras de leer las Escrituras. Cambia el foco de enfatizar el contenido cognitivo al de buscar el "impulso liberador"[13]. Para los teólogos Dalit esto significa afirmar la "dalitidad de Jesús y su Padre": un Dios Dalit y un Dios siervo[14].

La hermenéutica de la sospecha

Estrechamente relacionado con el tema de la teología como segundo acto, está la afirmación de que las teologías de la liberación son una nueva manera de hacer teología. Dentro de esta manera de hacer teología, una pieza central es su "hermenéutica de la sospecha". Como señala Harvie M. Conn:

> La sospecha hermenéutica como herramienta busca arrancar de raíz de nuestra visión selectiva de las Escrituras aquellas ideologías no identificadas, trasplantadas, con las que racionalizamos el egoísmo, esos ideales que sostienen el *statu quo* y resisten el cambio[15].

Cone sugiere que la sospecha hermenéutica no pregunta simplemente sobre la relevancia. En lugar de eso pregunta: "En ausencia del tema de la libertad o la liberación de la esclavitud, ¿perdió la iglesia la esencia misma del evangelio de Jesucristo?[16]

13 Volf, "Doing and Interpreting", p. 15.

14 Nirmal, *A Reader in Dalit Theology*, p. 63.

15 Harvie M. Conn, "Theologies of Liberation: An Overview" (Teologías de la Liberación, una perspectiva general", en Stanley N. Gundry y Alan F. Johnson (eds.), *Tensions in Contemporary Theology* (Tensiones en la teología contemporánea), Moody Press, Chicago IL, 1976, p. 403.

16 Cone, *God of the Oppressed*, p. 114.

Supone una sospecha crítica de todas las ideologías que han significado opresión para los pobres. Implica una ruptura necesaria con la actitud y la actividad convencionales tanto de la sociedad como de la iglesia. En consecuencia, la sospecha hermenéutica es una herramienta y una postura. Es un prerrequisito necesario para la reflexión, según los teólogos de la liberación.

Los teólogos Dalit van más lejos, adoptando lo que llaman "exclusivismo metodológico". Nirmal describe la teología Dalit como una contrateología y sugiere que adopta el exclusivismo para evitar que la teología de la clase dominante sofoque el proceso de reflexión Dalit. Insiste en que la "cristianidad" de la teología Dalit radica en ser exclusivamente Dalit[17].

Conexiones marxistas

En el centro de las teologías de la liberación está el compromiso con el contexto. Éstas demandan una estrecha interconexión con la realidad y una ajustada interpretación de ella. Boff, al recomendar el "estructuralismo dialéctico" como herramienta apropiada para comprender la realidad, sugiere que "es el juego de estos [dueños del capital y dueños de la fuerza de trabajo] lo que explica la génesis, el desarrollo y la continuidad del tipo de sociedad que experimentamos"[18]. Gutiérrez señala que la pobreza es una situación compleja: "No hay problema en elegir entre las herramientas a usar [...]. El punto es llegar hasta las causas más profundas de la situación"[19].

Las teologías de la liberación se han dedicado a analizar las causas más profundas de la pobreza y la opresión. El marxismo permitió que los teólogos de la liberación identificaran las causas radicales de la pobreza. Leonardo Boff y Clodovis Boff señalan

---

17 Nirmal, *A Reader in Dalit Theology*, p. 59.

18 Leonardo Boff, "The Contributions of Liberation Theology" (Las contribuciones de la teología de la liberación), en Hans Kung y David Trace (eds.), *Paradigm Change in Theology: A Symposium for the Future* (Cambio de paradigma en teología: un simposio para el futuro), Crossroad, New York, 1991, p. 418.

19 Gutiérrez, *A Theology Of Liberation*, p. xxv.

que las teologías de la liberación tomaron del marxismo ciertas "pistas metodológicas"[20]. El marxismo parece haber provisto a las teologías de la liberación en particular (no tanto a la teología Dalit) los instrumentos para aplicar un análisis estructuralista dialéctico de la sociedad.

Supuestos sobre la pobreza

Las teologías de la liberación y Dalit son expresión de un compromiso en el que "no es suficiente describir la situación [de pobreza]; también deben determinarse sus *causas*"[21]. Habiendo establecido el contexto, veamos ocho supuestos acerca de la pobreza que se reflejan en las teologías de la liberación y Dalit[22]:

- La pobreza es una cuestión estructural.
- La pobreza es un fenómeno colectivo.
- La pobreza es el resultado de la violencia institucional.
- La pobreza es pecado.
- La pobreza es muerte.
- La pobreza es el resultado de un proceso sociohistórico.
- La pobreza hace que los pobres se vuelvan no personas.
- No obstante, la pobreza no estropea el potencial de los pobres de ser agentes de su propia transformación.

Comencemos con un tema que probablemente sea muy obvio para cualquiera que indague en las teologías de la liberación y Dalit: las causas estructurales de la pobreza.

20 Boff y Boff, *Introducing Liberation Theology*, p. 28. Hay otros que cuestionan la posibilidad de tomar prestadas las herramientas marxistas sin aceptar como válidos los supuestos marxistas acerca de la sociedad y los conflictos de clase. Ver Conn, "Theologies of Liberation", p. 416; Dyrness, *Learning about Theology*, p. 95; y McGovern, "*Dependance Theory, Marxist Analisis and Liberation Theology*", p. 283.

21 Gutiérrez, *A Theology of Liberation*, p. xxii.

22 Estos temas surgieron de un estudio de escritos seleccionados, incluyendo Hugo Assman, Leonardo Boff, James Cone, Jose Comblin, Enrique Dussel, Virgilio Elizondo, Gustavo Gutiérrez y Jose Miranda; los teólogos Dalit Abraham Ayrookuzhiel, M. Azariah, Dyanchand Carr, Arvind Nirmal y Ghana Robinson; y los teólogos indios de la liberación Geevarghese Mar Osthathios y Paul Puthanangady.

La pobreza es estructural

La pobreza se relaciona con los "desdichados de la tierra [...] a quienes el sistema no puede vestir, ni puede alojar, ni proveer de [...] salud o libertad"[23].

En su análisis de la sociedad, los teólogos de la liberación buscan los orígenes de la pobreza en "los ricos y los poderosos de este mundo [...] [y] en la estructura social y económica"[24]. Jose Comblin afirma que los poderes abusan de su "superioridad cultural, social, política o económica [...]. Aplastan a los pobres sin siquiera verlos"[25].

Los teólogos de la liberación también sugieren que la pobreza tiene sus raíces en los sistemas políticos y económicos nacionales e internacionales. En este punto, los teólogos de la liberación con mucha frecuencia miran a la escuela de la dependencia para explicar las causas internacionales de la pobreza a nivel de base. Sugieren que las naciones ricas y pobres, el centro (metropolitano o los centros imperiales) y la periferia, todos están atrapados en relaciones de dependencia, donde las estructuras en todas estas situaciones sirven a los poderosos.

Los teólogos de la liberación van más allá y sugieren que en estas relaciones de dependencia hay varias fuerzas en juego: la cultura, la religión, los sistemas educativos, las leyes y otras.

La ley de seguridad nacional, por ejemplo, se usa generalmente en estas relaciones de dependencia para explotar a los pobres y los débiles. Boff sugiere que la expresión "seguridad nacional" "enmascara el interés estratégico del capitalismo internacional por defenderse a través del poder coercitivo del Estado"[26]. Miranda va más allá todavía al sugerir que el "cosmos" en la enseñanza de Pablo equivale al tratamiento que hace Marx del sistema capitalista[27]. Las

---

23 Enrique Dussel, "The Ethnic, Peasant and Popular" (Lo étnico, campesino y popular)

24 Cone, *God of the Oppressed*, p. 38.

25 Jose Comblin, *The Holy Spirit And Liberation* (El Espíritu Santo y la liberación), Orbis Books, Maryknoll NY, 1989, p. 94.

26 Boff, *When Theology Listens to the Poor*, p. 22.

27 Jose Miranda, *Marx and the Bible: A Critique of the Philosophy of Oppression* (Marx y la Biblia: una crítica a la filosofía de la opresión), Orbis Books, Maryknoll NY, 1974, p. 250.

teologías de la liberación sostienen que dentro del sistema económico capitalista, los precios y los salarios son las "dos válvulas o canales por los que [...] pasa la distribución de los ingresos y en consecuencia la distribución de la propiedad"[28].

La religión es otra herramienta que se usa para explotar a los pobres. Comblin sugiere que la élite poderosa tiende a espiritualizar los asuntos de la vida que afectan a los pobres. Con ello se valen de la religión como herramienta de opresión. Los teólogos Dalit señalan que la religión "sanciona y santifica el sistema de castas y la condición de intocables"[29].

Los teólogos Dalit y de la liberación también señalan el papel institucional de la iglesia como ejemplo de estructuras opresivas que ejercen el poder para explotar y cuyas prácticas de poder generan marginación. Los teólogos Dalit sugieren que la forma más difícil de opresión para los cristianos Dalit es la "opresión que enfrentan por parte de la jerarquía de la iglesia y por la comunidad cristiana de casta"[30]. C. B. Webster, en su estudio sobre la historia de los cristianos Dalit, culpa al tipo de evangelio que los cristianos de las clases dominantes han predicado a todas estas generaciones. Comenta así el concepto cristiano del pecado y la salvación:

> Al igual que el 'tradicional *dharma* social hindú', ubica la raíz del sufrimiento Dalit al interior mismo de los Dalit por su nacimiento y no en las instituciones opresivas de la sociedad[31].

Con base en estas reflexiones sobre la estructura y la pobreza, tanto los teólogos de la liberación como los Dalit exigen un análisis estructural de la pobreza. Ya que la opción preferencial por los

---

28 Boff, *Church Charism and Power*, p. 55.

29 Nirmal, *A Reader in Dalit Theology*, p. 21. Ver también Paul Puthanangady (ed.), *Toward an Indian Theology of Liberation* (Hacia una teología india de la liberación), Indian Theological Association, Bangalore India, 1985, p. 10.

30 Seminario nacional sobre la teología Dalit, *Toward a Common Dalit Ideology* (Hacia una ideología Dalit común), Gurukal Lutheran Theological College and Research Institute, Madras, India, 1989, p. 131.

31 Webster, *The Dalit Christians*, p. 225.

pobres es la "opción de una clase social frente a otra"[32], los teólogos de la liberación instan a asumir una postura de conflicto a través del análisis social. En la posición de los teólogos de la liberación y Dalit, hay una exigencia por el desmantelamiento de las estructuras opresivas. Estas estructuras opresivas son "el pecado del mundo", el cual se opone a la voluntad de Dios y daña a nuestros hermanos y hermanas. Miranda va más allá hasta sugerir que el Estado mismo debe ser desmantelado[33]. El teólogo indio Geevarghese Mar Osthathios afirma que:

> ...los pobres carentes de poder necesitan ayuda de quienes apoyan una sociedad sin clases para consolidar su poder de tal manera que puedan ejercerlo sobre los poderosos mediante la negociación colectiva, las huelgas y demás[34].

En consecuencia, la misión, según los teólogos de la liberación, destruye los muros de clase. Para los teólogos Dalit "la condición de intocables no desaparecerá realmente hasta que la pureza de los brahmanes mismos [...] sea radicalmente devaluada"[35].

En este contexto, los teólogos de la liberación señalan que la cruz "demuestra la naturaleza cargada de conflicto de todo proceso de liberación que se lleva a cabo cuando las estructuras de injusticia llevan la delantera"[36]. El reino de Dios es "una revolución estructural total y global respecto del viejo orden, que Dios y solamente Dios lleva a cabo"[37].

La pobreza es un concepto colectivo

Las teologías de la liberación y Dalit son una reacción ante el individualismo del cristianismo posterior al Renacimiento. Los

---

32 Gutiérrez, *The Power of the Poor in History*, p. 45.

33 Miranda, *Marx and the Bible*, p. 30.

34 Geevarghese Mar Osthathios, *Theology of a Classless Society* (Teología de una sociedad sin clases), Christian Literature Society, Madres India, 1980, p. 343.

35 Nirmal, *A Reader in Dalit Theology*, p. 21.

36 Boff, *Jesus Christ Liberator*, p. 290. Ver también Nirmal, *A Reader of Dalit Theology*, p. 68.

37 Boff, *Jesus Christ Liberator*, p. 65.

teólogos de la liberación van más allá hasta afirmar que la pobreza es el resultado del individualismo en una sociedad capitalista. Los teólogos de la liberación y Dalit sugieren que la pobreza es un fenómeno que describe la experiencia de un pueblo. *Los pobres* es un concepto colectivo más amplio que el proletariado de Marx. Abarca trabajadores explotados, subempleados empujados a la marginalidad, el ejército de reserva, los obreros y trabajadores migrantes[38]. *Los pobres* es un pueblo antes de ser individuos. La teología negra expresa esta visión de los pobres como pueblo por medio de su sistemático énfasis en la narrativa del pueblo como parte integral de la teología negra. En la religión negra,

> ...la historia se enseña de dos maneras. Primero, es el relato de un pueblo en su conjunto. Es el relato de la lucha del pueblo por sobrevivir a la dura prueba de la esclavitud y por mantener un sentido de unión en su lucha[39].

En la teología Dalit, el punto de partida para teologizar es el *pathos* de un pueblo que, en su sufrimiento, ha perdido su humanidad. La liberación también se define como un concepto colectivo. La teología Dalit es esencialmente la búsqueda de

> ...identidad comunitaria, raíces comunitarias y consciencia comunitaria. Por lo tanto, la visión de la teología Dalit debería ser una visión unificadora —o más bien una visión "comunitaria"—[40].

Llegar a ser comunidad restaura la humanidad de un pueblo. Gutiérrez ve el trayecto desde la "larga noche de la injusticia" como el pasaje "de todo un pueblo hacia su liberación a través del desierto de la injusticia estructural y organizada"[41].

---

38 Boff y Boff, *Introducing Liberation Theology*, p. 4.

39 Cone, *God of the Oppressed*, p. 105.

40 Nirmal, *A Reader in Dalit Theology*, p. 60.

41 Gustavo Gutiérrez, *We Drink from Our Own Wells: The Spiritual Journey of a People* (Bebemos de nuestro propio aljibe: el viaje espiritual de un pueblo), Orbis Books, Maryknoll NY, 1984, p. 129. Énfasis agregado.

La espiritualidad de la liberación es la experiencia de todo un pueblo. No es la práctica de la piedad individual. "Andar en el Espíritu" es el andar de todo un pueblo[42]. La espiritualidad en el movimiento de liberación siempre busca evitar la "privatización" de la fe del pueblo.

Para resumir, según las teologías de la liberación y Dalit, la pobreza, la liberación e incluso la espiritualidad de la liberación son conceptos colectivos. La pobreza es la experiencia de un pueblo, y la liberación es el viaje de un pueblo hacia convertirse en comunidad.

La pobreza es el resultado de la violencia institucional

Una gran contribución de la conferencia de Medellín fue su definición del concepto de violencia institucional. En opinión de Gutiérrez, la violencia institucionalizada es

> ...responsable de la muerte de miles de víctimas inocentes [...]. No tiene en cuenta la dignidad de los seres humanos, ni sus más elementales necesidades. No provee para su supervivencia biológica, ni sus derechos básicos de libertad y autonomía[43].

En la Biblia (en relación con palabras como *ashaq*), la opresión se ve como el asalto violento o el saqueo[44]. La riqueza acumulada por sí misma es un tesoro robado, y el reino de Dios que buscan establecer los teólogos de la liberación exige compartir los recursos. "Acaparar exceso de riqueza en este mundo no beneficia a la persona, en cambio al compartir la misma con los que están en necesidad uno se vuelve *elegible para entrar* al Reino"[45].

---

42 *Ídem*, p. 3, 4.

43 Gutiérrez, *The Power of the Poor in History*, pp. 63, 28.

44 Elsa Tamez, *Bible of the Oppressed* (La Biblia de los oprimidos), Orbis Books, Maryknoll NY, 1982, p. 24.

45 Gnana Robinson, *Siding with the Poor* (Ponerse del lado de los pobres), The Christian Literature Society, Madres India, 1990, p. 107. Énfasis agregado.

Miranda considera que la pobreza y las situaciones de opresión implican una "violencia que es institucional, legal, jurídica, pseudomoral y cultural"[46]. Los teólogos Dalit han sido el blanco de frecuentes ataques de "venganza y violencia de parte de las castas superiores"[47].

> En un marco de una violencia estructural inherente los Dalit se han visto presionados a responder con violencia, y esto los ha llevado a una represión brutal por parte del estado y de ejércitos privados de las castas superiores pudientes[48].

Los teólogos de la liberación y Dalit demandan una mirada nueva al uso de la contraviolencia en la respuesta misional a las situaciones de pobreza.

> Esta postura da lugar al estudio de los complejos problemas de la contraviolencia sin caer en la trampa de un doble estándar que supone que la violencia es aceptable cuando la utiliza el opresor para mantener el "orden" y es mala cuando la invocan los oprimidos para cambiar ese "orden"[49].

La pobreza es pecado

La mayoría de las reflexiones cristianas sobre la pobreza reconocen que la pobreza es el resultado de la caída. No obstante, el vínculo entre la pobreza y el pecado probablemente sea más estrecho en las teologías de la liberación.

Primero, la pobreza es el resultado del pecado. El pecado en las teologías de la liberación no es solamente el impedimento para vivir la vida eterna, sino también una "brecha en la comunión de las personas entre sí [...] un multifacético distanciamiento de los otros"[50]. "El pecado es siempre precursor de divisiones. El pecado

46 Miranda, *Marx and the Bible*, p. 11.

47 National Seminary on Dalit Theology (Seminario Nacional de Teología Dalit), 127.

48 *Ibíd.*

49 Gutiérrez, *A Theology of Liberation*, pp. 63–64.

50 *Ídem*, p. 85.

es la sensación de ser rechazado por Dios, lo que se expresa en el odio al propio hermano"[51]. "El pecado vuelve egoístas, opresivos y explotadores a los poderosos"[52]. El egoísmo y la avaricia en situaciones de pobreza son pecados y en definitiva también resultado del pecado[53].

Además, la pobreza es pecado en sí misma. "La pobreza que resulta de la injusticia y la explotación es la señal más evidente y llamativa del pecado del mundo"[54]. Sin embargo, el énfasis aquí no está en la caída del individuo, que luego causa su pobreza, sino en la maldad de las estructuras sociales que la sustentan. El pecado siempre está vinculado con la injusticia y la opresión. La pobreza es pecado en tanto que es rebelión contra la voluntad de Dios para la creación.

Habiendo definido así la pobreza como pecado, los teólogos de la liberación dan el siguiente paso de redefinir la salvación como liberación y la santidad como la conversión de enemigos a prójimos. Gutiérrez señala que "nuestra conversión al Señor implica esta conversión al prójimo"[55]. Y, según el teólogo Dalit Dyanchand Carr,

> ...creer en Jesús, entonces, no se puede separar de una vuelta (en arrepentimiento) hacia los oprimidos. Este es el verdadero sentido de tener fe en Cristo[56].

Aparte de redefinir la salvación, los teólogos Dalit y de la liberación redefinen la santidad.

> La santidad de la iglesia consiste en su participación en el mundo a la manera del Espíritu, que adelanta el mundo futuro —libre, igualitario, solidario— en este mundo[57].

---

51 Osthathios, *Theology of a Classless Society*, p. 30.

52 G. M. Osthathios, *The Reality of Sin and Class War*" (La realidad del pecado y la lucha de clases), en Ferm, *Third World Liberation Theology*, p. 343.

53 Gutiérrez, *The Power of the Poor in History*, p. 147.

54 Virgilio Elizondo, *Galilean Journey: The Mexican-American Promise* (Viaje Galileo: la promesa mejicano-americana), Orbis Books, Maryknoll NY, 1983, p. 93.

55 Gutiérrez, *A Theology of Liberation.*

56 *Carr, The Meaning in the Struggle for a Just Community*, p. 8.

57 Comblin, *The Holy Spirit and Liberation*, p. 101.

El hecho de la liberación también se define como el acto salvífico del reino de Dios. Gutiérrez sugiere que "el hecho liberador histórico y político es el crecimiento del Reino y *es* un hecho salvífico"[58]. Los teólogos de la liberación establecen una fuerte continuidad entre la liberación del pecado y la liberación histórica y política[59]. Los teólogos Dalit concluyen que el acto liberador de una persona —y en realidad cualquier acto liberador— es un hecho salvífico[60].

La pobreza es muerte

Complementando la definición de la pobreza como pecado, los teólogos de la liberación afirman que la pobreza anuncia la muerte a los pobres. En la teología de la liberación, el tema no es la así llamada muerte de Dios, sino la muerte del pueblo. La pobreza destruye los pueblos, las familias y los individuos. Es la muerte por medio del hambre y la enfermedad.

La pobreza también consiste en que los pobres están cautivos en un sistema que trafica muerte. Las estructuras y los sistemas en situaciones de pobreza procuran "barrer todo lo que genera unidad y fuerza entre los desposeídos del mundo"[61]. Gutiérrez describe este tipo de muerte como "muerte cultural".

Finalmente, las situaciones de pobreza están llenas de símbolos de la muerte. El teólogo negro James Cone, analizando la pobreza de las comunidades negras, escribe que "la señal más visible del poder de la muerte se encontraba en la presencia de las personas que violaban la dignidad de los negros en todos los niveles de su existencia"[62].

Gutiérrez sugiere que la "miseria y la opresión [en situaciones de pobreza] conducen a una muerte cruel e inhumana y por ello

---

58 Gutiérrez, *A Theology of Liberation*, p. 104. Gutiérrez va más allá para señalar que esta interpretación "no es *la* venida del Reino, no *toda* la salvación" (p. 104).

59 Phillip Le Masters, "*Christian Social Ethics and Gutiérrez*" (Ética social cristiana y Gutiérrez), "*The God of Life*" (El Dios de la vida), *Encounter*, vol. 54, n.° 3, 1993, p. 237.

60 *Ídem*, p. 239.

61 Gutiérrez, *We Drink from Our Own Wells*, p. 10.

62 Cone, *God of the Oppressed*, p. 122.

contraria a la voluntad del Dios de la revelación cristiana que quiere que vivamos"[63].

La pobreza es el resultado de un proceso sociohistórico

Para los teólogos de la liberación y Dalit, la pobreza es el resultado de un proceso histórico. Los teólogos Dalit señalan que los Dalit eran un "no pueblo" en la historia. La pobreza es el resultado de un largo proceso de marginación social y distorsión de la historia cultural de un pueblo. Es la toma del poder por parte de los opresores y las clases o castas superiores. Para los teólogos Dalit, la pobreza es el resultado de que los brahmanes "se apoderaron de la cúspide de la pirámide feudal y dictaron los patrones del desarrollo sociocultural"[64].

La pobreza también se ve como un proceso en el que los pobres son gradualmente excluidos de la corriente social dominante de la vida. Este proceso es parte inevitable de toda sociedad humana. Elizondo habla de "leyes antropológicas de la sociedad humana", que consisten en tres tendencias de la conducta humana: incluir y excluir, crear y mantener distancias sociales, y eliminar a aquellos que amenazan o destruyen esas barreras que excluyen y mantienen las distancias sociales[65].

La historia es fundamental para entender la pobreza en las reflexiones de la liberación[66]. La liberación también se define como la subversión de la historia desde la perspectiva de los pobres. Supone una relectura de la historia que resultaría en

---

63 Gutiérrez, *A Theology of Liberation*, p. xxii.

64 V. Devasahayam, "*Polution, Poverty and Powerlessness: A Dalit Perspective*" (Polución, pobreza e impotencia: una perspectiva Dalit), en Nirmal, *A Reader in Dalit Theology*, p. 5.

65 Elizondo, *Galilean Journey*, pp. 17–18.

66 Samuel Escobar: en su crítica a esa lectura de la historia, señala que el resultado de esa lectura ha sido "que la misión de la iglesia y su visión de sí misma han llegado a ser formuladas en categorías que se deben más al análisis sociológico, la elección ideológica y la preferencia política, que a las categorías teológicas, bíblicas e históricas tradicionales" (*The Significance of Popular Protestantism in Latin America: Conflict of Interpretations* (El significado del protestantismo popular en América Latina: conflicto de interpretaciones), manuscrito no publicado, Seminario Bautista del Este, Filadelfia, 1992, p. 3).

> ...rehacer la historia [lo cual significa] repararla de arriba hacia abajo. De esa manera resultará una historia subversiva. La historia debe ser invertida, desde abajo, no desde arriba[67].

La historia también se ve como el escenario en el que se representa la historia de la salvación de Dios. Comblin va más allá para sugerir que la obra del Espíritu Santo está confinada a la historia.

> El Espíritu fue dado en la historia y será activo en la historia hasta el fin de la historia. No habrá ningún reinado del Espíritu fuera de la historia o más allá de la historia de este mundo[68].

En consecuencia, para los teólogos de la liberación y Dalit, la historia provee claves para entender la pobreza.

La pobreza hace que los pobres se conviertan en no personas

En las teologías de la liberación y Dalit se describe a los pobres en su condición actual como "no personas"[69], o como "no gente"[70]. En esa condición se han vuelto "no personas" en su propia tierra, y "no gente" en por lo menos cinco formas[71].

Primero, la pobreza hace que los pobres se pierdan en el anonimato[72]. Segundo, la pobreza desfigura la imagen de Dios en los pobres. Considerando la pobreza desde un "punto de vista cristiano", Boff y Boff sugieren que la pobreza es "la imagen desfigurada de Dios"[73]. Tercero, la pobreza es servidumbre[74]. Para los Dalit, esta servidumbre significa estar obligados a hacer

---

67 Gutiérrez, *The Power of the Poor in History*, pp. 20–21.

68 Comblin, *The Holy Spirit and Liberation*, p. 57. Énfasis agregado.

69 Gutiérrez, *A Theology of Liberation*, p. xxix.

70 M. Azariah, "Doing Theology in India Today" (Hacer teología en la India hoy), en Nirmal, *A Reader in Dalit Theology*, p. 90.

71 Ver Gutiérrez, *We Drink from Our Own Wells*.

72 Boff y Boff, *Introducing Liberation Theology*, p. 31.

73 *Ibíd.*

74 Cone, *God of the Oppressed*, p. 77.

los "trabajos contaminantes"[75], y la liberación implica desafiar los conceptos de pureza y contaminación que han determinado que los Dalit fueran reducidos a "no gente"[76]. Cuarto, como no personas, terminan aturdidas en su capacidad de pensar y reflexionar[77]. Siguiendo claves provistas por Pablo Freyre en su *Pedagogía de los oprimidos*, los pensadores de la liberación definieron la liberación como un ejercicio de resolución de problemas en el que se desarrolla la habilidad de los pobres para reflexionar y decidir. Los teólogos de la liberación convocaron entonces a la iglesia a devolver a los pobres el derecho a participar en la vida sociopolítica de la sociedad[78]. Finalmente, el volverse no personas también suponía la negación de la dignidad básica a los pobres[79] mientras que los opresores eran los que "definían la humanidad" de los pobres[80].

La pobreza no estropea el potencial de los pobres para ser agentes de transformación

A pesar de todos los rigores de la pobreza, los teólogos de la liberación y Dalit reconocieron que los pobres mantienen una resistencia que no debe dejarse de lado en el análisis social. Los pobres tienen la capacidad para obtener su propia liberación.

> La liberación emerge como la estrategia de los mismos pobres, con la confianza en sí mismos y en sus instrumentos de lucha: cooperativas de comercio libre, organizaciones campesinas, asociaciones locales, grupos de estudio y grupos de acción, partidos políticos populares, comunidades cristianas de base[81].

Segundo, los pobres pueden ser agentes de transformación de la sociedad. Según Padilla, las teologías de la liberación identifican

75 Devasahayam, "Polution, Poverty and Powerlessness", p. 10.

76 Robinson, *Siding with the Poor*, p. 116.

77 Gutiérrez, *The Power of the Poor in History*, p. 90

78 *Ídem*, p. 137.

79 Seminario nacional sobre teología Dalit, p. 128.

80 Cone, *God of the Oppressed*, p. 193.

81 Boff y Boff, *Introducing Liberation Teology*, p. 6.

tres niveles donde los pobres son agentes de transformación: la praxis histórica, que resulta en una nueva sociedad; la renovación de la iglesia, la cual origina una nueva manera de estar en la iglesia; y finalmente, la reflexión teológica donde los pobres se convierten en mediadores privilegiados de la presencia del Señor[82].

Sin embargo, algunos teólogos de la liberación van más lejos. Sugieren que un corolario natural a la opción preferencial por los pobres es el reconocimiento de que estos tienen una posición privilegiada para mostrar la presencia de Dios en la iglesia y en el mundo. Solamente los pobres y los débiles tienen la red axiológica necesaria para escuchar y hacer la voluntad divina revelada en medio de ellos[83].

Resumen

Los teólogos de la liberación han modelado significativamente el pensamiento mundial acerca de la pobreza y la respuesta de la iglesia a los pobres. Estos teólogos han pasado los límites de América Latina hasta varios otros países. En India, han surgido en la forma de la teología Dalit.

La reflexión sobre las teologías Dalit y de la liberación nos ha provisto varias claves importantes para entender cómo se han desarrollado los análisis sobre la pobreza. Hemos examinado ocho temas principales, cada uno con varias implicancias para la misión de la iglesia entre los pobres. Ninguna de esas suposiciones ha dejado de ser cuestionada.

Sin embargo, el mayor desafío que han enfrentado los teólogos de la liberación en América Latina ha sido la explosión del protestantismo, especialmente de los pentecostales, en las masas[84]. En muchos aspectos, esa explosión ha sido favorecida por el trabajo

---

82 Rene C. Padilla, "A New Ecclesiology in Latin America" (Una nueva eclesiología en América Latina), *International Bulletin*, vol. 11, n.° 4, 1987, p. 158.

83 Cone, *God of the Oppressed*, p. 94.

84 David Martin, *Tongues of Fire: The Explotion of Protestantism in Latin America* (Lenguas de fuego: la explosión del protestantismo en Américda Latina), Cambridge MA, 1990.

de base del movimiento pentecostal. Este retiro de las teologías de la liberación indica que "mientras el lenguaje del pentecostalismo es 'extraño' y muchas de sus prácticas son inicialmente poco atractivas, el lenguaje de la teología de la liberación puede fácilmente permanecer distante"[85].

A pesar de estos desafíos, el proceso de reflexión que han despertado las teologías de la liberación y la teología Dalit ha sido enriquecedor. Lo más valioso ha sido el intento de ver a la pobreza con los ojos de quienes la experimentan, es decir, los pobres mismos.

---

85 *Ídem*, p. 290.

Capítulo 3

Reflexiones evangélicas y supuestos sobre la pobreza

Mientras la iglesia [católica] en algunas partes del mundo se encontraba lidiando con temas relacionados con la pobreza, los evangélicos también estaban dando grandes pasos de recuperación del "gran retroceso". Los evangélicos se hallaban saliendo de su postura reactiva y ya no definían su identidad o su misión en categorías separatistas[86]. En lugar de ello, se embarcaron en la búsqueda de una nueva teología de la misión.

Un elemento clave en esta recuperación fue el largo recorrido de teologización que los evangélicos llevaron adelante desde el Wheaton College en 1966 hasta la Conferencia de Oxford sobre Fe y Economía en 1990. Estos congresos y conferencias aceleraron el proceso del despertar evangélico y también expresaron el pensamiento evangélico en temas relacionados con la misión de la iglesia. En los 24 años entre Wheaton y Oxford, el principal énfasis de la teología fue encontrar el "equilibrio" o la "relación" o el "terreno compartido" entre la evangelización y la acción social[87]. Este viaje

86 Charles van Engen, *A Broadening Vision: Forty Years of Evangelical Theology of Mission, 1946-1986* (Una visión que se amplía: Cuarenta años de teología evangélica de la misión), en Joel Carpenter y Wilbert R. Shenk (eds.), *Earthen Vessels: American Evangelism and Foreign Mission 1880-1980* (Vasijas de barro: el evangelismo norteamericano y la misión en el extranjero), Eardmans, Grand Rapids MI, 1990, p. 207.

87 Otro rasgo del recorrido evangélico hasta ahora ha sido el papel de los teólogos de los países en vías de desarrollo. Como señala Shenk, el surgimiento de liderazgo desde las iglesias no occidentales ha sido una de las tres fuerzas motivadoras en el recorrido

reflejó los cambios teológicos fundamentales que los evangélicos estaban haciendo. Linda Smith, en su estudio sobre los cambios evangélicos durante las últimas décadas, describe cuatro cambios específicos en los valores:

* Reconocimiento de la humanidad de Cristo;
* reunión de la palabra y la acción, del cuerpo y el espíritu;
* renovado, pero significativamente diferente énfasis en el reino de Dios;
* cambio de paradigma teológico en vista de la relación de Cristo con la cultura[88].

El cambio evangélico fue fenomenal. De una referencia superficial sobre la discriminación racial en la Conferencia de Wheaton de 1966, a una detallada discusión sobre las causas de la pobreza en la Conferencia de Oxford sobre Fe Cristiana y Economía.

> Los evangélicos han hecho un largo camino, tanto en sentido práctico como teológico, en su afirmación de un ministerio evangélico *total*. En ese sentido se han reapropiado de su herencia evangélica[89].

En conjunto, la dirección de la teología evangélica se ha visto afirmada por diversas investigaciones de esos hechos[90]. Charles van

---

(Wilbert R. Shenk, "The Whole is Greater than the Sum of the Part: Moving Beyond the Word and Deed" (El todo es mayor que la suma de las partes: pasar más allá de la palabra y la acción), Missiology: An International Reviw, vol. 20, n.º 1, 1993. p. 72; ver también Charles van Engen, "A Broadening Vision", p. 218. Padilla, en su estudio de los hechos desde Wheaton 1966, concluye: "Wheaton '83 completó el proceso de moldear una conciencia social evangélica, un proceso en el que personas de los países en vías de desarrollo jugaron un papel decisivo" (René Padilla y Chris Sugden, *How Evangelicals Endorsed Social Responsability: Texts on Evangelical Social Ethics 1974-1983 (ii) — A Commentary* [Cómo apoyaron los evangélicos la responsabilidad social: textos sobre la ética social evangélica 1974–83 (ii) — Un comentario], Grove Books Limited, Bramcote Nottingham, 1985, p. 17).

88 Linda Smith, *An Awakening of Conscience* (Un despertar de la conciencia), American University,Washington D. C., 1989, p. 377.

89 Shenk, "The Whole is Greater than the Sum of the Part", pp. 65–75.

90 Ver Padilla y Sugden, *How Evangelicals Endorsed Social Responsibility*; Bruce J. Nicholls (ed.), en *Word and Deed: Evangelism and Social Responsibility* (Palabra y hecho: El evangelismo y la responsabilidad social), Eardmans, Grand Rapids, MI, 1985, p. 52; Charles van Engen, "A Broadening Vision" (pp. 203–32; Shenk, "The Whole is Greater than the

Engen, en su estudio de los cuarenta años de teología evangélica, comenta: "La relación del evangelismo con la acción social como la meta de la misión holística todavía no se ha resuelto"[91]. Wilbert Shenk señala que la teología evangélica proviene de un "paradigma viciado" donde el foco ha estado puesto "en las partes más que en el todo, que es el *nuevo orden* de Dios"[92]. David Bosch, aunque crítico del "pensamiento de causa y efecto" que guio la mayor parte de la teología evangélica, afirmó la dirección general y la calidad de los cambios en el pensamiento evangélico[93].

Incluso mientras se debatían con el tema de la evangelización y la acción social[94], los evangélicos también estaban formulando interpretaciones de la realidad social, particularmente de las situaciones de pobreza, opresión y temas afines. Estaban formulando su teología de la pobreza.

Este capítulo se centra en los temas clave dentro de la teología evangélica de la pobreza como se reflejaron en el recorrido desde Wheaton 1966 a Oxford 1990 y la Red Miqueas.

Trasfondo histórico

Los sesenta

En 1966, el Congreso de Wheaton "La misión de la Iglesia en el Mundo" anunció una nueva iniciativa de parte de los evangélicos para considerar activamente la teología de la misión. Introdujo un "enorme estallido de dinamismo [...] en el ala evangélica de la

---

Sum of the Part"; Charles Timothy Chester, *Awakening to a World of Need: The Recovery of Evangelical Social Concern* (Despertar a un mundo de necesidad: la recuperación de la preocupación social evangélica), IVP, Leicester, England, 1993.

91 Van Engen, "A Broadening Vision", p. 232.

92 Shenk, "The Whole is Greater than the Sum of the Part", p. 74.

93 Bosch, Transforming Mission, pp. 407.

94 El autor reconoce que el recorrido evangélico desde Wheaton 1966 al presente estuvo lleno de conflictos y tensiones como cualquier otro debate sobre temas de ese tipo. Un estudio de las diversas reseñas de la teología evangélica indica que ya ha habido una cobertura extensa de esos debates y conflictos.

iglesia"[95]. La "Declaración de Wheaton 1966" condenó la inequidad racial y todas las formas de injusticia en el mundo. Demandó la aplicación de principios bíblicos a problemas como el racismo, la guerra, la explosión demográfica, la pobreza, la desintegración familiar, la revolución social y el comunismo[96].

En el Congreso Mundial sobre Evangelismo (Berlín 1966), Billy Graham llamó a los evangélicos a volver a la proclamación del evangelio. El Congreso describió el contexto de la misión como "el mundo en llamas, [en el que] el hombre sin Dios no puede controlar las llamas"[97]. Durante la conferencia misma, se expresaron inquietudes en relación con la explosión demográfica, las tensiones raciales, y las necesidades sociales, morales y psicológicas de la gente. La declaración de cierre de Berlín 1966 —"Una raza, un evangelio, una tarea"— también afirmó la necesidad de la iglesia de responder a las deficiencias del género humano. Rechazó la idea de que "los hombres son desiguales por sus diferencias de raza, color [...] [y describió al mundo como] humanidad en sublevación espiritual y caos moral"[98]. Aparte de esta afirmación final del congreso, la ponencia de Paul Rees, "Evangelismo y preocupación social" también expresó la lectura evangélica sobre el contexto de "una tarea" de la iglesia. Rees sugirió que las relaciones raciales no eran la única área social de preocupación. Describe así los otros desafíos:

> [Es] un pensamiento aterrador que, en una sociedad supuestamente libre, la pobreza abyecta, el desorden y la desintegración familiar, la inseguridad laboral y el desempleo, puedan levantar barreras psicológicas para la recepción del mensaje del evangelio que son tan reales como la supresión de la libertad de expresión.

---

95 Van Engen, "A Broadening Vision", p. 211.

96 Asociación de Misiones Extranjeras Evangélicas y Asociación Internacional de Misiones Extrajeras, "Wheaton Declaration Study Papers" (Documento de estudio de la Declaración de Wheaton), Congreso sobre la Misión Mundial de la Iglesia, Wheaton IL, 1966.

97 Stanely Monneyham, y Carl Henry (eds.), *One Race, One Gospel, One Task* (Una raza, un evangelio, una tarea), Worldwide Publications, Minneapolis MN, 1967, p. 23.

98 *Ídem*, p. 5.

Rees convocó a los evangélicos a unírsele en oración diciendo "Señor, no quiero tener parte en el culto de los complacientes"[1]. Pero René Padilla en un posterior estudio comentó que el Congreso de Berlín no estableció ninguna base teológica para la acción social[2].

Los setenta

En noviembre de 1973, en Chicago, el Taller "Los evangélicos y la preocupación social" llamó a los evangélicos de Occidente a expresar su discipulado cristiano confrontando la injusticia política y social en el mundo[3]. El Congreso de Lausana (1974) vino después como

> ...el nacimiento de un pacto que demostró al mundo la unidad que se estaba desarrollando, la creciente confianza, el mayor entusiasmo, y la visión ampliada de los evangélicos en misión en el mundo[4].

"El pacto de Lausana" describió el contexto de la pobreza como marcado por la injusticia, la opresión, el empañamiento de la dignidad humana, la explotación y el mal. El pacto denominó a la tarea de responder a estos desafíos sociopolíticos "extender la justicia del evangelio en medio de un mundo injusto"[5]. Sobre el tema de la riqueza y el estilo de vida, el "Pacto de Lausana", a la vez que afirmaba el mandato de una vida sencilla, lo vinculó demasiado estrechamente al llamado a contribuir generosamente con las actividades de ayuda y con la misión. Eso sugería que un estilo de vida sencillo era principalmente una estrategia para reunir fondos. El reconocimiento del vínculo entre una vida sencilla y la

---

1 *Ídem*, p. 307.

2 Ver Padilla y Sugden, *How Evangelicals Endorsed Social Responsibility*, p. 7; Nicholls, en *Word and Deed*, p. 221.

3 Padilla y Sugden, *How Evangelicals Endorsed Social Responsibility*, p. 9.

4 Van Engen, "A Broadening Vision", p. 224.

5 J. D. Douglas, "The Lausanne Covenant" (El pacto de Lausana), en *Let the Earth Ear His Voice: International Congress on World Evangelism, Lausanne, Switzerland* (Que la tierra oiga su voz: Congreso internacional sobre evangelismo mundial, Lausana, Suiza), Worlwide Publications, Minneapolis, 1975, Covenant 4.

pobreza tuvo que esperar hasta la "Consulta sobre el estilo de vida sencillo", de 1980. En el Congreso de Lausana de 1974, un grupo de participantes llamó la atención sobre dimensiones más radicales del compromiso evangélico. Esta afirmación, "Radical discipleship" ("Discipulado Radical") (1974) describía el contexto de la misión como plagado de injusticia, donde fuerzas demoníacas mantenían a los seres humanos como infrahumanos; donde se descuidaban la creación, los recursos, y a los indefensos. Describía las buenas nuevas del evangelio como las "buenas nuevas de Dios acerca de la liberación, la restauración, la integridad", y la salvación como "personal, social, mundial y cósmica"[6]. Llamó la atención de la iglesia sobre el sistema de valores contrario del mundo, sobre el totalitarismo y la violencia, sobre el pecado social e institucional, y sobre las luchas por la libertad y la justicia.

El Congreso de Lausana disparó una serie de consultas a nivel regional en la India sobre aspectos específicos de la misión. El Congreso de Devlali (1977) en la India fue una de esas consultas. En la declaración final del Congreso, los líderes de las iglesias llamaron a los hermanos cristianos a enfocar el vasto número de los no alcanzados. En su hermenéutica del contexto, se incluyeron expresiones como cuerpo-alma, unidad, integridad personal; el pecado y la injusticia personal, corporativa e institucional; la dignidad y el valor de la persona, los pobres, los hambrientos y los sin techo[7]. Aunque las descripciones de la realidad social eran demasiado generales, el Congreso estableció la tónica para el paso siguiente entre los evangélicos de la India, a saber, la Conferencia para toda India sobre Acción Social Evangélica en 1979.

Esta conferencia puso el foco en la hermenéutica evangélica en el contexto de la pobreza y resultó en la "Declaración de Madras", que destacó la "situación crítica" en el país y el gran "porcentaje de

---

6 Chris Sugden, *Radical Discipleship* (Discipulado radical), Marshall Morgan & Scott, Londres 1981, p. 74.

7 Congreso para toda India sobre las Misiones y el Evangelismo, "The Devlali Letter" (Carta de Devlali), en *Go Forth and Tell; Report on The All Congress on Missions and Evangelism* (Id y contad: informe sobre el Congreso para toda India sobre Misiones y Evangelismo), Devlali, 1977, p. 1.

la población que vive por debajo de la línea de pobreza"[8]. Describía la creciente opresión de las clases desfavorecidas, el afianzamiento de la división de castas y la violencia comunal, el alto porcentaje de personas (del 40 al 60 por ciento) bajo la línea de pobreza, la violación de los derechos humanos, y la injusticia estructural y sistémica como el contexto para la acción social evangélica. Desafiaba a los evangélicos comprometidos con el señorío de Cristo y con la autoridad de la Biblia a obedecer a Dios comprometiéndose con los pobres. La "Declaración de Madras" también señaló que

> ...los beneficios del desarrollo sirven al diez por ciento superior de nuestra sociedad que controla la economía india, mientras las mases del pueblo se ven constreñidas por la pobreza abyecta[9].

Los evangélicos reunidos también renunciaron al falso dios del crecimiento económico que devalúa los derechos humanos. Con la "Declaración de Madras", el análisis de la sociedad atrajo mayor atención como parte integral del ejercicio teológico evangélico.

A nivel mundial, después de la Conferencia sobre Evangelio y Cultura de 1978, el "Informe de Willowbank" mostró que los evangélicos estaban siguiendo las indicaciones del "Pacto de Lausana"[10], específicamente en cuanto a la relación entre cultura y evangelio. Los evangélicos afirmaban la "interconectividad del mal sistémico", especialmente en lo tocante a la pobreza y la explotación.

Los ochenta

La década de 1980 comenzó con la "Consulta sobre Teología del Desarrollo en el Reino Unido". La Consulta contribuyó a ampliar el espectro del análisis social. En su carta de intención, vinculó los temas de justicia con el papel del Gobierno, los patrones de vida de

8 Sugden, *Radical Discipleship*, p. 184.

9 *Ídem*, p. 185.

10 Douglas, "The Lausanne Covenant", Covenant 10.

los ricos con los de los pobres, los asuntos de la pobreza, el tráfico de armas y la injusticia con las estructuras sociopolíticas[11]. Afirmaba que la "dignidad y el valor" de los pobres estaban en juego en las situaciones de pobreza.

La "Consulta sobre estilo de vida sencillo", de marzo de 1980, en su afirmación "Compromiso evangélico con un estilo de vida sencillo", señalaba el vínculo entre estilo de vida, injusticia y pobreza en el contexto de la misión. En esta consulta, los evangélicos denunciaron la "destrucción del medioambiente, el despilfarro y el acaparamiento"[12].

Rastrearon las raíces de la miseria y la impotencia de los pobres hasta la destrucción del medioambiente, la administración de los recursos de Dios, la riqueza y los patrones de consumo de los ricos, la autoridad del Estado y la carrera de armas a nivel internacional[13].

En junio de 1980, los evangélicos se reunieron en Pattaya, Tailandia, donde afirmaron el "Pacto de Lausana" y denunciaron la injusticia para con los millones de sufrientes. Sin embargo, "en algunos aspectos Pattaya fue un paso atrás respecto de Lausana"[14]. En Pattaya, los evangélicos definieron el concepto de "grupos de pueblo" con cierta estrechez, dejando de lado con eso las referencias específicas a los pobres y oprimidos. Por consiguiente, un grupo de teólogos del Tercer Mundo presentaron un "Comunicado de preocupaciones sobre el futuro del Comité de Lausana para la Evangelización del Mundo". El comunicado reprendía a la Comisión de Lausana por no estar "seriamente preocupada por los temas sociales, políticos y económicos de muchas partes del mundo, donde son una piedra de tropiezo para la proclamación del evangelio"[15].

En la "Consulta sobre la relación entre evangelismo y responsabilidad social" (CRESR) en 1982, los evangélicos pusieron

---

11 Ronald Sider (ed.), *Evangelicals and Development: Toward a Theology of Social Change* (Los evangélicos y el desarrollo: hacia una teología del cambio social), Westminster Press, Filadelfia, 1981, p. 15.

12 *Ídem*, p. 18.

13 *Ídem*, pp. 13–19.

14 Van Engen, "A Broadening Vision", p. 227.

15 Padilla y Sugden, *How Evangelicals Endorsed Social Responsibility*, p. 14.

el foco en las causas de la pobreza más que en los muchos síntomas de esta. La acción social se distinguió del servicio social. Los participantes se centraron en los ochocientos millones de "oprimidos por la gran inequidad económica que sufren y los diversos sistemas económicos que la causan y perpetúan"[16]. Identificaron el sistema global opresivo, la explotación de los recursos no renovables de energía, el maltrato del medioambiente, la violencia en las comunidades y la guerra como desafíos para la iglesia de Cristo. Más adelante, en un artículo que comentaba la Consulta, Dayton señaló que "enfrentamos el hecho de que las culturas no cristianas con frecuencia viven el holismo que nosotros predicamos"[17].

El siguiente evento importante en la acción social evangélica tuvo lugar en Wheaton en 1983. Allí los evangélicos expresaron la profunda preocupación por los márgenes seculares del desarrollo cristiano. La declaración final, "Transformación: una iglesia en respuesta a las necesidades humanas", propuso que la transformación debía ser considerada la alternativa cristiana para el desarrollo. Los participantes destacaron los aspectos económicos y políticos de la pobreza[18]. Identificaron claramente el papel causal de la cultura en la perpetuación de la pobreza. El Informe de Wheaton 1983 señaló que las culturas "llevan la marca de la gracia común de Dios, de las influencias demoníacas y de los mecanismos de explotación humana"[19].

El tema de la cultura también se presentó para la discusión en una consulta más pequeña que hubo entre los evangélicos indios. La "Declaración sobre las castas y la iglesia" condenó el sistema de castas como "ideado por el hombre y totalmente injusto [...]. Ha permeado directa o indirectamente toda la trama de nuestra nación"[20].

---

16 Comité de Lausana para la Evangelización del Mundo (LCWE), *Evangelism and Social Responsability: An Evangelical Commitment* (Evangelismo y responsabilidad social: Un compromiso evangélico), Paternoster Press, Exeter, 1982, p. 16.

17 Ed Dayton, "The Cutting Edge: Beyond the Bird and the Scissors", archivos personales del autor, c. 1982, pp. 4–5.

18 Samuel y Sugden, *The Church in Response to Human Need* (La iglesia en respuesta a las necesidades humanas) p. 254–265.

19 *Ídem*, 259.

20 Asia Theological Association and Evangelical Felloship of India Theological Commission. (Asociación Teológica de Asia y Comisión Teológica de la Comunidad Evangélica de la

Los líderes de la renovación carismática y pentecostal y los de la acción social evangélica se reunieron en el Fuller Theological Seminary (Seminario Teológico Fuller) en enero de 1988. En julio de 1989, el Congreso de Manila en su manifiesto volvió a afirmar la relación entre evangelismo y acción social, y describió a los pobres como aquellos privados de justicia, dignidad, alimento y techo. El "Manifiesto de Manila" cuestionó la injusticia y la opresión tanto a nivel personal como estructural[21]. En apuntes detallados, el Congreso de Manila describió el sufrimiento humano como "la imagen de Dios corrompida en los seres humanos"[22]. Al definir a los marginados, el "Manifiesto de Manila" incluyó a las personas con discapacidad, junto con los enfermos, los hambrientos, los prisioneros, los desaventajados y los oprimidos[23].

Los noventa

La década de 1990 comenzó con una importante conferencia de fe y economía (Oxford, 1990). La "Declaración de Oxford" dedicó una parte significativa de su tiempo a entender las causas de la pobreza[24]. De la discusión sobre la economía de la pobreza se pasó al ámbito de la política económica. Al describir las muchas y complejas causas de la pobreza, la "Declaración de Oxford" especificó las actitudes culturales, las causas en los niveles micro y macro, los desastres naturales, y la creación y distribución de la riqueza como algunos aspectos para la investigación social.

India), "The Declaration on Caste and the Church" (Declaración sobre las castas y la iglesia), *Transformation*, vol. 2, n.° 2, 1985, p. 1.

21 LCWE, "The Manila Manifesto: Calling the Whole Church to Take the Whole Gospel to the Whole World" (El Manifiesto de Manila: llamado a toda la iglesia para llevar todo el evangelio a todo el mundo), *International Bulletin of Missionary Research* (Boletín internacional de investigación sobre las misiones), vol. 3. 13, 1989, Agendas 8, 9.

22 *Ídem*, Agenda 3.

23 *Ídem*, Agenda 5.

24 Transformation (Transformación), "The Oxford Declaration on Christian Faith and Economics" (Declaración de Oxford sobre fe cristiana y economía), *Transformation*, vol. 7, n.° 2, 1990, p. 2.

En 1996 esas discusiones dieron fruto a medida que la campaña para el Jubileo del 2000 comenzó llamando a una significativa condonación de la deuda para los países más pobres del mundo. Tomando la idea del jubileo del Antiguo Testamento (Lv 25; Dt 15), el Jubileo del 2000 era una coalición de apoyo de base amplia, que incluía agencias de ayuda, iglesias, cooperativas y grupos feministas. Las iglesias evangélicas formaron parte de esa coalición que incluyó una petición firmada por más de 150 países y respaldada por aproximadamente 20 millones de personas. Para el año 2007 se había conseguido la cancelación de 35 mil millones de dólares de la deuda.

El siglo XXI

En el año 2001, con el impulso de la campaña del Jubileo 2000 y el lanzamiento de los "Objetivos de desarrollo del milenio de las Naciones Unidas para reducir a la mitad la pobreza extrema para el 2015", 140 líderes de organizaciones cristianas de 50 países establecieron las bases bíblicas para una red global que sea una voz por y con los pobres. La declaración de Miqueas sobre la misión integral afirma:

> La misión integral o la transformación holística es la proclamación y la demostración del evangelio. No se trata simplemente de que el evangelismo y el compromiso social vayan uno al lado del otro. En realidad, en la misión integral nuestra proclama tiene consecuencias sociales toda vez que llamamos a las personas al amor y al arrepentimiento en todas las áreas de la vida [...]. La justicia y la justificación por fe, la adoración y acción política, lo espiritual y lo material, el cambio personal y el cambio estructural van juntos. Como en la vida de Jesús, ser, hacer y decir son el núcleo de nuestra tarea integral[25].

---

25 Declaración de Miqueas sobre Mision Integral 2001, en Tim Costello y Rod Yule (eds.), *Another Way to Love; Christian Social Reform and Global Poverty* (Otro camino para amar: Reforma social cristiana y pobreza global), Acorn Press, Brunswick East, 2009, pp. 127–128.

Desde entonces, el Desafío Miqueas se ha convertido en un movimiento global para movilizar a los cristianos y registrar su contribución profética en la lucha global contra la pobreza. Es un movimiento de apoyo político, pero "su principal preocupación es profundizar el compromiso cristiano con los pobres"[26].

Estos mojones en la teología y la acción evangélicas reflejan un cambio gradual de simplemente describir la respuesta misional hacia un análisis audaz del contexto de la misión y un llamado a responder por medio de la oración, el servicio y el apoyo.

Supuestos sobre la pobreza

Mientras transitaban desde el Congreso de Wheaton en 1966, los evangélicos han afirmado sistemáticamente ciertos compromisos fundacionales.

- Afirmaban que Dios está involucrado en la historia. Es significativo que un párrafo vinculado enteramente con la "responsabilidad social cristiana" se abriera con una afirmación sobre Dios. Esto es justo [...] *Afirmamos que Dios es Creador y Juez de todos los hombres*[27].
- Ministraban al mundo doliente como una "comunidad del Reino donde todos vivimos bajo la cruz, regocijándonos en el inmerecido perdón del Salvador y sabiendo que él es nuestra vida"[28]. Los evangélicos se veían a sí mismos como los salvados por la gracia de Dios, y como evangelistas, llamados a ministrar entre los pobres.
- Estaban involucrados entre los pobres como aprendices. El movimiento de Wheaton 1966 reflejaba el deseo de

26 M. Hoek y J. Thacker (eds.), *Micah's Challenge: The Church's Responsability to the Global Poor* (El desafío de Miqueas: la responsabilidad de la iglesia para con los pobres del mundo), Paternoster, Milton Keynes, 2008, p. 12.

27 John Stott, *The Lausanne Covenant: An Exposition and Commentary* (El Pacto de Lausana: exposición y comentario), Worldwide Publications, Minneapolis MN, 1975, p. 26.

28 Transformation, "Words, Works and Wonders: The Power and Justice of the Kingdom of God" (Palabras, obras y maravillas: el poder y la justicia del reino de Dios), *Transformation*, vol. 5, n.° 4, 1988, p. 1.

la iglesia de "conocer a las personas pobres y oprimidas, aprender de ellas sobre la injusticia, y procurar aliviar su sufrimiento e incluirlos regularmente en nuestras oraciones"[29].

Un repaso de las declaraciones finales de estos congresos, conferencias y consultas sugiere diez elementos en la lectura evangélica del contexto de la pobreza.

La pobreza estropea la imagen de Dios en los pobres

Los evangélicos han afirmado consistentemente que "es la imagen divina en el hombre lo que le da *una dignidad intrínseca* o valor, un valor que pertenece a todos los seres humanos"[30]. Incluso tan temprano como en 1966, ya se trataba el tema de las relaciones raciales, sobre la base de la comprensión de que todas las personas estaban hechas a imagen de Dios.

A lo largo de los años, se desarrolló un elemento clave en la respuesta evangélica a la pobreza, que implicaba sanar la imagen de Dios estropeada en los pobres. La "Declaración de Madras", al afirmar este compromiso fundacional, compromete a los evangélicos a "definir y defender [la imagen de Dios en los pobres]... identificar las violaciones a los derechos humanos y asistir a las víctimas en la obtención de sus derechos legítimos"[31].

La pobreza se ve perpetuada por las estructuras viciadas

Un supuesto importante en las reflexiones evangélicas a lo largo de los años ha sido que la pobreza y la opresión están estrechamente

29 Ronald J. Sider, "The Commitment" (El compromiso), en Ronald J. Sider (ed.) *Lifestyle in the Eighties: An Evangelical Commitment to Simple Lifestyle* (El estilo de vida en los ochenta: un compromiso evangélico con un estilo de vida sencillo), The Paternoster Press, Exeter, 1980, p.15.

30 Stott, *The Lausane Covenant*, p. 27.

31 Sugden, *Radical Discipleship*, p. 186.

vinculadas con las dimensiones corporativas e institucionales del pecado. La teología evangélica ha afirmado con fuerza que

> ...la pobreza no es necesariamente mala pero con frecuencia resulta de sistemas sociales, económicos y políticos marcados por la injusticia, la explotación y la opresión [...] La situación difícil [de los pobres] a menudo es mantenida así por los ricos y los poderosos[32].

En *Radical Discipleship* se señala que el pecado social e institucionalizado tiene que ser condenado[33]. En Devlali, en 1977, Bruce Nicholls sostuvo que "las instituciones políticas, económicas y sociales de nuestra compleja sociedad también necesitan ser *convertidas*"[34].

La Declaración de Wheaton (1983) es todavía más franca al sugerir que "o desafiamos las estructuras de mal de la sociedad o las soportamos". La Declaración de Oxford de 1990, el Jubileo del 2000 y la Red Miqueas, todas se caracterizan por un claro reconocimiento de las causas estructurales y sistémicas de la pobreza.

La teología evangélica de la pobreza afirma que confrontar la pobreza tiene que involucrar "una acción que impulse los cambios institucionales y estructurales que podrían promover estos valores [cristianos] en nuestras comunidades"[35]. Estas afirmaciones y conclusiones reflejan un claro cambio paradigmático. Los evangélicos se alejaron de la postura de retraimiento de la década de 1920 a un nivel donde definen ahora la misión en términos de confrontar las estructuras y los sistemas.

La pobreza distorsiona la verdad

Los participantes del Congreso Indio de Devlali propusieron un vínculo fundamental entre la pobreza, el cuidado de los pobres

---

32 Samuel y Sugden, *The Church in Response to Human Need*, p. 260.

33 Sugden, *Radical Discipleship*, p. 175.

34 Bruce Nicholls, "Strategy Paper: The Relationship of Proclamation to Service" (Documento estratégico: La relación entre la proclamación y el servicio).

35 Tranformation, *The Oxford Declaration on Christian Faith and Economics*", p. 8.

y la adopción de una postura con la verdad y la justicia[36]. Los participantes confesaron que la iglesia en la India

> ...no se involucraba personalmente en el cuidado de los pobres y los oprimidos, dejando esa tarea a las instituciones [...] hemos permanecido indiferentes o neutrales cuando debimos tomar partido por la verdad y la justicia[37].

En el mismo documento, los líderes indios también identificaron la falsedad y la injusticia en los niveles personales y sociales como cuestiones que correspondía enfrentar[38].

Un cuidadoso repaso de estas afirmaciones y supuestos, sugiere que los evangélicos ahora reconocen la pobreza como una múltiple expresión de la falsedad de la sociedad. La teología evangélica sugiere que el compromiso con los pobres debe invariablemente significar tomar postura por la verdad y la justicia.

La pobreza es el resultado de la falta de compasión y amor

Junto con una creciente comprensión de la compleja naturaleza de la pobreza, los evangélicos también reconocieron sistemáticamente las dimensiones emocionales, del corazón y del alma, de la pobreza. El "Manifiesto de Manila" convoca a los evangélicos a "demostrar el amor de Dios visiblemente cuidando a quienes están privados de justicia, dignidad, alimento y techo"[39]. En 2003, la Red Miqueas expresó un llamado a "comprometernos como seguidores de Jesús a trabajar por la transformación holística de nuestras comunidades", a "practicar la justicia, amar la misericordia y humillarnos ante nuestro Dios" (ver Miqueas 6.8).

---

36 Congreso para toda India sobre Misiones y Evangelismo, "The Devlali Letter" (La carta de Devlali), p. 2. Ver también "The Madras Declaration" (La Declaración de Madras) en Sugden, *Radical Discipleship*, p. 185–6.

37 *All India Congress on Missions and Evangelism, "The Devlali Letter"*, p. 2.

38 *Ibíd.*

39 LCWE, *The Manila Manifesto*", Agenda 2.

Este supuesto en el paradigma evangélico, sugiere que la pobreza por su misma naturaleza es un estado de privación de compasión y de amor. Este es un campo descuidado con frecuencia en los estudios de la pobreza masiva y los análisis estructurales y sistémicos impersonales de las situaciones de pobreza.

La pobreza tiene micro y macrodimensiones

El proceso de la teologización evangélica reconoció muy pronto el impacto de los macrotemas en la suerte de los pobres. Aparte de las causas institucionales y sistémicas, "el "Informe de Willowbank" destacó la interrelación del sistema global y su papel en la explotación y la opresión. El Informe afirma que el mundo

> ...[es] un sistema global integrado de macroestructuras económicas, políticas, tecnológicas e ideológicas, lo que indudablemente genera mucha explotación y opresión[40].

Cuestiones relacionadas con la carrera armamentista nacional, la destrucción del medioambiente, el derroche y todo el asunto del estilo de vida de los no pobres han ido surgiendo sistemáticamente. La "Consulta sobre el estilo de vida sencillo", de 1980, afirmó específicamente la relación entre la pobreza y la riqueza. Reconoció claramente un

> ...vínculo entre los recursos, los ingresos y el consumo; las personas mueren de hambre porque no pueden comprar alimentos, porque carecen de ingreso, porque no tienen oportunidad de producir, y porque no tienen acceso al poder[41].

Estas afirmaciones entre evangélicos fueron un desafío a la modernización popular y a las afirmaciones neoliberales que negaban una relación entre la riqueza y la pobreza.

---

40 John Stott y Robert T. Coote, "Willowbank Report" (Informe de Willowbank), en *Gospel and Culture* (Evangelio y Cultura), Lausanne Committee for World Evangelization, Wheaton IL, 1978, p. 454.

41 Sider, "The Commitment", p. 17.

En la Conferencia de Oxford sobre Fe y Economía (1990), los participantes discutieron el escenario económico mundial en relación con la pobreza. La deuda del Tercer Mundo, la ética laboral, los sistemas económicos, los sistemas políticos y los sistemas burocráticos, todos pasaron al ámbito de la reflexión evangélica.

El cambio desde las reflexiones de Wheaton de 1966 sobre población y relaciones de raza a las de la Red Miqueas que enfrenta temas vinculados con el sistema económico mundial, marca un giro fundamental para los evangélicos. La presencia de un sistema más grande de opresión, se ha convertido en una parte importante de la hermenéutica evangélica.

La pobreza tiene sus raíces en la caída de las culturas

Las reflexiones evangélicas a lo largo de los años también han indagado en los aspectos culturales de las situaciones de pobreza. Los participantes de Wheaton 1983, al deliberar sobre la cultura y la transformación, afirmaron que la cultura es un don de Dios para los seres humanos, pero también lleva la marca de la caída de la humanidad.

No obstante, aquí hace falta trabajar más. Aparte de discernir el impacto de la caída humana sobre la cultura de los pobres, es importante identificar cómo los diversos elementos de la cultura son utilizados por lo no pobres para perpetuar la pobreza. Además, también es necesario indagar en aquellos elementos de la cultura de la pobreza que hacen que los pobres se "instalen" en su condición de impotencia.

La pobreza se ve perpetuada por los principados y poderes

El "Informe de Willowbank" (1978) cuestionó el mito mecanicista de la visión occidental del mundo, destacando la "realidad de inteligencias demoníacas dedicadas a desacreditar a Jesús, por todos los medios, explícitos y encubiertos, y evitar que la gente acuda a él"[42]. El "Discipulado radical" (Lausana, 1974) va más lejos para afirmar que las fuerzas demoníacas no solamente procuran impedir la obra de la iglesia, sino también "negar el señorío de Cristo y mantener a los hombres siendo menos que plenamente humanos"[43]. El creciente reconocimiento del papel directo de los principados y poderes en perpetuar la pobreza hizo que los evangélicos miraran más allá del papel de las fuerzas demoníacas en frustrar los programas de iglesia, para encontrar que esas fuerzas estropean la imagen misma de Dios en los seres humanos. La cuestión de cómo los principados y poderes afectan a los pobres y no pobres como personas, requiere ser estudiada en mayor profundidad.

La economía de la pobreza tiene ramificaciones políticas

La "Consulta sobre el estilo de vida sencillo" (1980) destacó la injusta distribución del capital, la tierra y los recursos. El documento sugirió que sin "un cambio de poder a través de cambios estructurales, estos problemas no se pueden resolver"[44].

La conferencia de Oxford sobre Fe y Economía (1990) declara: "La justicia es básica para una perspectiva cristiana de la vida económica"[45]. Afirma que el marco evangélico no puede separar la cuestión de la economía del tema de la creación y distribución de riqueza. También señala que la perspectiva cristiana esencial de los evangélicos requiere que pongan énfasis en las ramificaciones políticas de la economía. Este es un aspecto fundamental de la teología evangélica que requiere mayor consideración.

En las últimas dos décadas, los evangélicos han pasado de confesar su aislamiento no bíblico a afirmar que trabajar con los oprimidos es la marca del discipulado cristiano. Luego comenzaron a relacionar el análisis social con su fe.

---

42 Stott y Coote, "Willowbank Report", p. 449.

43 Sider, "The Commitment", p. 17.

44 Transformation, "The Oxford Declaration on Christian Faith and Economics", p. 1.

45 Monneyham y Henry, *One Race, One Gospel, One Task*, p. 307.

La pobreza es un asunto de poder

Ya en el Congreso de Berlín, en 1966, afloró la cuestión del poder en relación con los pobres y los oprimidos. Se puso la atención en el "poder —el manejo moral del poder y las estructuras de poder en la sociedad"[46].

La Declaración de Oxford (1990), al discutir sobre la palabra ética, señaló que "la justicia exige dar atención especial a los miembros débiles de la comunidad por su mayor vulnerabilidad"[47].

La "Consulta sobre el estilo de vida sencillo" fue más allá de meramente exigir un trato preferencial para los vulnerables y los indefensos. En aquel evento, los evangélicos describieron a los pobres como aquellos que no pueden protegerse a sí mismos. Llamaron a los Gobiernos y a la iglesia a obedecer a Dios, a defender y tomar posición del lado de los que no tienen poder[48].

Sin embargo, el poder, como tema clave que es, no ha recibido tanta atención entre los evangélicos como sí ha ocurrido entre los teóricos laicos del desarrollo o los teólogos de la liberación. Aunque expresiones como opresión y explotación indican efectivamente el reconocimiento de estos temas del poder, no ha sido muy frecuente la discusión sobre este como tema fundamental en el paradigma evangélico de la misión.

La pobreza como resultado de la caída de la humanidad

Las reflexiones evangélicas desde Wheaton 1966 siempre han estado bajo el título de la caída. No obstante, como los debates ponían el foco en "tender un puente", se ha dedicado más tiempo a distinguir entre evangelismo y preocupación social, y en discutir la cuestión de la primacía.

46 Monneryham y Henry, *One Race, One Gospel, One Task*, p. 397.

47 Transformation, "The Oxford Declaration on Christian Faith and Economics", p. 5.

48 Sider, "The Commitment", p. 14.

Los evangélicos siempre han destacado que la restauración de la relación con Dios es la motivación para el compromiso cristiano con los pobres y los temas de la opresión. Se reconocía la caída como la causa de la pobreza. La teología evangélica afirmaba entonces que los pobres y los poderes, las estructuras, los sistemas, las culturas y los pueblos, todos, de alguna u otra manera, expresaban la caída de la creación. La teología evangélica consideraba que

> ...la doctrina de la caída destaca la tendencia innata del ser humano de servir a sus propios intereses, con las consecuencias de la avaricia, la inseguridad, la violencia y el deseo de poder[49].

Afirmaba que "el desarrollo humano auténtico depende de la correcta relación con Dios"[50]. En el análisis final, los evangélicos reconocían que su teología de misión descansaba sobre la creencia de que "los seres humanos, aunque creados a imagen de Dios, son pecadores, están perdidos sin Cristo, y que reconocer esta verdad es el primer paso en el evangelio"[51].

Resumen

En el Taller de Chicago (1970), y desde ahí en adelante, los evangélicos han confesado el fracaso de la iglesia en ser discípulos en su misión entre los pobres y los oprimidos. Luego, en Oxford, en los noventa, en medio de una economía y superpoderes en desplome, los cristianos evangélicos hicieron un llamado a que la fe moldee el análisis y hermenéutica del contexto. En el Jubileo 2000 y con el Desafío Miqueas, los cristianos evangélicos se han movilizado para integrar su pensamiento teológico con sus acciones.

---

49 Samuel y Sugden, *The Church in Response to Human Need*, p. 257.

50 Sider, "The Commitment", p. 18.

51 LCWE, "The Manila Manifesto", Agenda 4.

En síntesis, según los teólogos y misionólogos evangélicos, la pobreza:

* supone la "distorsión" de la imagen de Dios entre los pobres;
* se ve perpetuada por las estructuras viciadas;
* es el resultado de muchas distorsiones de la verdad;
* es el resultado de la falta de amor y compasión;
* compromete a las micro y las macrodimensiones;
* es un resultado de la caída de la cultura;
* se ve perpetuada por los principados y poderes;
* implica la existencia de ramificaciones políticas en los asuntos económicos;
* incluye cuestiones de distribución de poder, y es el resultado de la caída de la humanidad.

Estas reflexiones de los teóricos laicos del desarrollo, de los teólogos de la liberación, de la teología Dalit y de los evangélicos, brindan importantes indicadores para indagar en la naturaleza de la impotencia de los pobres, así como para buscar una respuesta basada en el reino de Dios. Los dos siguientes capítulos examinan las respuestas de la iglesia a los pobres.

Capítulo 4

Respuestas históricas

En su análisis del papel de la iglesia en el desarrollo, Tom Sine concluyó que la iglesia, en su conjunto, ha seguido los modelos occidentales de desarrollo[52]. Desafió a la iglesia a examinar hasta dónde los evangélicos han tomado valores occidentales laicos para el desarrollo cristiano. David Korten, en su análisis, utilizó una línea de tiempo para clasificar las diferentes acciones voluntarias y las identificó como cuatro "generaciones". La primera generación puso el foco en la ayuda y el bienestar, la segunda en el desarrollo comunitario, la tercera en sistemas sustentables de desarrollo, y la cuarta en los movimientos populares con agenda global[53].

En su estudio de las acciones voluntarias, O'Gorman utilizó cinco metáforas para analizar las respuestas a los pobres. Fueron las siguientes: Parches (donaciones y ayudas), Escaleras (provisión de información y habilidades), Manta de retazos (*patchwork*) (proyectos de autoayuda), Colmenas (movimientos de base) y Balizas (confrontación de la sociedad y acciones constructivas)[54].

Cada una de las clasificaciones anteriores destaca diferentes aspectos de las respuestas laicas y cristianas a la pobreza.

52 Tom Sine, "Development: Its Secular Past and Its Uncertain Future" (Desarrollo: su pasado laico y su futuro incierto), en Ronald J. Sider (ed.), *Evangelicals and Development; Toward a Theology of Social Change* (Los evangélicos y el desarrollo: hacia una teología del cambio social), Westminster Press, Filadelfia, 1981, p. 72.

53 Korten, *Getting Toward the Twenty-first Century.*

54 O'Gorman, *Charity and Change.*

Este capítulo describe siete enfoques históricos a la pobreza. Aunque este estudio de los modelos históricos podría estar imponiendo categorías actuales a la historia, no pretende evaluar esos modelos. En lugar de ello, buscaremos claves para comprender los supuestos populares acerca de la pobreza que se reflejan en esos modelos. Los siete enfoques son:

* conversión que redunda en cambio social;
* servicio social y trabajo previo a la misión;
* amor en acción;
* reconstrucción rural;
* modernización;
* ministerio entre víctimas (misiones de rescate);
* servicio social e iniciativas en políticas públicas.

Conversión que redunda en cambio social

Uno de los enfoques más comunes adoptados por la iglesia históricamente, fue afirmar y buscar mejoras sociales que resultan de la conversión. Este enfoque fue muy evidente en la primera parte del siglo xx, cuando las conversiones a Cristo se clasificaron popularmente como movimientos de masa.

En la India, se informó de diversos movimientos populares entre los chuhras en Punjab, y los angami, los ao, sema y lothas en el noreste[55]. Diversos estudios sobre movimientos populares también afirmaron las necesidades socioeconómicas que motivaban las conversiones en esos movimientos populares.

Uno de esos estudios encargado por el Concilio Cristiano Nacional de la India en 1928, destacó diversos cambios sociales positivos en la vida de los convertidos. El estudio sugirió que estos cambios

> ...parecen haberse llevado a cabo generalmente donde la adoración cristiana se ha establecido con mayor firmeza [...]

55 Walter R. Grist, *Evangelism in India* (Evangelismo en la India), D. Min, conferencia, Bethel Seminary, ST Paul MN, 1979.

> Han adquirido conceptos de Dios y de sí mismos en relación con Él que han afectado poderosamente sus patrones sociales, su conducta y con el tiempo su condición dentro de sus pueblos[56].

Se informó de cambios morales y mejores hábitos personales. Mejoras en educación y patrones de salud, que combinadas con el abandono de hábitos de derroche, trajeron mejoras económicas a las familias y las comunidades[57]. Las comunidades que acudieron a Cristo también experimentaron mejoras en la seguridad. Los miembros de la comunidad Chuhra en Punjab

> ...encontraron en el cristianismo la aceptación y la seguridad que necesitaban. Hallaron en la comunidad cristiana la fuerza para sacudirse la opresión de los señores de la tierra que se aprovechaban de su condición inferior[58].

De esta manera, el "nombre 'cristiano' dio una nueva dignidad"[59] a muchos participantes de esos movimientos de las castas inferiores. Surgió un nuevo liderazgo entre diversas comunidades del noreste de la India[60]. Los pobres de esos movimientos de masa también aprendieron que los espíritus de mal ya no tenían que poseer el control de su vida. Para la iglesia, era evidente que las relaciones sociales, económicas e incluso políticas se transformaban gracias a la conversión, y este enfoque era también una fuente de testimonio. Estas transformaciones entre los pobres hicieron que otros hindúes de las castas superiores "consideraran las afirmaciones de Jesucristo"[61]. Los pobres se estaban convirtiendo en agentes de transformación, a la vez que transformaban su propia pobreza.

Este enfoque ofrecía "una prueba positiva de que el amoroso Padre Celestial vivo se preocupa por los más abyectamente

---

56 Wascom Jarrell Pickett, *Christian Mass Movements in India* (Movimientos cristianos de masa en India), Lucknow Publishing House, Lucknow, India, 1933, p. 128.

57 *Ídem*, p. 141.

58 Grist, *Evangelism in India*, p. 52.

59 *Ídem*, p. 105.

60 *Ídem*, p. 55.

61 *Ídem*, p. 98.

descuidados de Sus hijos, produciendo en ellos esperanza y aspiraciones de una vida mejor y de libertad por Su Espíritu que genera en ellos el querer y el hacer"[62].

A medida que la transformación social como resultado de la conversión se convirtió en un modelo de ministerio, también se desarrolló el supuesto de que

> ...la acción social y la mejora social son valiosas únicamente donde les precedió el nuevo nacimiento y preparó la sociedad para aceptarlas y sostenerlas [...]. El llamado a ser pescadores de hombres precede al llamado a lavarnos los pies unos a otros[63].

Una consecuencia de este supuesto es que la pobreza se puede ver como resultado de los pecados personales de los mismos pobres. Los pobres que sufren la pobreza tienen la mayor parte de la culpa de su condición. En consecuencia, los ministerios pusieron el foco principalmente en la conversión personal del individuo. No obstante, como señala Moberg, se debe reconocer que "algunos de los problemas tienen causas naturales sobre las que el hombre no tiene control [...]. Sólo una parte es el efecto directo del pecado personal de las víctimas"[64].

Segundo, este enfoque adopta una interpretación simple y moralista de las causas de los problemas sociales. Pickett, que comparte este enfoque de las causas de la pobreza, afirma lo siguiente:

> La dependencia abyecta, la falta de ambición e iniciativa, la negligencia, el engaño, el despilfarro, la ebriedad, la insolencia y la aspereza en el trato con los otros son debilidades de carácter que muchos observadores encuentran especialmente frecuentes entre los intocables: probablemente todas entren en lo que generalmente se entiende como la mentalidad de

---

62 Pickett, *Christian Mass Movements in India*, p. 7.

63 Tokunboh Adeyemo, "A Critical Evaluation of Contemporary Perspectives" (Una evaluación crítica de las perspectivas contemporáneas), en Nicholls, In Word and Deed, p. 52.

64 David Moberg, *The Great Reversal: Evangelism and Social Concern* (La gran inversión: evangelismo y preocupación social), rev. edn, J. B. Lippincott Company, Filadelfia, 1977, p. 68.

> la clase baja. Pensamos que su particular persistencia puede deberse a las reacciones distorsionadas ante la opresión[1].

Por consiguiente, ministerios como este se esforzaban activamente por borrar la mentalidad de la clase baja y las reacciones distorsionadas de los oprimidos frente a la opresión.

Este enfoque ignora el hecho de que la pobreza es una red de relaciones dentro de la cual los pobres están activos. También excluye a los no pobres del espectro del análisis. Además, no se tratan adecuadamente las causas estructurales de la pobreza y los males sistémicos. Un ministerio que ponga el foco en un grupo definido y homogéneo del pueblo para su conversión es individualista en su análisis de los problemas sociales y de la pobreza.

Por otra parte, este enfoque sugiere que la acción social a gran escala es posible únicamente en comunidades y países donde la mayoría de la población es cristiana, o que hace falta que mucha gente se convierta antes de que puedan iniciarse los cambios sustanciales. Anderson McGavran lo expresa abiertamente:

> El único lugar donde es posible la acción social es en los países donde la mayoría de la población pertenece a la iglesia de Cristo[2].

Finalmente, casi sin intención, este enfoque sobre los pobres afirma que la conversión personal y la transformación social de una comunidad están vinculadas. Aunque el enfoque en sí no busca intencionalmente el cambio socioeconómico, los resultados de la conversión incluyen los cambios socioeconómicos y políticos. Esto sugiere que "el amoroso Padre Celestial vivo vela sobre" los asuntos de los pobres, y que la transformación sociopolítica es competencia de la obra del Espíritu Santo.

La transformación social que resulta de la conversión sigue siendo un paradigma dominante en la actividad misional entre los

---

1 Pickett, *Christian Mass Movements in India*, pp. 83–84.

2 Donald Anderson McGavran, "Social Justice and Evangelism" (Justicia social y evangelismo), reimpreso, V, vol. 3, 1965, p. 3.

pobres en la India y en todas partes del mundo. Su lectura moralista de la realidad descuida las dimensiones socioestructurales y el papel de los no pobres en el análisis de la pobreza.

El servicio social es un trabajo previo a la misión

Se relaciona estrechamente con el enfoque anterior la idea de que el servicio social sirve como una herramienta efectiva antes de evangelizar, para preparar así a la gente antes de que reciba el evangelio. Incluso hoy existen ministerios que se establecen sobre esa premisa. Muchas escuelas, hospitales y leprosorios se fundan sobre esa base. Los defensores "ganan lo que es factible ganar" y buscan a aquellos "previamente preparados por Dios"[3].

La participación de las misiones en la educación es un ejemplo del caso. "Las escuelas misionales se iniciaron primero para atender a grupos pequeños de niños cristianos en diversos pueblos y en parte para atraer convertidos"[4]. Esas escuelas jugaron un papel clave en el evangelismo. Esas escuelas tenían

> ...[la] tarea de elevar la comprensión intelectual de la gente, por ejemplo, para que pudieran leer las Escrituras o el himnario y desarrollar una serie de conceptos que pudieran contener los elementos clave de la revelación cristiana [...]. En muchas mentes victorianas, la alfabetización y la religión se consideraban inseparables[5].

Las escuelas buscaban "cambiar, civilizar y cristianizar" —las tres "c"[6]—. Sin embargo, las escuelas de las iglesias gradualmente

3 Donald Anderson McGavran, "Salvation Today" (La salvación hoy), en *The Evangelical Response to Bangkok* (La respuesta evangélica a Bangkok), William Carey Library, Pasadena CA, 1973, p. 109.

4 Pickett, *Christian Mass Movements in India*, p. 43.

5 Charles Elliot, *Comfortable Compassion* (Compasión cómoda), Paulist Press, Mahwah NY, p. 18.

6 Nicholls, *In Word and Deed*, p. 52.

cambiaron el foco a la provisión de educación excelente, y en el proceso se alejaron del servicio a los pobres. La élite de la India posterior a la independencia se formaba en esas escuelas de iglesia de alto nivel[7], donde "a veces la educación y la excelencia tenían prioridad sobre el evangelismo"[8]. El estudio de Pickett sobre movimientos de masas señala que "las escuelas primarias para no cristianos no han ganado muchos hombres para Cristo; en cambio, en realidad, han endurecido a sus alumnos"[9].

La participación de la iglesia en la salud era otra expresión de este enfoque. Orville señala que de los 64 asilos para leprosos en la India, en 1927, 57 formaban parte de la obra misional cristiana[10]. En 1910, la obra médica en Mizoram generó una respuesta positiva al evangelio en por lo menos 80 pueblos[11]. La medicina eficaz liberaba a los pobres del miedo a los espíritus malos. Esto sugería que el evangelio también tenía poder sobre el reino espiritual. Asimismo, la obra médica misionera reflejó la compasión y el amor cristianos entre los pobres.

El compromiso cristiano con la ayuda humanitaria y los programas de bienestar social sirvieron como herramientas preevangelizadoras en diversas partes del mundo.

> Las motivaciones evangelísticas son muy fuertes en los programas de bienestar social para los indios americanos, los portorriqueños, los cubanos y otras minorías étnicas, lo mismo que en los programas de las iglesias para trabajadores inmigrantes y en las misiones de evangelización[12].

La obra misionera de John Clough durante la hambruna paralizante (1876–79) en Andhra Pradesh, fue un ejemplo de servicio social con un intento preenvangelístico. El evangelismo en la India se percibía como el efecto positivo del servicio social.

---

7 Charles Elliot, *Praying the Kingdom* (Orar el Reino), Paulist Press, Mahwah NY, 1985, p. 18.

8 Grist, *Evangelism in India*, p. 88.

9 Pickett, *Christian Mass Movements in India*, p. 89.

10 Petty A. Orville, *India-Burma: Fact Finders Report* (India-Burma: informe de la comisión investigadora de datos), vol. 4, Harper & Brothers, New York, 1933, p. 38.

11 Grist, *Evangelism in India*, p. 91.

12 Moberg, *The Great Reversal*, p. 108.

Todos estos ministerios permitieron a la iglesia ser pionera en los campos de la educación y la medicina. Las vidas de los pobres eran tocadas. Los pobres escuchaban y entendían el evangelio.

No obstante, este modelo de acción social tuvo sus críticos. Ken Gnanakkan, de la Asociación Teológica de Asia, señala que este enfoque hace que "nuestra respuesta social sea un sospechoso señuelo para una intención inexpresable"[13]. Stott describe esta manera de acercarse a los pobres como "el jarabe en los medicamentos" o "la carnada en el anzuelo"[14].

Este enfoque reconocía que la pobreza se relacionaba con las necesidades básicas. La iglesia respondía a las necesidades de educación y salud de los pobres. No obstante, hay poca evidencia de que esta preocupación por los pobres no cristianos continuó apareciendo en la agenda de la iglesia después de la conversión. Algunos ministerios contemporáneos que adoptaron este enfoque han tendido a descuidar a los pobres a medida que los ministerios se institucionalizaban. El foco viró hacia la extensión del servicio a otros potenciales convertidos.

Nuevamente, la riqueza de los no pobres no se relaciona con las situaciones de pobreza en este modelo. Estos ministerios también "ganan lo ganable" y, a medida que los convertidos suben en la escalera social, dejando al resto de la comunidad atrás, emerge un nuevo grupo de élite durante el proceso de redención y ascenso.

A causa de esta comprensión individualista de la sociedad y los problemas, esos ministerios también tienden a descuidar las dimensiones sociopolíticas y culturales de la pobreza. Con mucha frecuencia, el descuido de estos aspectos resulta en la falta de sustentabilidad del impacto. Cuando los convertidos descubren que no están mejorando su condición económica y social, pierden motivación para participar de otras actividades misionales.

---

13 En Nicholls, *In Word and Deed*, p. 51.

14 *Ibíd.*

Amor en acción

Tradicionalmente, el amor ha sido la motivación central para la misión cristiana entre los pobres. En este enfoque particular, toda la misión se ve como una expresión concreta de amor. Un ejemplo de este modelo es la vida y el ministerio de Ida Scudder.

El compromiso de Ida Scudder con la obra médica en Tamilnadu, India, comenzó con el triste encuentro con una niña de 14 años que requería atención médica. El esposo de esta, un conocido brahmán de la ciudad, se negó a permitir que la atendiera un médico, el padre de Ida. El esposo de la muchacha se la llevó de regreso diciendo que era "mejor que muriera antes que otro hombre le viera el rostro". La muchacha, efectivamente, murió. Esto motivó a Ida, en 1900, a estudiar medicina y a volver a la India como misionera médica[15]. Ida se sentía conmovida por la carencia de poder de los pobres. Su respuesta típica ante los enfermos era "*Ayoh Oavvum* ('qué pena'), pero *amma*, ¿por qué, por qué no me lo trajiste antes? Debe haber estado sufriendo"[16].

La obra de Scudder se basó en la fuerte relación que llegó a establecer con los pobres. Dos años después de que abriera su pequeña clínica, ya tenía alrededor de cinco mil pacientes. El compromiso de Ida con los pobres, con frecuencia la sacaba fuera de su consultorio. Se la conocía por todas partes por su "clínica bajo un árbol" y también por su labor en la plaga de 1903, en el distrito de North Arcot. En muchos pueblos, la gente huía de sus casas por miedo a los agentes sanitarios con sus extrañas inoculaciones.

> La peste negra, a pesar de sus horrores, era bien conocida. Como el sarampión o el cólera, la consideraban una visita de Mari Ammal —la encarnación de Kali, la diosa de la muerte—. Ella debía ser aceptada con aparente reverencia aunque se

15 Dorothy Clarke Wilson, *Dr. Ida* (Dra. Ida), McGraw Hill Book Company, New York, 1959, pp. 32–33.

16 *Ídem*, p. 105.

> sintiera terror interior, y sólo se la podía apartar acudiendo en masa a sus altares con ofrendas y rezos[17].

Sin embargo, la relación de Ida con la gente ayudó a que los pobres confiaran en ella para los tratamientos de las enfermedades.

> La enfermedad a veces era el enemigo menos poderoso... [Ida] tenía que combatir antiguas supersticiones, y los remedios de los curanderos se cobraban sus víctimas una y otra vez. Descubrió que había algunos días festivos en los que no se podía dar una sola gota de remedio[18].

El ministerio de Scudder enfrentaba esas fuerzas, y con ello confrontaba el núcleo mismo de la carencia de poder de los pobres, los dioses y las diosas. Con ese amor en acción también ministraba para las necesidades emocionales de los pobres. Los pobres, a su vez, respondían a su misión con amor y gratitud. Venían al hospital de la misión por ese amor. Como le dijo un vecino del pueblo "Señora [...] acudimos al hospital del Gobierno por muchas razones, pero cuando queremos compasión acudimos a los misioneros"[19].

El amor de Scudder en acción confrontaba las injusticias en la sociedad. Se cuenta de su relación con Lakshmi, una niña de 13 años dedicada en la infancia por sus devotos padres a ser bailarina del templo. Lakshmi fue llevada al consultorio médico de Scudder a los 15 años, y aceptó el cristianismo. La apelación de Scudder a la corte de Madras para que fuera libre del templo fracasó. Pronto las autoridades del templo llevaron nuevamente a Lakshmi. Ida siguió abogando por ella. Después de cierto tiempo recibió un mensaje: "La niña saludó a todo el mundo y dijo que esperaba verlos en la casa de Dios. Esa noche se arrojó en un pozo"[20].

---

17 *Ídem*, p. 98.

18 *Ídem*, p. 82.

19 *Ídem*, Mary Pauline Jefferey, *Dr. Ida Scudder: India (The Life and Story of Ida S. Scudder)*, (Vida e historia de Ida S. Scudder), Flerming H. Revell Company, Tarrytown NY, 1945, p. 76

20 Wilson, *Dr Ida*, pp. 112–113.

Ida Scudder y su equipo en Tamilnadu procuraban construir el reino de Dios y señalaban (en relación con la escuela de medicina que estaba estableciendo): "Lo que están construyendo no es la futura escuela de medicina. Es el reino de Dios. No pequen de mirada corta"[21].

El amor en acción, como se reflejaba en el ministerio de Ida Scudder, reconocía las dimensiones culturales y religiosas de la pobreza. Muy pronto, desde su vida en la India, Scudder comprendió el papel dominante que la religión y la cultura jugaban en la vida de los hindúes pobres. La peste negra y otras epidemias sacaron a la superficie el papel determinante de la religión.

El enfoque de Scudder reconocía que los dioses y las diosas influían en la condición de los pobres. Encontraba al mal en el interior mismo del sistema, que se manifestaba en la superstición lo mismo que en el temor a los espíritus de mal.

Esta mirada de la pobreza también suponía que la pobreza misma estaba vinculada con la ignorancia. Los pobres eran pobres porque desconocían las "prácticas correctas". Este enfoque ha tendido a favorecer la educación y la conciencia social. Los ministerios eran activos en alfabetización y programas de construcción de la conciencia. El enfoque era muy sensible a las necesidades emocionales de los pobres como gente con carencia de amor y compasión.

Finalmente, este enfoque, también, suponía que uno puede responder a la pobreza sin encarar las fuerzas estructurales ni las realidades políticas del momento.

> A Ida le preocupaban poco las cuestiones políticas, ya fueran indias o británicas. Estaba demasiado ocupada creando ciudadanos más sanos que pudieran poner en práctica las libertades fundamentales que Gandhi consideraba de suma importancia[22].

21 *Ídem*, p. 275.

22 *Ídem*, p. 189.

Reconstrucción rural

Para la época de la independencia de la India y frente a la desafección de la tierra, el *Raj* británico inició una serie de programas de desarrollo rural.

> [El] movimiento rural, un verdadero hijo del paternalismo colonial, se asemejaba a la filantropía victoriana, que también culpaba a los pobres por su pobreza y presentaba la auto ayuda como la panacea[23].

La iglesia en la India, reconociendo que la reconstrucción rural proveería una oportunidad para servir a los pobres, se unió al Gobierno.

En palabras del principal arquitecto del Programa de Reconstrucción Rural, la filosofía subyacente a ese enfoque era que los pobres debían "reformarse, ayudarse a sí mismos y seguir al funcionario líder". Esto era análogo a la "ética política" de Indonesia introducida para rehabilitar las áreas rurales[24]. La palabra clave del programa era *cooperación*, y se organizaron sociedades cooperativas[25]. De modo que esto formaba parte de un movimiento y un énfasis más amplio. La reconstrucción incluía escuelas, educación para la salud, diversas formas de educación agrícola, educación general y esfuerzos cooperativos. No obstante, los líderes nacionales de la India, incluyendo Gandhi, eran críticos del Programa de Reconstrucción Rural.

En varias regiones la iglesia misma condujo la reconstrucción rural. Sus esfuerzos incluyeron educación religiosa y evangelismo, aparte de los programas del Gobierno. Trabajando junto con este, las iglesias trataron de "hacer que el emprendimiento fuera profundamente cristiano en espíritu"[26].

---

23 Akhter Hameed Khan, *Ten Decades of Rural Development: Lessons from India* (Diez décadas de desarrollo rural: lecciones de la India), Michigan State University, East Lansing MI, 1978, p. 11.

24 *Ídem*, p.10.

25 *Ídem*, p.11.

26 Orville, *India-Burma*, p. 111.

El Programa de Reconstrucción Rural suponía que la ignorancia y los hábitos de los pobres eran la principal causa de su pobreza. De acuerdo con el liderazgo del programa, "la miseria de los pueblos indios se debía sobre todo a su propia ignorancia y malos hábitos; su insensatez y sus vicios son sus propios enemigos"[27]. Los pobres eran descritos por líderes indios y extranjeros como los "millones de indios mudos que necesitan ser despertados de su patético adormecimiento"[28]. Sin embargo, para Gandhi y otros críticos del paradigma de la reconstrucción rural, el imperialismo era el punto clave, y "la miseria de los pueblos se debía principalmente al egoísmo y la avaricia de los gobernantes, los ricos y también de ellos mismos"[29].

El paradigma de la reconstrucción también suponía que la pobreza resultaba del atraso. Los pobres debían seguir al "líder" y eran dependientes de alguien de afuera. Los partidarios de la reconstrucción no veían ningún potencial en los pobres, salvo como buenos seguidores. Por otra parte, en el enfoque de Gandhi para el desarrollo rural, el centro del programa era la comunidad Ashram; el misionero solamente debía hacer de guía, filósofo y amigo[30].

La pobreza se veía como un asunto de moral, y las agencias como la iglesia debían proveer el muy necesitado énfasis en la educación moral. No obstante, este énfasis en las dimensiones moral y espiritual no era esencial al diseño del programa. Por otra parte, la reconstrucción rural y

> ...la economía emanaban de la espiritualidad y todos sus pensamientos [de Ghandi], acciones, enseñanzas y sus preceptos y prácticas económicas se basaban en este fundamento moral[31].

Con el tiempo, los funcionarios comprendieron que la reconstrucción, a pesar de estar más orientada a la comunidad que los enfoques anteriores de la pobreza, generaba muy poca

---

27 Khan, *Ten Decades of Rural Development*, p. 10.

28 Malcom S. Adishesiah, "*Gandhi and the Indian Economy Today*" (Gandhi y la economía india hoy), vol. 30, n.° 20, 1992, p. 26.

29 Khan, *Ten Decades of Rural Development*, p. 11.

30 *Ibíd.*

31 Adishesiah, "Gandhi and the Indian Economy Today", p. 36.

participación de los pobres. Sus programas simplemente confirmaban el paternalismo de la élite y no resolvían la crisis alimentaria nacional[32]. Por consiguiente, el énfasis pasó a la modernización de la agricultura, la reforma agraria y la mejora tecnológica.

Modernización

A comienzos de la década de 1960, la modernización se hizo muy popular en medio de los esfuerzos misionales que buscaban favorecer a los pobres, y sigue siendo aún un enfoque dominante en el Tercer Mundo y entre los pobres.

Después de la independencia, el gobierno indio puso el foco principalmente en la modernización. El crecimiento, el progreso, la industrialización, la inversión estatal, el nacionalismo y el filtrado eran algunos rasgos de la idea de modernización que se tenía. Además, la occidentalización y la secularización se convirtieron en sinónimos de modernidad. En la pluma de Tom Sine,

> ...el desarrollo occidental es hijo del Iluminismo europeo y norteamericano. Se basa en la creencia implícita de que la sociedad humana avanza inevitablemente hacia el logro de un Reino materialista, temporal [...]. La buena vida se convirtió en sinónimo de egoísmo y en habilidad para producir y consumir cantidades siempre mayores de bienes y servicios[33].

En la india, el programa de desarrollo comunitario iniciado en 1952 produjo este enfoque e ímpetu orientado al crecimiento. La extensión de la agricultura y la transferencia de tecnología, la alfabetización para los adultos, la salud y la organización de la comunidad eran componentes estratégicos de este programa. Al comentar el enfoque indio del desarrollo, Khan sugirió que el

> modelo indio [...] se podría describir con justicia como un capitalismo rural refinado pero ruinoso, dispar, anárquico e

32 Khan, *Ten Decades of Rural Development*, p. 18.

33 Sine, "Development", p. 3.

> inestable, lleno de beneficios y premios para los ricos y poderosos, pero también de angustia y desesperación para los débiles y los pobres[34].

En el escenario internacional, el nacimiento de nuevas naciones en la década de 1940 elevó la conciencia de las penurias de aquellas naciones. En la década de 1960 la ONU comenzó con su énfasis en el desarrollo. Los proyectos de desarrollo en el Tercer Mundo involucraron financiamientos de gran escala, y se recomendaba la modernización para todas las formas de pobreza.

La iglesia siguió la orientación laica de la modernización e inició diversos programas de desarrollo. La caridad tradicional dio lugar a modelos contemporáneos de desarrollo.

> El tema dominante de todos aquellos proyectos era el modelo occidental de desarrollo tecnológico, que halló expresión principalmente en las categorías de posesión material, consumismo y progreso económico. Además, el modelo se basaba en el ideal de la modernización[35].

De los enfoques repasados aquí, la respuesta de la modernización es probablemente la más analizada por los gurúes del desarrollo.

Para las iglesias implicadas en la modernización, la pobreza ha sido esencialmente un fenómeno económico. Siguiendo un énfasis propio del Iluminismo orientado hacia el progreso, el paradigma de la modernización lee y mide toda la vida dentro del contexto de una visión económica del mundo. En esta cosmovisión, el valor humano es principalmente derivado; uno tiene valor únicamente en la medida en que contribuye al crecimiento económico colectivo. Elliston, al evaluar la aplicación del modelo occidental de desarrollo en la misión cristiana, señala que la modernización no ha servido a las necesidades del desarrollo[36].

---

34 Khan, *Ten Decades of Rural Development*, p. 41.

35 Bosch, *Transforming Mission*, p. 265.

36 Edgar J. Elliston, *Christian Relief and Development: Developing Workers for Effective Ministry* (Ayuda y desarrollo cristianos: la formación de obreros para un ministerio eficaz), Word Publishing, Dallas TX, 1989, p. 169.

Segundo, las iglesias involucradas en la modernización han tendido a descuidar las causas estructurales de la pobreza. En consecuencia, los beneficios de la modernización no han alcanzado a los más pobres. En lugar de eso, las iniciativas de desarrollo de la iglesia basadas en la modernización han creado más dependencia. La modernización fue básicamente una

> ...retórica [que] aludía al progreso y a la prosperidad para todos, el aumento de seguridad y de beneficios; en el análisis final, sin embargo, el punto no eran las ventajas y los beneficios para todos, sino el poder, ya que el egoísmo llevaba la batuta[37].

Tercero, el uso de la modernización por parte de la iglesia afirmaba fuertemente que la pobreza era el resultado de la falta de potencial de los pobres para desarrollarse por sí mismos. Había que "llevar" el desarrollo a los pobres desde afuera. La modernización reemplazaba al "funcionario líder" de la reconstrucción rural por el tecnócrata. Los proyectos de desarrollo basados en la iglesia se convirtieron en el medio para instalar una mentalidad modernizadora entre los pobres, quienes dependían fuertemente del exterior para las innovaciones. De este modo, aquellos que podían adoptar tempranamente las innovaciones formaban un nuevo cuadro de élite pudiente en la comunidad.

El ministerio entre las víctimas

Otro enfoque común de la iglesia en los temas de la pobreza se relaciona con la ayuda a las víctimas de la sociedad. Algunos sirven a los pobres en el contexto de la comunidad. Otros han iniciado hogares y orfanatos. La iglesia india se hizo conocida por los muchos hoteles y orfanatos que fundaba para ocuparse de los niños abandonados. La obra de Pandita Ramabai es un buen ejemplo.

---

37 Bosch, *Transforming Mission*, p. 266.

Pandita Ramabai era de la casta brahmán de Chitpawn al oeste de la India. Había nacido en 1858. En la hambruna de 1877 murieron sus padres. En 1880 murió su hermano. Seis meses después se casó con un bengalí, quien también murió después de 19 meses. Luego de reponerse de esas difíciles circunstancias, esta joven hindú viuda —a quien no le estaba permitido volver a casarse— se fue a Inglaterra. El contacto con las hermanas de Santa María la Virgen en Vantage la llevó gradualmente a bautizarse en la fe cristiana. Más tarde pasó tres años viviendo en los Estados Unidos. Ramabai volvió a la India con una pasión por el avivamiento de la India. En 1889 inició el Sarada Sadan, una casa para la educación de las viudas hindúes. El título de Pandita le fue dado en reconocimiento a su competencia en el sánscrito.

Ramabai puso el foco en las viudas que eran víctimas de la sociedad, "las descastadas" dentro de la propia comunidad. La tradición hindú, basada en los edictos de Manu afirmaba que "aunque tuviera carencia de virtudes [...] un esposo debe ser constantemente adorado como un dios por su fiel esposa [...] él es su gurú"[38]. En palabras de la propia Ramabai, la "infancia es el apogeo de la vida de una mujer hindú [...]. Luego, de repente se pronuncia el veredicto de matrimonio y ¡se le pone el yugo al cuello para siempre!"[39].

Las viudas encontraban refugios seguros provistos por Ramabai durante su ministerio. En 1896, una hambruna en la India central dejó cientos de niños huérfanos, y "se inició un activo tráfico con las niñas. Ramabai se trasladó a las áreas afectadas y quedó horrorizada de lo que vio"[40]. En 1900, después de otra hambruna en el oeste de la India, llegaron más mujeres al Sarada Sadan en busca de refugio. A comienzos de 1900, el refugio albergaba a 1800 viudas[41] y se convirtió en un lugar de seguridad a la vez que de aprendizaje.

---

38 Nicol MacNicol, *India in the Dark Wood* (India en el bosque oscuro), Edinburgh Press, Londres, 1930, p. 88.

39 *Ibíd.*

40 Stepehn Neill, *Builders of the Indian Church* (Forjadores de la iglesia india), Edinburgh House Press, Londres, p. 131.

41 Julius Richter, *A history of Mission in India* (Una historia de la misión en la India), Fleming H. Revell Company, Tarrytown NY, 1908, p. 239.

La obra de Ramabai destacaba la oración. En 1905 organizó grupos de oración entre las residentes de su hogar. Se conocían como grupos Mukti (ejército de liberación). Los grupos Mukti visitaban pueblos y aldeas, e informaban de extraordinarias experiencias de convicción de pecado y confesión, restitución, reconciliación y restauración por medio de evangelización y conversiones[42]. En el modelo de Ramabai, los pobres tenían el potencial de convertirse en agentes de misión.

En el análisis final, el modelo Mukti era un "emprendimiento indio concebido en una mente india y llevado a cabo por la fe india. Pero Pandita era un instrumento especial surgido de un terreno singular y muy poco probable de repetirse"[43].

El modelo de misión de rescate sugiere que la sociedad es una fuerza clave de la perpetuación de la pobreza y la opresión. La misión Ramabai fue una protesta contra la sociedad dominada por varones, lo que perpetuaba la victimización de las viudas hindúes. Los esfuerzos de Ramabai fueron apoyados por otros pensadores sociales de su tiempo. Ocho años después de su muerte en 1922, el Gobierno indio aprobó el "Acta Sarada", que restringía el matrimonio de niños, gracias a la obra en Sarada Sadan.

El modelo de misión de rescate veía las raíces de la pobreza en el sistema religioso de un pueblo. Ramabai reconocía que "en la India, la religión sanciona la condición social y el poder económico"[44]. Ramabai cuestionó el sistema religioso opresivo. El reconocimiento del papel que juega la religión y la cosmovisión en la generación de relaciones de pobreza no es nuevo (Ramabai y su equipo ya habían encontrado a comienzos de 1900 que la religión era una fuerza en las situaciones de pobreza).

El enfoque de misión de rescate afirmaba que el potencial de los pobres para ser agentes de transformación no queda destruido por su experiencia de pobreza. Aunque Ramabai percibía a los pobres como "víctimas" de la sociedad, pudo emplear su potencial como

---

42 Edwin J. Orr, Evangelical Awakening in India (Despertar evangélico en la India), Masihi Sahitya Sanstha, Nueva Delhi, 1970, p. 114.

43 Neill, *Builders of the Indian Church*, p. 133.

44 Samuel & Sugden, *The Church in Response to Human need*, p. 30.

bendición y transformar la sociedad por medio del ministerio de los grupos Mukti.

El papel que jugaba la oración en este ministerio indica que Ramabai reconocía que las situaciones de pobreza requieren de la oración. ¿Hay aquí una sugerencia de que la oración puede servir como herramienta para confrontar las causas de la pobreza?

Finalmente, la dimensión de rescate de este enfoque sugiere que la pobreza es una consecuencia de la inseguridad que experimentan los pobres. En respuesta, el enfoque Ramabai proveía un refugio seguro para las víctimas de la sociedad. No obstante, este enfoque de "hogar" tenía también sus implicancias negativas. Los pobres que hallaron seguridad en los refugios de Sarada Sadan más tarde encontraron dificultades para integrarse nuevamente en la sociedad.

Servicio social e iniciativas en políticas públicas

Para mediados de 1900, algunas iglesias estaban involucradas en el campo público, tanto en micro como macronivel. El ministerio de Eli Stanley Jones, por medio de sus clases públicas, las conferencias de la Mesa Redonda y el popular movimiento Ashram son un ejemplo clásico de este enfoque de la pobreza.

Stanley Jones fue a la India como misionero a los 23 años y sirvió allí hasta 1973. También era muy conocida su estrecha relación con Gandhi.

A Stanley Jones lo impulsaba su pasión por el "inconmovible Reino y la inconmovible Persona" y se decía de él que estaba "intoxicado de Cristo"[45]. Sirvió a la nación primero como evangelista. Sus clases y conferencias públicas le permitieron interactuar con el

45 Paul Rees, "E. Stanley Jones: Christ-Intoxicated", *Transformation: Celebrating the One Hundredth Anniversary of the Birth of Eli Stanley Jones* (E. Stanley Jones: "Intoxicado de Cristo", Transformación: celebrando el centenario del nacimiento de Eli Stanely Jones), vol. 18, n.° 4, 1983, p. 10.

corazón de la vida pública india, y sus *ashram* eran expresión de un pacto con Dios y de una comunidad que llevaba adelante una vida y hábitos disciplinados[46]. Los *ashram* proveían un servicio médico móvil para la comunidad, y los miembros estaban implicados en el desarrollo del área circundante. En este enfoque, las políticas públicas y el compromiso a nivel de la comunidad se llevaban a cabo juntos como un todo inseparable. Jones consideraba que los pobres y los complejos temas de la pobreza demandaban una respuesta de compasión y cambio en las políticas públicas.

La respuesta de Jones a la gente estaba enraizada en su relación con la misma. Era sensible a los problemas que enfrentaba la India en ese tiempo, y siempre intentó modelar relaciones marcadas por la cooperación, el trabajo complementario con otros y la contextualización. Jones expresó su deseo de ser parte del suelo indio:

> La india se ha convertido en mi hogar; el pueblo indio se ha convertido en mi pueblo; sus problemas en mis problemas; su futuro en mi futuro; y quisiera llevar en mi corazón sus pecados si con ello pudiera elevarla hasta mi Salvador. Les dije que quisiera que pensaran en mí por lo menos como un hijo adoptivo de India[47].

Su respuesta a los pobres se nutría de su relación con la gente. Era más que un programa. Además, Jones no pasaba por alto pasivamente las inequidades en la nación que amaba. Como hijo adoptivo de la India, dijo a la nación:

> Hermanos, ¿qué podemos hacer con los seis millones de descastados? Son una piedra de molino atada a nuestro cuello nacional. Nuestro país jamás será fuerte hasta que los levantemos. ¿Cómo podemos hacerlo?[48].

---

46 E. Stanley Jones, "The Sat Tal Ashram" (El Sat Tal Ashram), *Transformation: Celebrating the One Hundredth Anniversary of the Birth of Eli Stanley Jones*, vol. 18, n.° 4, 1983, p. 10.

47 E. Stanley Jones, *Christ of the Indian Road* (El Cristo del camino indio), Abingdon Cokesbury Press, Nashville TN, 1925, pp. 104-105.

48 *Ídem*, p. 104.

El modelo de compromiso de Jones en los aspectos personales y públicos de la pobreza expresaba una clara orientación hacia los descastados de la sociedad. Primero, este enfoque reconocía que la pobreza era la marginalización de un pueblo de la corriente principal de la nación y la sociedad. En consecuencia, "fundó el movimiento cristiano mayormente entre los descastados y lo puso en el centro de la vida india, un desafío y un tema para los intelectuales y los líderes"[49].

Segundo, este enfoque afirma el vínculo entre las situaciones de pobreza y las políticas nacionales. Stanely Jones medía la salud de una nación por la forma en que trataba a los descastados y a los pobres. Llamaba a la pobreza "vergüenza nacional", y un reflejo de cómo se manejaba una sociedad. Estos supuestos proveyeron la base para su compromiso con los asuntos públicos.

Tercero, este enfoque supone que la "degradación de los descastados no es inherente. Es impuesta socialmente"[50]. Para Stanley Jones,

> ...muchas de nuestras cautividades están enraizadas en la economía [...]. Por eso creemos que una de las primeras cosas para terminar con esa cautividad es deshacernos de la pobreza[51].

Jones reconocía que no "se puede librar a los cautivos políticos y sociales hasta que no se haya librado a los pobres de su pobreza, porque toda la superestructura de la esclavitud social descasa sobre una esclavitud económica"[52].

Cuarto, este enfoque insistía en que los supuestos acerca de la pobreza y las respuestas a ella tenían que ser holísticos. En el análisis que hace Paul Rees de las contribuciones de Jones a la misión, cita a Jones cuando dice:

---

49 Eunice Jones Mathews y James K. Mathews, *Selections from E. Stanley Jones: Christ and Human Need* (Una selección de E. Stanely Jones: Cristo y la necesidad humana), Abingdon Press, Nueva York, 1944, p. 10.

50 Cita de una carta escrita por Stanley Jones al *Guardian*, en Richard W. Taylor, *The Contribution of E. Stanley Jones* (La contribución de Stanley Jones), Christian Literature Society, Madras, India, 1973, p. 115.

51 *Ídem*, p. 110.

52 *Ídem*, p. 25.

> El choque entre el evangelio individual y el evangelio social me deja helado. Un evangelio individual es un alma sin cuerpo, y un evangelio social sin un evangelio individual es un cuerpo sin alma. Uno es un fantasma y el otro es un cadáver. Juntemos cuerpo y alma y tendremos una persona viva[53].

Quinto, este enfoque requería encarar la pobreza como un asunto de justicia: la única respuesta adecuada a la pobreza es erradicar la pobreza[54]. Para Jones,

> ...si la caridad es el único bien que tenemos para los pobres, entonces no es ningún bien; porque la caridad hiere al hombre que la da y al hombre que la recibe [...]. No es ningún remedio para la pobreza[55].

Jones sostenía que "la caridad sin justicia es un insulto"[56] y no deseaba nada menos que la verdadera erradicación de la pobreza. La pobreza no era solamente un asunto económico con raíces en la política nacional sino también un asunto de justicia a un micronivel.

Según Jones, la pobreza es el resultado de un orden viciado, y el reino de Dios es ese nuevo orden que irrumpe, moldea, cambia y regenera el orden inferior. El orden inferior es codicia, falta de fraternidad y egoísmo[57]. Jones buscaba

> ...un orden mundial en que estas injusticias fundamentales, quedando fuera de competencia, serán reemplazadas por un Orden basado en la justicia, el amor, la solidaridad y la equidad [...]. No dudaríamos en encarnar las ideas del reino de Dios en acción legislativa[58].

---

53 Rees, "E. Stanley Jones", p. 24.

54 E. Stanely Jones, *Christ's Alternative to Communism* (La alternativa de Cristo al comunismo), Abingdon Press, Nashville TN, 1935, p. 40.

55 Taylor, *The Contribution of E. Stanley Jones*, p. 109.

56 E. Stanley Jones, *Is the Kingdom of God Realism*? (¿Es realismo el reino de Dios?)

57 Taylor, *The Contribution of E. Stanley Jones*, p. 109.

58 *Ídem*, p. 119.

Expresiones como *nuevo orden* y *orden inferior*, sugieren que este enfoque reconocía que la pobreza tiene que ver con sistemas opresivos, para los que el orden basado en el reino es la respuesta más adecuada.

Para resumir, este compromiso con el servicio social y el ámbito público, provee una nueva comprensión de los pobres y su realidad. La pobreza, en esta reflexión, se define como la marginación de los descastados de la esfera pública de la nación. Por consiguiente, las situaciones de pobreza involucran la economía, la justicia, las políticas nacionales, las estructuras y los sistemas defectuosos.

Capítulo 5

Cuatro respuestas contemporáneas

Junto con las cifras crecientes de personas bajo la línea de pobreza, la presencia de la iglesia entre los pobres también ha aumentado en muchas partes del mundo. Esa presencia está marcada por

> ...la continuidad y el cambio, la fidelidad al pasado y la audacia para encarar el futuro, la constancia y la contingencia, la tradición y la transformación[59].

La indagación en esas "continuidades y cambios" en la búsqueda de la iglesia de una manera más efectiva de responder a la pobreza, revela diversos tipos de ministerios que surgen de congregaciones orientadas al crecimiento de la iglesia, iglesias tradicionales, iglesias pentecostales y grupos de acción social. Los paradigmas misionales y supuestos sobre la pobreza de cada uno son diferentes. Cuatro grandes supuestos a nivel de base están representados en los siguientes grupos[60]:

---

59 Bosch, *Transforming Mission*, p. 366.

60 Los datos sobre los enfoques contemporáneos a la pobreza fueron reunidos por medio de un estudio de campo llevado a cabo en el verano de 1992. El propósito principal del estudio de campo era comprender a la iglesia y su teología frente a la pobreza más que entender a los pobres. Además, el estudio indagó especialmente en la teología de la pobreza de cuatro ministerios contemporáneos. No analizó toda la teología de la misión de esos cuatro ministerios. Cuando se reúnen datos cualitativos, hay tres principales tendencias a la imparcialidad que se debe evitar (Matthew B. Miles & A. Michael Huberman, *Qualitative Data Analysis: A Source of New Methods* (Análisis de datos cualitativos: una

* las Iglesias Evangélicas de la India (ECI)[61] con su ministerio para los pobres sin tierra en Mogalliwakkam;
* la Iglesia del Sur de India (CSI)[62], que ministraba a los pobres de Monnaivedu;
* la Iglesia Pentecostal en Chikkarayapuram, la cual ministraba a los obreros de las canteras;
* un grupo protestante de acción —la comunidad Awaz— que ministraba entre los sin tierra.

El modelo de crecimiento de la iglesia

En este estudio de las respuestas contemporáneas a la misión entre los pobres, las iglesias evangélicas de la India (ECI) representan el enfoque de crecimiento de la iglesia, caracterizado por un fuerte énfasis en su orientación por "grupos [homogéneos] de pueblo", lo mismo que una pasión por "ganar lo ganable".

La historia de las ECI está estrechamente ligada a la vida y el ministerio local de la iglesia ECI de Porur, donde el ministerio comenzó en 1957[63]. El presidente nacional de las ECI, Ezra Sargunam, dijo:

---

fuente de nuevos métodos), SAGE Publications, Thousand Oaks CA, 1984, p. 230): (1) La falacia holística (suponer los eventos y los procesos como un cuadro completo). Durante este estudio, y más específicamente durante la reunión de datos, se tomó los recaudos para minimizar esta desviación. También se tomaron recaudos para informar sobre las aparentes contradicciones y cabos sueltos sin tratar de moldearlos en un todo único. (2) La desviación de la élite (la tendencia a depender fuertemente de una fuente bien informada). Durante la recolección de datos se intentó incrementar el número de fuentes y también de verificar a menudo con pruebas cruzadas. (3) "Hacerse nativo" (ser cooptado por la perspectiva local), se logró minimizar ese riesgo por medio de una constante verificación de conclusiones tentativas. No obstante, el estudio tendió a apoyarse en los puntos de vista de la comunidad en dos áreas específicas: las causas de la pobreza y el impacto de los ministerios.

61 ECI, por las iniciales en inglés, *Evangelical Churches of India* (nota del traductor).

62 CSI, por las iniciales en inglés, *Church of South India* (nota del traductor).

63 Los datos en relación con el ministerio de ECI fueron tomados de los pastores de las iglesias ECI de Porur y Mannapakkam (James y Joshua), el superintendente del distrito del área Porur de ECI (Sadhu Singh), Ezra Sargunam (presidente de ECI), líderes comunitarios (Joseph, Gnanakkan), representantes de diferentes partidos políticos (Selvam, Rajshekar) y familias en Mogalliwakkanm.

> Fue aquí en Porur donde Dios nos dio la visión de la posibilidad de una iglesia en cada aldea y ciudad. La afirmación de que si Dios podía llamar a treinta de una aldea, seguramente habría cientos de miles de personas ahí si pudiéramos ir y evangelizar sistemáticamente cada aldea y cada ciudad. Esa visión prendió [...] todo comenzó en Porur, Madras[64].

Las ECI comenzaron su ministerio con los pobres y los de la casta más baja sin tierra, porque eran los más receptivos al evangelio. James, pastor de la iglesia de Porur, dice que los pobres venían a Cristo "pensando que Dios los ayudaría a mejorar su vida [...] y que hallarían aceptación entre los cristianos".

Las ECI siempre han tenido pasión al predicar el evangelio. Tradicionalmente medían su efectividad por el número de iglesias fundadas, la asistencia, los bautismos y las ofrendas. Es la iglesia de más rápido crecimiento en el área de Porur, actualmente hay 680 iglesias de ECI por toda la India.

Las ECI son fuertes en su orientación comunitaria y en su afirmación de la "red de relaciones". Los pastores son altamente relacionales, y el crecimiento de la iglesia es su mayor medida de efectividad. También consideran que los encuentros con los principados y poderes son parte integral de su misión.

Análisis de los supuestos

Primero, el paradigma de las ECI reconoce que la pobreza es el resultado de malos hábitos, familia numerosa y derroche en los gastos. Según James,

> ...los pobres carecen de control sobre sus vidas, sus hábitos, el tamaño de su familia y los gastos [...]. Tienen muchos problemas como beber alcohol y lo numeroso de sus familias.

64 Sathya SinghDhanraj, "The ECI Model" (El modelo ECI), en Ezra M. Sargunam (ed.), *Mission Update* (Actualidad misionera), Mision India 2000 (Federation of Evangelical Churches of India). Madras, India, 1992, p. 573.

> Beben porque se sienten frustrados, por su incapacidad de proveer para cubrir las necesidades de su familia.

Cree que los pobres están muy endeudados por las costosas celebraciones y los festivales hindúes. No obstante, ellos consideran que esas celebraciones son indispensables para agradar a sus dioses.

Este supuesto tiene consecuencias fundamentales. La iglesia confirma los cambios y las mejoras en la vida de los individuos que han aceptado a Jesucristo. Además, su definición de *mejoras* incluye principalmente el cambio en la conducta y la moral. Según James, "cuando [los pobres] vienen a Jesucristo, reducen los gastos de derroche y dejan de tomar". Observé en el momento de la toma de datos que algunos de los que se habían unido a las ECI estaban construyendo y mejorando sus casas. Joseph, un líder de una comunidad cristiana comentó que los "cristianos andan bien en la vida. Trabajan duro y procuran tener una mejor vida". No obstante, como señaló James, "no ha habido ningún aumento real en el ingreso de los pobres convertidos". Pero, en general, hay un consenso de que entre los cristianos de Mogalliwakkam ha habido una reducción del gasto superfluo y un aumento en la regularidad del trabajo.

Este supuesto acerca de la pobreza también afectó su modo de ver a los receptores de la transformación. Refiriéndose a los cambios sociales James afirmó que esos "cambios se dieron solamente en los que aceptaron a Jesucristo". El paradigma de las ECI afirmaba que el cambio en la sociedad más amplia, como la reducción del número de conflictos, ocurría por medio de personas clave que habían acudido a Cristo.

Segundo, referido específicamente al papel del sistema de castas en las estructuras de poder, el supuesto dominante de las ECI era que:

> ...aunque el sistema de castas no se estimula ni se promueve en la iglesia, con frecuencia vemos que la casta no significa una barrera para que las personas se conviertan en cristianas [...]. Es una tarea primordial del evangelista cristiano asegurarse de no trastornar las costumbres y tradiciones por tanto

> tiempo respetadas, y lograr las conversiones con el mínimo de dislocaciones sociales. Esto se respeta firmemente en el ministerio de las ECI[1].

En su estrategia misional, la casta es una variable clave utilizada para definir el grupo al que pertenece una persona y sirve como vehículo para la conversión por grupos de pueblo. La estrategia de las ECI afirma la "red de relaciones" de la comunidad, y Ezra Sargunam señala que "la casta ayuda a una sociedad a tomar decisiones colectivas, de manera que preferimos aprender a aceptar ese 'orden' más que declararle la guerra"[2]. Las ECI afirmaban que la casta y otros factores que "unen" a la comunidad facilitaban las decisiones grupales y ayudaban al crecimiento de la iglesia. Por consiguiente, la pobreza no era el resultado de deficiencias en las relaciones y no implicaba temas estructurales.

Este descuido del papel estructural en la pobreza, se hace muy evidente a nivel de base. No hay ninguna crítica abierta a la estructura de castas local y hay poca reflexión sobre el papel de las estructuras en las causas de la pobreza en Mogalliwakkam. El pastor de la iglesia de Porur comentó que creía que "los cristianos de Mogalliwakkam pueden involucrarse en la política y ser honestos allí". Para las ECI, la política era solamente un escenario donde practicar la ética cristiana; la participación política no era considerada parte necesaria de la estrategia misional.

No obstante, ha habido algunos cambios en las ECI a nivel nacional[3]. En una entrevista en 1992, Sargunam dijo que la iglesia está planeando "unirse a la lucha contra las castas. La iglesia debe estar del lado de los oprimidos"; esto indica que la iglesia puede estar haciendo un importante cambio de paradigma.

---

1 *Ídem*, p. 568.

2 Sargunam, *Multiplying Churches in Modern India* (Multiplicando las iglesias en la India moderna), p. 174.

3 Este es un ejemplo de un "cabo suelto" observado durante la reunión de datos y su análisis. Cualquier análisis de paradigmas a nivel de base encontrará esos "cabos sueltos" e incluso aparentes contradicciones.

Tercero, a nivel de base, los líderes de las ECI afirman que la pobreza es el resultado del rechazo que enfrentan los pobres en la sociedad. El pastor de Porur señaló que las castas bajas "acuden a Cristo porque piensan que Dios los ayudará a mejorar su vida [...] [y] encuentran aceptación entre los cristianos". La iglesia es muy consciente de esta necesidad de aceptación entre los pobres y constantemente busca satisfacerla. De hecho, el énfasis de la iglesia en las relaciones y en estar accesible a la comunidad durante los períodos de necesidad ha sido un factor significativo en el crecimiento de la iglesia. Los miembros respaldan esa preocupación por los pobres destacando la enseñanza y la camaradería en la aldea y proveyendo oportunidades de liderazgo dentro de la iglesia a los hindúes de las castas bajas convertidos. Además, el hecho de que los convertidos de las castas bajas pueden estar al lado de los cristianos de castas altas, ha devenido una fuente de testimonio positivo para el evangelio en Mogalliwakkam.

Otro supuesto evidente en el paradigma de las ECI es que la pobreza es el resultado de la explotación por parte de principados y poderes. Según James, "estos demonios hacen que los pobres sigan pobres". Señala que los principados y poderes hacen que los pobres sean ignorantes por sus creencias en los dioses hindúes. Según Joshua, pastor de otra iglesia de las ECI, los principados y poderes atan a los pobres por medio de diversas compulsiones y hábitos. Sargunam también señala que los principados y poderes mantienen vulnerables a los pobres. En consecuencia, en el paradigma de las ECI, la pobreza tiene claras dimensiones cósmicas. Las simples explicaciones mecanicistas de fuerzas terrenales no parecen adecuadas para su explicación de la pobreza.

Sobre la base de tales supuestos acerca de la realidad social, las ECI creen que el enfrentamiento con los principados y poderes es un aspecto de la estrategia de la misión. Las señales y milagros juegan un papel crucial en los métodos de la misión en comunidades como Mogalliwakkam. Sin embargo, hay poca evidencia de que los profesionales de base de ECI reconozcan el papel de los principados y poderes en las estructuras y los sistemas.

En definitiva, para las ECI, la pobreza es el resultado de que los pobres no dependen de Dios. La iglesia cree que aunque los pobres pueden aducir a Cristo por diversas razones "sociales", tienen que aprender a depender de Dios para sus necesidades materiales, no de la iglesia.

Este argumento moldea el ministerio de enseñanza dentro de las ECI. Como señala James, "por medio de la enseñanza y los testimonios, estimulamos constantemente a estos cristianos pobres a buscar a Dios en lugar de depender de los hombres". Según Joseph, un líder de la comunidad, los cristianos creen que Dios ayudará a los que están en necesidad. Gnanakkan, otro cristiano local, explicó con diversos ejemplos su creencia en que Dios lo ha ayudado a él y a los demás cristianos de la aldea. Comentó que se encuentra "fuera de nuestro alcance entender cómo Dios provee para nuestras necesidades". Selvam, otro líder de la comunidad, dijo: "Como cristiano, el poco dinero que gano, lo llevo a Dios para su bendición, y el dinero resulta suficiente para mis necesidades básicas". Estos comentarios sugieren que la suposición de las ECI de que la pobreza está relacionada con la falta de dependencia en Dios, ha modelado efectivamente la membresía de la iglesia local.

El impacto

La iglesia local de Porur tiene por miembros a 250 familias; 80 de ellas son de trasfondo hindú, la mayoría son de las castas bajas, aunque en la actualidad se ha vuelto más diversa.

No obstante, la respuesta no es muy positiva entre los hindúes de castas más altas del área. De hecho, las castas altas sienten que la iglesia es para los de castas bajas. El pastor de la iglesia de Porur piensa que los hindúes de castas más altas necesitarán el testimonio de alguien de las castas altas.

Aunque hay evidencias del crecimiento de la iglesia entre los pobres, James también expresó la preocupación de que "los pobres [convertidos] no son activos en cuanto a tratar de alcanzar a otros". Esta falta de interés es significativa, considerando el hecho de que los pobres eran originalmente el foco del ministerio de las ECI. Actualmente no están a la vanguardia del esfuerzo misional de la iglesia local, el que se ha desplazado a los no pobres. James cree que los pobres están "más preocupados por sus necesidades socioeconómicas y no tienen tiempo para involucrarse con la misión [...] y se sienten desilusionados porque la iglesia no los ayuda a resolver sus necesidades". Ezra Sargunam siente que "probablemente sea porque las bases de su fe no han sido firmes y padecen un complejo de inferioridad". Debemos considerar aquí dos cuestiones fundamentales. Primero, ese giro ¿ocurrió porque las ECI no solucionaron las necesidades de los pobres? Segundo, ¿es esto el resultado natural de las estrategias para "ganar lo ganable" y "equipar lo equipable" (los no pobres que disponen de tiempo para la misión)?

Aunque las ECI locales han tenido un impacto positivo en la vida de los pobres que han acudido a Cristo, principalmente en el área de la conducta, la moral y la reducción de los gastos superfluos, estos cambios se han visto limitados a los cristianos pobres.

De todas maneras, los convertidos en Mogalliwakkam ahora perciben una relación positiva entre el Dios de los cristianos y los pobres. Como señaló Gnanakkan, un hindú local convertido, "Si pensamos en la experiencia de vida de esta manera, entonces nuestro conocimiento de Dios y nuestra fe en Dios aumentará". Esta percepción y esta actitud entre los cristianos son diferentes de la forma en que sus vecinos hindúes perciben la relación entre Dios y la pobreza. Los hindúes pobres creen que Dios desea la pobreza y es quien produce los problemas. La lectura positiva de los convertidos acerca de la relación con Dios probablemente sea el resultado de la enseñanza de la iglesia local.

No obstante, la iglesia local no está incluida en la red comunitaria de supervivencia de la comunidad. El estudio de campo identificó los líderes comunitarios, los líderes políticos y los dueños de la tierra, en ese orden, como los jugadores clave de la red comunitaria de supervivencia. Según Selvam —un líder cristiano local y miembro de una ECI, comprometido en política— "Las ECI y todas las iglesias de esta área no han hecho nada por la aldea". Este comentario de parte de un miembro de la iglesia que también es un líder comunitario refleja la brecha que los pobres han percibido entre las enseñanzas de la iglesia y su respuesta activa.

Finalmente, esta comunidad sigue atrapada por la pobreza crónica, el descuido por parte del Gobierno y los conflictos entre las castas. El paradigma de misión de las ECI a nivel local no provee un medio propicio para confrontar esos asuntos. La iglesia carece de conciencia de la impotencia de los pobres en Mogalliwakkam, mientras que las empresas locales, los dueños de la tierra, el Gobierno y los partidos políticos continúan perpetuando la pobreza en la aldea.

El modelo de las iglesias tradicionales

Entre los enfoques contemporáneos respecto de los pobres de la India, la Iglesia de la India del Sur (CSI) representa el modelo tradicional, caracterizado por la presencia de la iglesia local junto con proyectos específicos como una escuela o un proyecto de desarrollo. Con frecuencia, la iglesia tradicional de un área local es parte de una jerarquía mayor.

La CSI ha estado en Monnaivedu desde 1917. Hoy treinta familias componen su membresía. La iglesia también tiene una escuela primaria y lleva adelante un proyecto de desarrollo en la comunidad. La escuela se inició para enseñar a los pobres de la aldea, que no eran bien recibidos en las escuelas de las aldeas de castas superiores. El proyecto de desarrollo se implementó en la aldea en 1987, junto con una organización cristiana de ayuda y desarrollo.

Monnaivedu es una comunidad de 465 familias, donde predominan los hindúes de casta baja. Desde el punto de vista ocupacional, es una comunidad de trabajadores agrícolas y algunos pequeños granjeros. Hay varios partidos políticos importantes representados en el pueblo que también se caracteriza por ingresos bajos y alta incidencia de deudas.

Análisis de los supuestos

El liderazgo de la CSI, los líderes de la comunidad y el equipo de desarrollo del proyecto, todos concuerdan en que los pobres de ese pueblo son incapaces de aunar esfuerzos en asuntos comunitarios. Están divididos sobre la base de afiliaciones políticas a la vez que por conflictos personales y familiares.

Respondiendo a esa desunión, la iglesia invierte tiempo en organizar la comunidad por medio de programas de desarrollo. La formación de una Asociación de Desarrollo del Pueblo (VDA)[4] fue un paso adelante, especialmente en ausencia del cuerpo local de gobierno. Además, la VDA se ha convertido en un foro para discutir el liderazgo en la comunidad. Sin embargo, de acuerdo con un miembro de la asociación, la comunidad todavía carece de unidad y liderazgo.

Según el enfoque de la CSI, la pobreza también es resultado de la ignorancia, la falta de educación y la superstición. Por consiguiente, la educación se convirtió en la principal preocupación para la iglesia de Monnaivedu. Antes de que la iglesia iniciara la escuela en el pueblo, a los hindúes de castas más bajas se les negaba el acceso a las escuelas. La CSI también responde a la ignorancia y las supersticiones entre los pobres por medio de programas para el desarrollo de proyectos de educación y concientización. Esto sugiere que la pobreza es el resultado de la falta de educación, la ignorancia y la superstición, y que la iglesia debe incluir una respuesta a estas necesidades como parte integral de su misión.

El ministerio de la CSI también cree que la pobreza es la falta de acceso a los recursos y a la oportunidad para desarrollarse. Este supuesto reconoce que los pobres necesitan recursos de afuera. La iglesia hace el papel de un facilitador entre los pobres. El proyecto de desarrollo en particular está diseñado para ayudar a las personas a aprovechar los recursos disponibles a través del gobierno y las instituciones financieras. Durante mi reunión de datos, la comunidad estaba organizando el acceso a préstamos bancarios para comprar ganado. Gracias al éxito del proyecto en aprovechar los recursos externos, los pobres de la comunidad no van a la iglesia para recibir asistencia económica, van a la iglesia para adorar.

---

4 VDA por las iniciales en inglés, *Village Development Association* (nota del traductor).

Jayseelan, un político cristiano local me dijo: "La iglesia cuida mi relación con Dios; en relación con el mundo y para hacer bien a mi pueblo, necesito trabajar por medio de los partidos políticos".

Este distanciamiento de Dios y la iglesia del bien para la gente es una brecha con ramificaciones importantes a nivel de base, y sugiere que Dios está alejado de los asuntos del día a día de la pobreza y los pobres. Segundo, de acuerdo con el presidente del pastorado del área, la CSI local no se relaciona en nada con la escuela CSI y el programa de desarrollo. Nuevamente, este distanciamiento de la iglesia local tiene implicancias profundas. Los pobres ven la iglesia sólo como un lugar de adoración y no como parte de la red de supervivencia de la comunidad. A la vez, el proyecto de desarrollo y la escuela se han reducido a meros programas de la iglesia. Una tercera brecha se da entre los cambios que trae el evangelio a la vida de los pobres y el desarrollo económico. Según el reverendo Prabhakar, "solamente los cambios en la conducta resultan de la conversión. El desarrollo económico es otro asunto". Esta es la tercera fragmentación en el enfoque de la CSI a los pobres: el desarrollo económico no estaba incluido en el espectro de los resultados transformadores de la conversión.

Estos tres supuestos sugieren que Dios, la iglesia y la conversión no tienen prácticamente nada que ver con el bienestar económico del día a día de la gente. La pobreza es un asunto terrenal para el que Dios, la iglesia y la conversión no son soluciones.

El impacto

Los hindúes de Monnaivedu están abiertos y son sensibles a la iglesia y su mensaje. Más de 60 o 70 familias hindúes escuchan los mensajes de la iglesia regularmente. Algunos incluso participan de la vigilia de oración que la iglesia lleva adelante cada mes.

Los cristianos pobres de la aldea asisten regularmente y contribuyen generosamente. Además, los pobres de Monnaivedu ya no vienen a la iglesia en busca de asistencia, aunque antes sí lo hicieron.

La iniciativa comunitaria es alta y el VDA tiene confianza en el aprovechamiento de los recursos gubernamentales. La comunidad está organizada, lo que se evidencia por la existencia de una asociación de mujeres, el VDA y un club juvenil. De hecho, el enfoque de la CSI destaca la iniciativa de la gente como indicador clave para medir la efectividad de la misión de la iglesia.

La escuela primaria ha alterado esa comunidad más allá de impartir educación formal. Ha inculcado en los padres una actitud positiva hacia la educación. La escuela también ha ayudado a mejorar la conducta de los niños y su higiene general.

El VDA es parte integral de la red de la comunidad, junto con los ancianos de la aldea, y los representantes de los partidos.

No obstante, la iglesia CSI local no es parte de su red comunitaria, aunque ha estado en la comunidad los últimos 75 años. Como se mencionó más atrás, esto podría ser el resultado de la brecha entre la iglesia local y la misión de la iglesia. En cualquier caso, esta división parece haber tenido un impacto negativo en la imagen de la iglesia.

De acuerdo con los pobres de Monnaivedu, el sistema de gobierno local es corrupto y trabaja sólo para los poderosos. Frente a esto, el paradigma local de la CSI no permite que la iglesia local asocie la obra de Dios, ni la iglesia local y la conversión de la persona con la confrontación de las deficiencias de la estructura y los sistemas locales.

El modelo pentecostal

Este trabajo entre los pobres es probablemente uno de los modelos más difíciles de catalogar a causa de su naturaleza autónoma básica. No obstante, algunas características comunes, como el profundo deseo de llegar a los no alcanzados y de poner el foco generalmente en los pobres y no en algún grupo particular, nos permiten decir con certeza que las iglesias pentecostales son unas de las más activas entre los pobres en la actualidad. La iglesia pentecostal con base en Chikkarayapuram, India, es un ejemplo de lo mencionado.

La vida y la historia de la iglesia giran en gran medida en torno a una persona, el pastor de la iglesia. Después de servir como maestro durante 15 años, Devakadatchium sintió el llamado de iniciar una iglesia en la zona. Observó que, durante su ministerio, "Jesús pasó el tiempo entre la gente común y los pobres, que son los más dispuestos a confiar en Dios". Por eso optó por iniciar su misión entre los pobres. Esta opción por los pobres en el enfoque pentecostal es similar a algunos modelos de acción social radical. La intencionalidad de los pentecostales de optar por los pobres es más que una elección pragmática por los pobres basada en la respuesta positiva. El ministerio pentecostal con los pobres está precedido por una interpretación concienzuda y por la obediencia a la idea de que Jesús vino para *ser* pobre. En esto, los pobres son más que una audiencia receptiva.

Este compromiso de la iglesia pentecostal ha permitido a la iglesia seguir siendo una iglesia de pobres en muchas partes del mundo.

Hoy, alrededor de cuarenta familias son miembros de la iglesia pentecostal Chikkarayapuram, y aproximadamente cien asisten a la adoración. La iglesia tiene miembros de todas las castas pero predominan los de la clase socioeconómica más baja. De acuerdo con el pastor, "Desde que enseñamos sobre el amor de Cristo, tanto la clase alta como la baja aprenden a adorar una al lado de la otra aquí". Como otras iglesias pentecostales, esta busca a aquellos que están "preparados por Dios" y no adopta específicamente un enfoque comunitario en su ministerio.

La iglesia pone un elevado énfasis en las relaciones, y el pastor invierte mucho tiempo en nutrir a sus miembros y enseñar la Palabra. La oración y el ayuno constituyen parte importante de la estrategia misional de la iglesia. Los encuentros de poder junto con señales y maravillas son un componente clave de la vida de la iglesia. El liderazgo de la iglesia gira en torno al pastor y su familia.

La iglesia ministra a varias comunidades en el área, incluyendo una comunidad de picapedreros y obreros de cantera. En la valoración de Devakadatchium, esa gente es pobre y receptiva al mensaje. "Escuchan el mensaje y vienen a la iglesia a orar". Hay una escuela primaria en la aldea y una escuela de enseñanza media en la ciudad más próxima. No hay centro de atención primaria de la salud en la aldea. La escasez de agua es otro tema con el que lucha la comunidad.

La Sociedad Cooperativa de Trabajadores de la Cantera es una organización clave en esta comunidad. Esta sociedad cuenta con 314 miembros, tiene un contrato de arrendamiento con el Gobierno y es parte activa de la vida de la comunidad. Por el trabajo físico que significa, los trabajadores de la cantera rara vez trabajan todos los días de la semana. Los frecuentes accidentes de trabajo, la falta de explosivos, la indisponibilidad de la bomba extractora de agua y la lluvia, son todos factores que impiden el trabajo regular. Balakrishnan, uno de los trabajadores de la cantera, explicó que "los trabajadores necesitan otro empleo aparte de la cantera como fuente de ingresos".

Análisis de los supuestos

Según el enfoque pentecostal reflejado en este contexto, la pobreza es el resultado de la falta de fe. La fe requiere más que un reconocimiento de Dios, y los pobres son pobres porque no creen en la Biblia. Devakadatchium comentó "Ellos [los pobres] no han creído en la Palabra de Dios. Dios levanta a aquellos que confían en él". Continuó diciendo que "Como no creen en la Palabra, no tienen esperanza para la vida y su mentalidad fatalista no se transforma". Con estos comentarios, la iglesia pone la culpa de ser pobres sobre los mismos pobres. Hablando de la conducta y de los gastos superfluos de los pobres, el pastor señala que "si se libraran de sus pecados, podrían trabajar duro, ahorrar dinero, y andar bien en la vida."

Esta comprensión de la pobreza tiene diversas ramificaciones para la misión de la iglesia. La enseñanza de esta estimula a los pobres a mirar a Dios como el que otorga todas las bendiciones. El vínculo entre las palabras confianza, pecado, pobreza y respuesta a la pobreza se mantiene fuertemente en el paradigma pentecostal.

Por consiguiente, un elemento clave en el mensaje pentecostal que vemos aquí es que sus vidas mejoran cuando los pobres acuden a Jesucristo. Recién entonces serán posibles cosas como la construcción de una vivienda, el trabajo regular y cosas semejantes. En este paradigma, la definición de los "resultados transformadores" de la conversión, afirma la materialidad de la salvación. La vida no está dividida entre lo espiritual y lo material. La vida es toda espiritual y lo material es secundario por ser un derivado de lo espiritual. El paradigma pentecostal de esta iglesia define la transformación como conductual, moral y reformadora de valores —e incluye el encuentro de trabajo, la liberación de deudas y la obtención de asistencia del Gobierno—. Es interesante observar que aunque los pentecostales ven la transformación a través "del lente de la conversión", el paradigma tiene un espectro holístico que va más allá de los cambios conductuales y morales. El paradigma pentecostal afirma la materialidad de la salvación.

Sin embargo, aunque el enfoque pentecostal reconoce la degradación socioeconómica de los pobres y define la transformación en términos materiales, cuando se trata de la intervención activa de la iglesia en esas necesidades, el pastor responde: "Oramos por los necesitados. Hacemos lo que podemos. Sólo podemos orar por ellos". De acuerdo con esto, hay una clara división entre el compromiso con temas socioeconómicos y el ministerio espiritual de la iglesia. Según el pastor, "Cuando servimos a Dios, no podemos servir a otro señor".

Segundo, en el enfoque pentecostal, la oración y el ayuno están vinculados con la respuesta a los pobres. "Oramos continuamente por la gente, y Dios los bendice con un trabajo [...]. Uno se hizo conductor, otro consiguió empleo en una compañía exportadora", dijo el pastor. "La Biblia promete 'bendeciré la tierra'. Así es que también oramos por las necesidades de la comunidad". Cuando los pobres de la iglesia solicitan un préstamo al Gobierno, la iglesia ora. Lo hace creyendo, como dice el pastor, que "el Dios que hizo a los gobernantes y reyes es el mismo que está escuchando nuestras oraciones".

En el paradigma pentecostal, la pobreza y el señorío de Dios sobre los gobernantes están estrechamente relacionados, como lo están el arrepentimiento con la bendición. La iglesia cree que el Dios que vino por los pobres, oirá sus oraciones. Según el pastor,

> Cuando los pobres claman y oran a Dios pidiendo sanidad y ayuda, Dios oye sus oraciones y responde. Entonces vienen

> a Cristo y comienzan a entender que Cristo es el único Dios verdadero.

En consecuencia, según esta lectura de la pobreza, el ayuno y la oración son esenciales en la misión entre los pobres.

El paradigma pentecostal también sugiere que la pobreza es la expresión del control del diablo sobre todo el pueblo. Este supuesto sugiere que lo primero que se debe hacer es "atar al diablo antes de entrar al pueblo". Aparte de la cautividad personal de los pobres, esto sugiere la cautividad colectiva de toda la comunidad de estos.

No obstante, la interpretación de la obra del diablo es más en términos de impedir la obra de la iglesia. Los principados y poderes se ven como posible amenaza a la obra, y el diablo necesita ser atado por medio del ayuno y la oración. Como estrategia, esta iglesia no entra a ningún pueblo antes de que los miembros de la iglesia hayan orado por ese pueblo por lo menos un mes. En ese paradigma de la pobreza, los principados y los poderes son una fuerza importante para tener en cuenta. No obstante, la iglesia no explica el papel de los principados y potestades específicamente en términos de perpetuar la pobreza.

El impacto

Los pobres responden positivamente al ministerio de señales y maravillas, de atar al diablo tanto en la comunidad como a nivel individual. Esto evoca una respuesta positiva de parte de los hindúes pobres. También piden que la iglesia ore por sus necesidades. Una mujer dice que la sanidad y la conversión de su esposo hicieron que toda la familia recibiera sanidad y se convirtieran en testigos de Jesucristo en la comunidad.

No obstante, la iglesia no forma parte de la red de supervivencia comunitaria. Los líderes de partidos políticos, los sacerdotes del pueblo y la Sociedad Cooperativa de Trabajadores de la Cantera juegan un papel clave en esa red. La Sociedad Cooperativa de trabajadores de la Cantera es una institución económica que se encarga de necesidades sociales al facilitar préstamos y ofrecer servicios de salud. ¿Podría ser que el descuido de esas necesidades sociales de los pobres fuera una razón para que los pobres descuidaran a su vez su participación en la iglesia?

La comunidad sigue siendo impotente en relación con las estructuras burocráticas y los partidos políticos. La comunidad estaba luchando para obtener cartillas de víveres y la instalación de un servicio de salud para el pueblo, pero la gente se veía presionada por los partidos políticos locales. No obstante, los supuestos pentecostales sobre la pobreza no permiten considerar estos temas como compromisos misionales válidos.

Aquí los pobres han estado atados a la profesión de picapedreros por generaciones. Las mujeres en la comunidad preguntaron "¿Qué podemos hacer? Es nuestro destino. Tenemos que seguir trabajando así". Las viudas y los ancianos de la comunidad que no tienen hijos fuertes también se ven marginalizados del trabajo en las canteras.

Incluso la iglesia señala que ha habido poco cambio en la comunidad. Devakadatchium dice: "La gente sigue siendo todavía mundana y el diablo está activo entre ellos". Esas afirmaciones reflejan la disposición general de la comunidad, así como el impacto general de la iglesia pentecostal en los últimos ocho años.

El modelo de acción de grupo

Muchos grupos paraeclesiásticos y de acción están involucrados con los pobres. En la India, Awaz es una comunidad evangélica de creyentes que incluye miembros de iglesia, pero no está orgánicamente relacionada con la iglesia.

Cyrus, líder de la comunidad Awaz, explica qué es el grupo: "Awaz es una comunidad donde todos los hermanos y hermanas son iguales". Cyrus, un abogado que fue decisivo en la fundación de la misión Awaz[5], promete: "En la primera mitad del próximo

5 Aunque Cyrus fue decisivo en el desarrollo de la visión que subyace a todo el movimiento, incluyendo la fundación de Awaz, no tiene ningún cargo. Es abogado de profesión y ve un estrecho vínculo entre el trabajo con los pobres y la ley. Provee de "liderazgo visionario" a los miembros de Awaz. Awaz inició su obra en Kerala con un ministerio entre los afectados

siglo habrá un gran movimiento cristiano en la India. Movilizamos intensivamente a la juventud".

La estrategia de Awaz para la misión intenta deliberadamente emular la descripción bíblica del reino de Dios. Los miembros se comprometen en macro- y microasuntos de la comunidad. El estilo de vida simple distingue a los miembros de la comunidad. La ayuda en asuntos legales y de organización comunitaria está entre los métodos usados en el acercamiento de Awaz a los pobres.

Josiprasda es una de las veinte aldeas atendidas por esa comunidad. Esa área fue el primer lugar donde trabajó la misión Awaz, allí inició un movimiento campesino, organizando a los pobres contra la opresión de los dueños de la tierra y las acciones ilegales del Gobierno. Awaz pudo ayudar a los pobres con recomendaciones legales e inició un recurso de amparo por procedimientos ilegales contra ellos. Parte del trabajo más efectivo de Awaz se llevó a cabo en las aldeas de Josiprasda y Gomma.

Awaz ha sido activo entre los pobres en esa área durante más de diez años. Su experiencia ha sido tan eficaz que en otras partes han procurado repetir el enfoque.

Análisis de los supuestos

Un tema clave en el paradigma de Awaz es que la pobreza es el resultado de deficiencias estructurales. Cyrus afirma: "Todas las estructuras pecaminosas son resultado del pecado. Son estructuras

---

por la enfermedad de Hansen. Después de cierto trabajo exploratorio, la comunidad decidió iniciar su trabajo en el norte de la India en Raipur, cosa que hizo en marzo de 1983. La comunidad se centró en Satnamis en el distrito de Raipur. Como parte de su estrategia inicial, Awaz comenzó con 25 comunidades, procurando usarlas como foros para entrenar aldeanos. No obstante, Awaz abandonó ese esfuerzo porque no encaraba los verdaderos problemas de los pobres. Al mismo tiempo, una de las comunidades estaba luchando con un problema de injusticia. Un rico dueño de un molino de arroz había torturado un niño harijan, de nombre Hemalal, de 12 años. La policía no ayudó a la comunidad; entonces los harijan se organizaron para protestar. La policía fue obligada a arrestar al dueño del molino. Awaz estaba muy involucrada en la protesta. Este hecho trajo muy buena disposición hacia Awaz (*Awaz, The Kingdom of God in India; Mission of Awaz* —Awaz, El Reino de Dios en la India: la misión de Awaz— 1985, p. 17) y eso cambió la dirección de su ministerio.

económicas explotadoras, reforzadas por las estructuras sociales graduadas [que] son [...] estructuras pecaminosas en la comunidad humana"[6]. Estas estructuras pecaminosas luego perpetúan, según Awaz, diez estructuras pecaminosas de esclavitud entre los pobres: "*adharma* (pecado), ignorancia, injusticia, pobreza, explotación, opresión, tiranía burocrática, guerra, abuso de la naturaleza , machismo"[7]. En Awaz se clasifica a los pobres en clases más bien que en castas.

Entre los factores estructurales, el equipo de Awaz identificó el sistema *malguajari* como la fuerza clave que enfrentan en su trabajo. En el sistema *malguajari*, "los ricos dueños de la tierra explotan a los pobres. Los ricos compran la tierra y la utilizan para instalar fábricas. Este es el 'fantasma de la estructura feudal', sostenido por otras estructuras de poder incluyendo "las autoridades corruptas de Panchayat [...] los funcionarios del Gobierno local y los líderes políticos engangrenados"[8]. Los partidos políticos también juegan un papel clave en las situaciones de pobreza. "Los políticos aseguran que la gente esté dividida. Los partidos explotan los conflictos en las aldeas"[9]. Por eso, para Awaz, la pobreza es un asunto de estructura y sistemas de explotación.

Por consiguiente, la misión de Awaz está moldeada por esta visión del contexto de la misión. Si la pobreza tiene que ver con estructuras deficientes, el reino de Dios ofrece un "sistema alternativo de justicia, paz y gozo en el Espíritu Santo"[10]. Awaz describe el reino de Dios como "estructuras socialistas o estructuras de Cristo [donde hay] colectivización de los medios de producción y distribución". Segundo, Awaz equipa a los cristianos para que participen activamente en la política. Cyrus afirma:

---

6 Awaz, *The Kingdom of God in India*, p. 8.

7 *Ibíd.*

8 Awaz, *From the Field of Raipur: Report and Accout* (Awaz, desde el campo de Raipur: Informe y consideraciones), Awaz, Paipur, 1987, p. 9.

9 *Ibíd.*

10 P. A. Cyrus, "Principles for Awaz", (Principios para Awaz), manuscrito no publicado, Archivos personales del autor, 1992, p. 1.

> Estoy convencido de que a menos que los cristianos dominen el campo de la política, no habrá salvación. Por eso los cristianos deberían ser muy activos en la política y ejercer gran influencia para generar cambios estructurales.

Aparte de describir la pobreza como un asunto estructural, el enfoque de Awaz sugiere que la pobreza también es el resultado de deficiencias de carácter. En consecuencia, comenta Cyrus, la comunidad busca "transformar el carácter de la gente, luchar contra las estructuras explotadoras actuales y modelar nuevas estructuras socialistas".

Para Awaz, la pobreza es el resultado del pecado. Las personas son egocéntricas y buscan monopolizar la tierra de Dios y sus recursos para volverse ricas. El hambre es resultado de este egocentrismo. Las estructuras deficientes también son el resultado de las acciones humanas pecaminosas. De manera que la gente necesita ser redimida del pecado. Por eso, en este paradigma, la pobreza está enraizada en la caída de la humanidad y tiene ramificaciones en el carácter y las estructuras.

> Los cambios beneficiosos llevados a cabo en las estructuras económicas, sociales, políticas y religiosas, sin los correspondientes cambios en los individuos que los manejan está destinado a ir a tientas a largo plazo[11].

Esta perspectiva tiene implicancias fundamentales para la estrategia de Awaz entre los pobres, principalmente el papel de equipo y la formación que proveen para los jóvenes en las aldeas. Según Cyrus, los "*Dharma Palaks* son el corazón y el alma de la misión". Estos *Dharma Palaks* son "jóvenes con inclinación hacia lo espiritual" de entre los pobres, que escucharán a los pobres, llevarán vidas como los primeros cristianos, y organizarán la lucha para crear estructuras cristianas. "Nuestro papel es entrenar líderes. El intelecto de los pobres necesita ser desarrollado y su espiritualidad aumentada". Esto también implica que miembros de la comunidad

11 Awaz, *From the Field of Raipur*, p. 7.

"proveen el liderazgo moral y espiritual para movilizar a la gente joven".

El enfoque de Awaz hacia los pobres también sugiere que la pobreza es el resultado de la explotación de estructuras por principados y poderes.

> Satanás, un poder de mal que se opone a Dios, está trabajando en su universo, se esfuerza por impedir el plan cósmico de Dios, separando de Cristo todo en el universo[12].

El paradigma misional de Awaz reconoce el papel de los principados y poderes en la explotación de los pobres. Las estructuras son vistas como demonizadas y en ese sentido se han convertido en agentes del maligno. Esta visión de los principados y poderes en relación con estructuras del mal y el compromiso de Awaz con el reino de Dios proveen el marco básico de la misión.

Este paradigma sugiere que el diablo usa la religión (hindú, cristiana y otras) para perpetuar la pobreza. Según Cyrus, "La fe hindú nos hace creer que la tierra es el dominio de Satanás, de modo que no debemos oponernos a esas estructuras". Por ello, Awaz responde cuestionando las creencias religiosas de los pobres y los no pobres.

No obstante, a pesar de esta visión del papel de los principados y poderes, el paradigma de Awaz no trata adecuadamente con el papel de los principados y poderes en la vida personal de los pobres.

El enfoque de Awaz considera que la pobreza es una expresión de distorsiones de la espiritualidad. Como señaló Cyrus, una causa para la pobreza es que los pobres miran a los ricos en busca de salvación y no a Dios. La pobreza también es un síntoma de la deficiente espiritualidad de los no pobres.

En consecuencia, en su respuesta, Awaz, dice Cyrus, busca inculcar "una verdadera espiritualidad donde los aspectos materiales y espirituales de la vida se centran en Jesús y se orientan hacia Dios". Cyrus llama a esto "espiritualidad socialista", en la que no se reconoce la tradicional dicotomía entre lo espiritual y lo material y ambas se

---

12 Cyrus, ob. cit, p. 4.

someten a Dios. Awaz también responde instalando una forma de espiritualidad que Cyrus describe como aquella que

> ...busca armonizar todo para lograr la plena justicia, la paz y el gozo eternos para todos, en todas partes, bajo la inspiración, la guía y el poder de Dios que es su propietario, fundamento y arquitecto[13].

El impacto

Primero, la comunidad Awaz es parte integral de la red de supervivencia de la comunidad. Los pobres perciben que Awaz está deliberadamente de su lado.

Segundo, la comunidad tiene confianza en la forma en que actúa Awaz con los asuntos relacionados a la ausencia de poder de los pobres en su medio. Los sin tierra en Josiprasda son conscientes del papel del Gobierno, de los líderes políticos locales y de los líderes de la comunidad de las castas superiores en perpetuar su pobreza. Gracias a la obra de Awaz, los pobres no sólo son conscientes de su carencia de poder, sino también de sus derechos legales.

Tercero, económicamente la comunidad sigue siendo pobre. Los aldeanos tienen un alto nivel de endeudamiento. Anteriormente, los dueños de la tierra eran la única fuente de préstamos. Ahora que la gente se ha rebelado contra los ricos dueños de la tierra, los pobres se ven obligados a salir de la aldea para pedir préstamos. Hay una alta tasa de migración. Un vecino observó que "obtener empleo en el pueblo se está haciendo cada vez más difícil. La gente migra a las ciudades cercanas o a Nagpur o Bombay. Los estudios de los niños se ven afectados". ¿Podría ser la falta de creación de riqueza un resultado natural del énfasis en las causas estructurales de la pobreza?

Cuarto; en general, la comunidad no reconoce que la tarea de Awaz está motivada por Dios y que Jesucristo es el Dios de los miembros de Awaz.

---

13 *Ídem*, p. 6.

> Cyrus vino a trabajar con nosotros. No sé cuál es su Dios, a veces siento como si ellos fueran dioses para nosotros, porque no muchos en el pueblo trabajan para nosotros.

Acerca de Jesús, un miembro de la comunidad creía que "entre los 330 millones de dioses, Jesús es sólo uno. Podemos adorarlo también a él. No damos preferencia a ninguno en particular". La obra de Awaz no parece haber alterado la percepción de Dios ni aumentado la conciencia acerca de Jesucristo como Dios. Durante el estudio de campo, tuve la oportunidad de discutir esta conclusión con Cyrus. Cyrus estaba particularmente desalentado por el hecho de que el trabajo de Awaz no permitía a los pobres saber que Awaz trabajaba motivado directamente por la fe en Jesucristo como Hijo de Dios.

Finalmente, los pobres de estas comunidades todavía parecían creer que Dios está del lado de los ricos y dijeron: "Ni siquiera tenemos dinero para adornar con guirnaldas a Murugan [uno de los dioses hindúes]. La gente que tiene dinero domina todas las áreas de la vida". Una mujer dijo: "No adoramos ningún dios", mientras su esposo agregaba: "Nuestro trabajo es nuestro dios".

Segunda parte

Aprender de los pobres

En la primera parte hemos examinado los supuestos y las teorías que han orientado las reflexiones y los ministerios en medio de los pobres en el pasado y hasta la actualidad. En esta segunda parte, usando esas claves sobre las dimensiones de la pobreza como marco de referencia, indagaremos el sentido de la carencia de poder del los pobres.

Comenzamos con el supuesto de que la pobreza tiene que ver con relaciones de poder. La reflexión sobre la información que provee la historia sugiere que la pobreza no es un fenómeno social simple que se puede explicar usando algunas variables aisladas. Como vimos en la primera parte, los teóricos del desarrollo, y los teólogos de la liberación, los Dalit y los teólogos evangélicos; y los ministerios del nivel de base entre los pobres, todos afirman que el desarrollo auténtico no es posible sin encarar la cuestión del poder[14].

---

14 Bosch, *Transforming Mission*, p. 357.

Capítulo 6

Poder, visión del mundo y pobreza

Los estudios sobre el poder con relación a la pobreza se han convertido en un tema importante en los debates sobre la pobreza y en los círculos del desarrollo. Se abandonan las estrategias de participación para dar lugar a estrategias de empoderamiento. Las mediciones de la pobreza forcejean con los índices para medir las inequidades de poder. Los patrones de sustentabilidad se redefinen con el poder como una variable clave[15].

Sin embargo, se ha puesto el foco en "qué tipo de poder", más que en "la inequidad del poder"[16]. Un buen ejemplo es el modelo de "(des)empoderamiento de John Friedman", quien desarrolla su tesis sobre las relaciones de poder alrededor de ocho bases de poder social[17]. Otros que han estudiado la inequidad del poder se han centrado en la creación del poder. Sus puntos de vista se centran alrededor de dos teorías principales, a saber, la teoría de la dependencia y la teoría de la confianza en la creación de poder. La primera, basada en la teoría de Richard Emerson, supone que el

---

15 Chambers, *Rural Development*, pp. 112, 116.

16 Sik Hung Ng, *The Social Psychology of Power* (Psicología social del poder), Academic Press, Londres, 1980, p. 189.

17 John Friedman identificó las siguientes bases de poder social en su modelo de (des) empoderamiento: (1) recursos financieros, (2) redes sociales, (3) información apropiada, (4) espacio vital defendible, (5) conocimiento y habilidades, (6) organización social, (7) instrumentos de trabajo y sustento, y (8) tiempo libre aparte del requerido para la subsistencia (*Empowerment*, pp. 66ss.).

poder se crea en el contexto de la interdependencia social, donde "A usa la dependencia de B para ponerle exigencias que resultan en cambios en las acciones y las ideas de B"[18]. Por su parte, la teoría de la confianza, basada en la obra de Talcott Parsons, sugiere que el "poder descansa sobre el involucramiento de las personas en las relaciones sociales en las que confían en otros"[19]. Las estructuras de poder también han sido estudiadas con un énfasis en el análisis de la red y el contenido[20]. Otros han estudiado los patrones de toma de decisiones poniendo el foco en el tema de quien gobierna o quien tiene el control o ejerce influencia. La falta de poder, o impotencia, se percibía meramente como la imagen negativa del poder.

Relaciones de pobreza

La falta de poder es relacional y es parte integral de las relaciones de pobreza. Las relaciones de pobreza son el contexto en el que el pobre experimenta la impotencia. En consecuencia, es importante entender las relaciones de pobreza para poder comprender la impotencia.

Unidad básica en las relaciones de pobreza

La mayoría de los estudios sobre desarrollo afirman que la familia es la unidad económica y política básica en las situaciones de pobreza. También es la unidad básica de la vida comunitaria, social y religiosa.

---

18 Marvin E. Olsen y Martin N. Marger (eds.), *Power in Modern Societies* (El poder en las sociedades modernas), Westview Press, Boulder CO, 1993, p. 5.

19 *Ibíd.* Ver también Talcott Parsons (ed.), *Max Weber: The Theory of Social and Economic Organization* (Max Weber: La teoría de la organización social y económica), The Free Press, Nueva York, 1947.

20 Como la pobreza y el poder son conceptos relacionales, este estudio examina varias dimensiones de relaciones de pobreza en una comunidad hindú pobre. Las fuentes de información incluyeron la experiencia de trece años del autor con equipos de base que trabajan entre pobres. Este análisis de las expresiones de poder en relaciones de pobreza entre los sin tierra hindúes se presenta aquí como conclusiones de un estudio.

Por consiguiente, las familias se han convertido en el marco para el análisis de las relaciones de pobreza.

Sin embargo, las familias no existen aisladas, especialmente en situaciones de pobreza. Las familias están conectadas, y por medio de sus conexiones forman la sustancia de la comunidad. Así, como las familias, la comunidad también constituye una unidad integral.

Finalmente, tanto la familia como la comunidad se componen de personas. Las personas dentro de la familia y la comunidad son la fuerza determinante de esas unidades. Tanto la familia como la comunidad representan personas en relación.

En consecuencia, la unidad básica en una relación de pobreza es una unidad tridimensional que consiste en la familia, la comunidad y los individuos. La falta de poder es la experiencia de "un pueblo", como lo sugieren los teólogos de la liberación.

Dominios de relaciones de pobreza

John Friedman define cuatro núcleos de relaciones —el Estado, la sociedad civil, el conjunto de la economía y la comunidad política— como el "dominio de la práctica social"[1].

Siguiendo su análisis, empleo la expresión "dominios de relaciones de pobreza" para referirme a las muchas relaciones que caracterizan las situaciones de pobreza.

En la situación de la India, hay otro juego significativo de relaciones con el mundo religioso, que establece las normas, los símbolos, y los líderes que gobiernan la relación de la gente. La vida del hindú pobre está dominada por su religión. Esto es seguramente igual en muchas otras culturas de pobreza.

Hay dos características de este dominio de relaciones que debemos mencionar de entrada:

* Cada uno de los dominios de relaciones (cinco: el social, el político, el económico, el religioso y el burocrático) contienen en sí mismos varios centros de poder[2].

1 Friedman, *Empowerment*, pp. 26-31.

2 *Ídem*, p. 26.

* Además, estos cinco dominios de relaciones están en constante interacción entre sí. No existen de manera aislada. Se refuerzan mutuamente. Varias expresiones de poder tienen lugar en ese dominio de relaciones de pobreza.

Espacio vital en relaciones de pobreza

La pobreza tiene que ver con gente real, que vive en un espacio vital real. Son "...personas que habitan estos espacios, y son estas personas de carne y hueso las que sufren los altibajos de la economía [...]. Son seres socialmente *conectados* que viven en familias, casas y comunidades y que interactúan con vecinos, parientes, amigos y conocidos"[3].

Sustentándonos en los conceptos de los trabajos de Friedman y en mi propio aprendizaje de los colegas de base a lo largo de los años, se deben considerar tres aspectos del "espacio vital".

Primero, la experiencia de carencia de poder de los pobres ocurre en ese espacio vital real. Friedman describe ese espacio como el espacio económico sobre el cual la comunidad política y el estado afirman tener soberanía[4]. Sólo examinando el espacio real del pobre podemos reconocer la "profundidad y la resistencia humanas que son una promesa de vida"[5].

Segundo, un examen superficial del espacio vital de los pobres sugiere que incluye dimensiones micro, macro y globales. El *micronivel* se refiere a las relaciones que los pobres tienen con comunidades fuera de la unidad básica. *Macronivel* se refiere a la comunidad nacional, y la *dimensión global* alude a la comunidad internacional. Las economías políticas nacionales y globales, los ajustes estructurales y legislativos impulsados por las instituciones financieras mundiales y otras fuerzas semejantes, todas afectan la unidad básica en las relaciones de pobreza.

3 *Ídem*, p. 90.

4 *Ídem*, p. 29.

5 Gutiérrez, *Theology of Liberation*, p. xxii.

Tercero, aparte de esos tres niveles, las situaciones de pobreza también se ven influidas por el nivel cósmico.

> Viven la vida diaria [...] con temor [a esas fuerzas]. La gente intenta manipular esas fuerzas a su favor o hacer algo en propiciación cuando las han ofendido[6].

Las soberanías y autoridades en el reino celeste constantemente afectan la vida de los pobres en la experiencia de su propia pobreza.

Componentes de la realidad social en las relaciones de pobreza

Hasta aquí hemos identificado la unidad básica, los dominios de relaciones y el espacio vital real de las situaciones de pobreza. Puesto que la pobreza crónica es intergeneracional, también se debe tener en cuenta las fuerzas vinculadas con el tiempo.

Encontré un marco de referencia útil para interpretar la realidad social en las obras de antiguos sabios del hinduismo: los *sastra-karas*, escritores y maestros de los *sastras* hindúes o tratados científicos. De acuerdo con ellos, la realidad social se puede dividir en cuatro categorías interrelacionadas: *srama* (esfuerzo), *desa* (lugar y región), *kala* (tiempo) y *guna* (rasgos naturales)[7].

Como mi trabajo busca entender y responder a la impotencia de los hindúes pobres, sería apropiado comenzar con las categorías que ellos usan para clasificar su realidad. Además, este marco de referencia que han utilizado los maestros hindúes provee un marco más holístico.

En consecuencia, aplicando esos cuatro componentes de la realidad social a mi estudio, he clasificado mis conclusiones en las siguientes cuatro categorías:

---

6 Samuel y Sugden, *The Church in Response to Human Need*, p. 143. El siguiente capítulo trata el tema de los principados y poderes y de la impotencia de los pobres.

7 Pandaharinath H. Prabhu, *Hindu Social Organization: A study in Socio-psychological and Ideological Foundations* (Organizaciones sociales hindúes: un estudio de las bases socio-psicológicas e ideológicas), Popular Prakashan, Bombay, India, 1940, p. 73.

* *Srama*: el esfuerzo de los seres humanos. Aquí incluyo diversas relaciones y acciones características de las relaciones de pobreza. Esta indagación en las relaciones de pobreza examina cuatro aspectos específicos. A saber, el complejo de dios que tienen los poderosos, la exclusión de los pobres, la fragmentación de la comunidad, y la falta de amor y compasión hacia los pobres.
* *Desa*: lugar y región. Esta categoría examina las dimensiones espaciales de las situaciones de pobreza —el aislamiento físico de los pobres, su vulnerabilidad ante los desastres naturales y su dependencia y el agotamiento de los recursos naturales.
* *Kala*: la dimensión temporal de la relación entre poder y pobreza. Aquí indagamos la actual debilidad física, las distorsiones históricas y la falta de esperanza para el futuro.
* *Guna*: rasgos naturales y de carácter. Aquí incluyo reflexiones sobre los temas del nivel más profundo del "ser" de las personas comprometidas en la pobreza. Ya que la pobreza tiene que ver con personas y relaciones, es importante examinar la naturaleza básica, la comprensión, las creencias y otros rasgos que constituyen la esencia de esas personas. Nuestro estudio incluirá la identidad de los pobres, el papel de la fe en la vida pública y privada, y su interpretación del poder.

Poder, pobres y relaciones (*srama*)

La pobreza es relacional, de manera similar, el poder también lo es. El poder social es un proceso interactivo que reside en las interacciones y relaciones sociales. Los *srama* (los esfuerzos humanos, incluyendo las acciones y las relaciones) en las relaciones de pobreza nos pueden proveer claves importantes para entender la impotencia de los pobres.

La cautividad de los pobres en el complejo de dios

La pobreza no es asunto de números, sino de inequidad, específicamente de la inequidad en las relaciones de poder. Tiene que ver con una minoría, "menos numerosa, que realiza todas las funciones políticas, monopoliza el poder y disfruta de las ventajas que ese poder otorga"[8]. En la India rural, esta minoría incluye un bloque triangular de poder que consiste en los granjeros ricos, las firmas industriales poderosas y los profesionales sostenidos por el sistema político[9]. Sistemáticamente, excluyen a los pobres del acceso a la educación, la riqueza y los beneficios del sistema. Procuran hacer de dioses en la vida de los pobres, y se confabulan para formar lo que Moltmann llama "complejo de dios"[10].

El "complejo de dios"

Primero, esos poderes procuran influir en el futuro de los pobres. Los poderosos en las relaciones de poder basan su poder en lo que Weber llama el "eterno ayer"[11], e influyen en las "eternas mañanas" de los pobres. Esta habilidad para influir en las eternas mañanas, o futuras generaciones, de un pueblo, generalmente se atribuye a los dioses.

Segundo, los poderosos intentan influir en múltiples áreas de la vida. Por ejemplo, la influencia de un terrateniente comienza afectando gradualmente la política del pueblo, por una parte, y las celebraciones familiares de los sin tierra, por otra. La influencia de los poderosos es omnipresente.

Tercero, los poderosos en las situaciones de poder operan bajo el supuesto de que su poder es inmutable y no puede ser cuestionado.

Finalmente, en situaciones de pobreza, los poderosos obran en conjunto con otros para mantener a los pobres alejados del poder.

---

8 Curtis, *The Great Political Theories*, p. 332.

9 J. Murickan, *Religion and Power Structure in Rural India* (Religión y estructura de poder en la India rural), Rawat Publications, Jaipur, India, 1991, p. 4.

10 He tomado prestado esta expresión de Jürgen Moltmann, que define "complejo de dios" como seres humanos y poderes que procuran ser dioses. Ver Jürgen Moltmann, "Thine Is The Kingdom, the Power and the Glory" (Tuyo es el reino, el poder y la gloria), en *The Reformed Word* (La Palabra reformada), vol. 37, n.° 3 y 4, 1982, pp. 3–10.

11 Curtis, *The Great Political Theories*, p. 427.

"Complejo de dios" es una expresión colectiva, porque involucra la interacción entre los diversos poseedores del poder y los jugadores secundarios. Como sugiere Wright Mills:

> Los miembros de la élite que tiene el poder no son gobernantes solitarios [...] consejeros, consultores, portavoces y formadores de opinión con frecuencia son los capitanes de sus pensamientos y decisiones más elevadas. Inmediatamente por debajo de la élite están los políticos profesionales de los estratos medios del poder[12].

T. K. Oommen afirma que hay dos tipos de grupos que ejercen el poder en la comunidad de un pueblo: la "reserva de poder", la cual puede no tener parte en la toma de decisión formal, y los que "ejercen el poder", quienes modelan las estructuras de la toma de decisión. Juntos constituyen el "pool de poder" en la comunidad, y quienes tienen el complejo de dios se refuerzan entre sí[13]. Como observó Myrdal, por ejemplo, "la India está gobernada por transas y acomodos dentro de y entre la clase alta y los diversos grupos que constituyen el grueso de la clase alta"[14].

A través de estos diferentes medios, los poderes relativos en las situaciones de poder hacen el papel de dioses sobre los pobres, y crean complejos de dios dentro de las relaciones de ellos.

El trabajo de Walter Wink sobre la naturaleza y el desenmascaramiento del "sistema de dominación", arroja más luz sobre la naturaleza del complejo de dios. La principal tesis de Wink en su libro *Engaging the Powers* es que debemos evitar las

> ...personificaciones cósmicas que disfrazan la distribución del poder en el Estado [...] [y la] mistificación de las relaciones reales de poder que confieren legitimidad divina a las instituciones terrenales opresivas[15].

---

12 Wright C. Mills, *The Power Elite* (La élite del poder), Oxford University Press, Nueva York, 1959, p. 4.

13 T. K. Oommen, *Protest and Change: Studies in Social Movements* (Protesta y cambio: estudios sobre los movimientos sociales), SAGE Publications, Neuva Delhi, 1990, p. 131.

14 Myrdal, *Asian Drama*, p. 766.

15 Wink, *Engaging the Powers*, p. 25.

Wink sigue adelante describiendo una estrategia para "desenmascarar los poderes" representados por los sistemas de dominación en el mundo. Yo personalmente no veo la necesidad de despersonalizar las fuerzas cósmicas o principados y potestades para entender la relación entre las fuerzas cósmicas y las estructuras y sistemas. Veo en la propuesta de Wink de despersonalizar las fuerzas cósmicas un intento de demonizar al "enemigo", para que nuestra respuesta a las estructuras pueda ser sostenida y radical. No obstante, la descripción de Wink del sistema de dominación parece tener relación con el poder de las estructuras, más que con los poderes cósmicos en estas.

De todas maneras, la descripción de los sistemas de dominación es útil para entender la naturaleza del complejo de dios en las relaciones de pobreza. Wink sugiere que el sistema de dominación del mundo nos enseña a valorar el poder[16]. Segundo, el sistema de dominación es un contaminante; requiere una sociedad para expresar lo que realmente es[17]. Tercero, este sistema de dominación adquiere un sentido de independencia "fuera del control humano", asume una identidad propia[18]. Cuarto, el sistema de dominación hiere el alma de sus sometidos; los hace sentir sin valor. Tal es la naturaleza del complejo de dios que mantiene a los pobres despojados de poder[19].

Este sistema de complejo de dios opera a través de todos los dominios sobre las relaciones de pobreza, incluyendo el sistema religioso, para perpetuar la impotencia de los pobres. Un buen ejemplo es la forma en que los terratenientes eluden la redistribución de la tierra en la India, entregando sus tierras excedentes a los *mutt* (fideicomisos del templo)[20]. Las leyes, las políticas de gobierno, los sistemas y las estructuras, todos sirven como herramientas para desviar los beneficios hacia los poderosos. Remenyi señala que la impotencia y la pobreza son

16 *Ídem*, p. 54.

17 *Ídem*, p. 40.

18 *Ídem*, p. 41.

19 *Ídem*, p. 101.

20 Farzand Ahmed, "The Mushars: The Rat-eaters of Bihar" (Los mushar: los comedores de ratas de Bihar), *India Today*, vol. 17, n.° 19, 1992, p. 59.

> ...un síntoma de la existencia de sistemas de injusticia en nuestras sociedades. No importa lo mucho que uno desee evitar la retórica de la fraternidad bienintencionada, la realidad es que los pobres son víctimas de sistemas socioeconómicos entronizados que hacen que persista la pobreza[21].

Otras herramientas de uso común en el complejo de dios son los medios masivos de comunicación masiva. A través de estos, los poderosos, dentro de los diferentes dominios de relaciones de pobreza, se aseguran de que la "gran mayoría de la población [...] se vuelva relativamente impotente [...] y cada vez más manipulada por la élite de poder"[22]. Los deseos y aspiraciones de los pobres se modelan en nombre de la "creación de un mercado" a través del uso efectivo de los medios de comunicación masiva en el complejo de dios[23]. Los diferentes complejos de dios usan las estructuras, los sistemas y la gente en diferentes dominios de relaciones de pobreza para crearse y mantenerse a sí mismos.

Al interior de las diferentes estructuras y sistemas, hay un centro ideológico, o realidad interior, que los modela. Las estructuras, los sistemas y la gente involucrada en una diversidad de relaciones sociales, políticas, religiosas, económicas y burocráticas, se ven influidas por esta realidad interior, que les confiere su lógica interna. Provee interpretaciones para asuntos de la vida que tienen que ver con los valores últimos de la vida y los hechos. Por ejemplo, los sistemas económicos no son simplemente una combinación de diferentes fuerzas mecanicistas encerradas en una relación de causa-efecto. Los diferentes sistemas económicos comunican diferentes interpretaciones de los valores últimos de la vida. Este es el centro ideológico que modela las estructuras, los sistemas y las personas. Estos centros ideológicos se relacionan con los valores últimos de la vida y están inextricablemente relacionados con las estructuras y los sistemas. Constituyen la "espiritualidad" de las

---

21 Remenyi, *Where Credit is Due*, p. 31.

22 Mills, quoted in Olsen & Marger, *Power in Modern Societies* (El poder en las sociedades modernas), p. 155.

23 Ng, *The Social Psychology of Power* (Psicología social del poder), p. 110.

diversas unidades económicas, sociales, políticas, burocráticas y religiosas.

En consecuencia, aparte de la estructura, los sistemas y la gente, existe la "interioridad de las instituciones terrenales o estructuras o sistemas"[24]. Estas "espiritualidades internas" se convierten en un sistema por encima de los sistemas. Proveen esa "dimensión espiritual en la victimación de los pobres y esa actividad acumuladora de poder de los sistemas"[25]. Esto es contrario a la tendencia occidental de separar lo "espiritual" de lo material o dimensiones económicas de la vida. El sistema económico no es neutral en sus valores, sino que tiene un conjunto intrínseco de valores acerca de lo que es importante en la vida y brinda un significado último. Cualquier respuesta a la pobreza debe entonces interpretar estas "espiritualidades internas" y cuestionar los supuestos y valores que subyacen a las instituciones y las estructuras.

Para resumir, los complejos de dios son:

* núcleos de poder (social, económico, burocrático, político y religioso) en el dominio de las relaciones de pobreza que se absolutizan a sí mismos para mantener sin poder a los pobres;
* una función de las estructuras, los sistemas, la gente y la interioridad espiritual al interior de cada núcleo de poder.

El complejo de dios y los pobres que no tienen poder

¿Qué implicancias para los pobres son inherentes a esta comprensión de su cautividad respecto del complejo de dios?

Primero, los asuntos del poder y la impotencia generan malestar entre las estructuras, los sistemas y los no pobres involucrados en los complejos de dios. Los poderosos en estos complejos de dios (como la élite, los diseñadores de políticas y otros sustentadores del poder) se sienten incómodos con los asuntos de la impotencia de los pobres.

---

24 Wink, *Engaging the Powers*, p. 77.

25 Robert C. Linthicum, *Empowering the Poor: Community Organizing Among the City's Rag, Tag and Bob Tail* (Empoderando a los pobres: organizar la comunidad entre la "chusma" de la ciudad), MARC Publications, Monrovia CA, 1991, p. 19.

La élite preferiría responder ante la debilidad física de los pobres, en lugar de tener que enfrentar los asuntos de impotencia[26].

Segundo, el poder de estos complejos de dios es abarcador, intensivo y extensivo[27]. Siguiendo los niveles de poder social de Marvin Olsen[28], la relación entre los pobres y los poderes en el interior de los complejos de dios, es tal que aquel que posee el poder establece los parámetros de la relación. Estos aspectos del poder en las situaciones de pobreza lo califican para ser considerado un tipo de complejo de dios.

Tercero, la tendencia común de los complejos de dios es borrar la distinción entre docilidad basada en el temor a la privación futura y la conformidad basada en las recompensas. Al pobre, cualquier recompensa lo ayuda a sobrevivir a su penuria general. Por consiguiente, cuando los poderosos amenazan con retirar las recompensas, para el pobre eso se convierte en una elección entre la vida y la muerte. Por ejemplo, en situaciones de pobreza con frecuencia los terratenientes recompensan a sus "coolies" (trabajadores no calificados y sin tierra) por su lealtad con acceso fácil a los préstamos. En consecuencia, el trabajador sin tierra se ve obligado a seguir trabajando para el mismo terrateniente con el objeto de no perder la posibilidad de acceder a un préstamo. Durante la época de las elecciones, los políticos suelen brindar a cambio de votos asistencia de corto plazo a las familias y comunidades. Entonces, las familias se enfrentan a una difícil elección: ¿deben votar por un político corrupto o perder la recompensa? Los padres de una niña abusada ¿deben presentar una demanda en la Policía local y traer vergüenza a la familia y a la niña, o mantener en silencio todo el asunto? Estas son elecciones difíciles de tomar para los pobres cuando se ejerce poder para influir en sus decisiones.

---

26 Chambers, *Rural Development*, p. 1644.

27 Dennis H. Wrong, *Power: Its forms, Bases and Uses* (El poder, sus formas, bases y usos) Harper & Row, Nueva York, 1979, p. 14.

28 Marvin Olsen sugiere que el primer nivel de poder social es cuando quienes sustentan el poder toman decisiones y realizan acciones que afectan a otros; el nivel medio, cuando impiden que se tomen decisiones; y el tercer nivel, cuando modelan todo el escenario y establecen los parámetros para el ejercicio del poder (Olsen & Marger, *Power in Modern Societies* [El poder en las sociedades modernas], pp. 34–36).

Para resumir, estas reflexiones sugieren que la impotencia de los pobres es relacional. Es la cautividad de los pobres en los complejos de dios creados por los no pobres, conformados en estructuras y sistemas, modelados por la interioridad espiritual en núcleos de poder. Si el poder y la impotencia tienen que ver con la cautividad de los pobres en los complejos de dios, ¿no debería definirse la respuesta a la impotencia de los pobres en términos del establecimiento del reino de Dios?

La exclusión de la corriente principal de la vida

Un sello importante de las relaciones de pobreza es que los pobres son constantemente excluidos de lo que los poderosos definen como "corriente principal" en la vida pública. Los diversos núcleos de poder dentro de las relaciones de pobreza tienen como objeto excluir a los muchos y proteger los intereses de los pocos. Las revoluciones tecnológicas tienden a proteger los intereses de los pocos. Los beneficios del crecimiento económico, los programas de alivio de la pobreza, la revolución verde, y todo lo demás tiende a gravitar hacia los pocos ricos. En el análisis final, parece que la cancha de juego está inclinada contra los pobres, excluyéndolos de la corriente principal de la política, la religión, la economía y las relaciones sociales y burocráticas. Como lo expresaron Shankar y Rajshekar, líderes políticos de Mogalliwakkam, durante una entrevista en julio de 1992.

> Cuando vamos a visitar a los funcionarios del Gobierno comprendemos que no tenemos la capacidad financiera para inspirar su respeto. Si acudiéramos a esos líderes en coche o motocicleta, tal vez nos respetarían. Sólo podemos ir en colectivo, y luego caminar hasta sus oficinas [...] y entonces saben que no tenemos dinero para darles, y nos ignoran.

Mogalliwakkam es un microcosmos de comunidades que experimentan esta forma de exclusión de varios campos de la vida pública. Esa exclusión es brutal, sin contemplaciones.

La exclusión de los pobres es parte de un "proceso sistemático de desempoderamiento" de la vida económica, política, social, burocrática y religiosa de la comunidad[29]. En la época de las elecciones y para organizar mítines políticos, los pobres son el blanco principal. Pero cuando se asienta la polvareda después de esas elecciones y mítines, también se asienta la pasión por los pobres. Cuando estos huyen de la pobreza rural a las ciudades, "termina siendo una traslado [...] a los barrios bajos marginales. En ambos lugares se los considera invasores"[30]. Los pobres no tienen ninguna esperanza de obtener un crédito, ni pueden recibir "protección de la policía ni del sistema judicial"[31]. La exclusión sigue a los pobres dondequiera que vayan.

El proceso de exclusión

¿Cómo funciona este proceso de exclusión? Primero, a los ojos del mundo, la sabiduría de los pobres no se considera digna de atención.

> Si la voz de la gente es considerada por el Gobierno como mercadería estropeada, para empezar —manchada por la ignorancia o el egoísmo— entonces no es de sorprender que lo siguiente sea el abuso de poder y la violación de la libertad individual[32].

Entre los hindúes pobres, esta percepción que se tiene de ellos se ve reforzada por asuntos relacionados con la casta. En todas las sociedades, la segregación de clase intensifica el proceso de exclusión.

Luego, los pobres se autoexcluyen por no participar en los procesos sociales y políticos. No le confieren mucha importancia a participar en asociaciones locales o partidos políticos, a votar en las

---

29 Friedmann, *Empowerment*, p. 30.

30 Walter Fernández, "Introduction", *Social Action*, vol. 38, n.° 1, 1988, p. ii.

31 Mario Vargas Llosa, "Foreword" (Prefacio), en Hernando de Soto (ed.), *The Other Path: The Invisible Revolution in the Third World* (El otro sendero: La revolución invisible en el tercer mundo).

32 Doyal & Gough, *Theory of Human Need*, p. 11.

elecciones (a menos que haya otros incentivos) o a comprometerse en asuntos de micro o macronivel.

> Los pobres no dicen lo que piensan. Incluso pueden rehusar sentarse a hablar con los de la clase superior. Débiles, carentes de poder y aislados, con frecuencia se niegan a seguir andando hacia adelante[33].

Incluso cuando se los propone para algún cuerpo del Gobierno local, los pobres con frecuencia se mantienen al margen y con ello acrecientan su impotencia en la sociedad[34]. Tienen poco tiempo libre después de ganarse el sustento diario para participar de la vida social[35] o política[36]. Los pluralistas sostienen que la pertenencia a una diversidad de grupos ayuda a generar un espíritu de moderación y reduce la participación demasiado intensa en las actividades políticas[37]. No obstante, en el caso de los pobres, están socialmente "sin compromiso" porque carecen del tiempo extra para tales compromisos y no ven que la participación sirva a sus intereses.

Tercero, hay diversos sistemas utilizados para excluir a los pobres. "Cuando la legalidad es un privilegio disponible solamente para los que poseen poder político o económico, los excluidos —los pobres— no tienen otra alternativa que la ilegalidad"[38].

Aunque los padres fundadores de nuestras naciones, han incluido concienzudamente en nuestras constituciones cláusulas para proteger el interés de los pobres, las interpretaciones de los que trabajan para los partidos sirven para excluirlos. En comunidades como Josiprasda, a los pobres sin tierra se les impide cultivar los mismos descampados o tierras fiscales que se les permite a los ricos. Hernando De Soto, en su análisis del funcionamiento de la

---

33 Chambers, *Poverty in India*, p. 18.

34 Gupta, *Structural Dimensions of Poverty in India*, p. 323; ver también Olsen & Marger, *Power in Modern Societies*, p. 322.

35 Friedman, *Empowerment*, p. 68.

36 Gupta, *Structural Dimensions of Poverty in India*, p. 323; ver también Olsen & Marger, *Power in Modern Societies*, p. 63.

37 Llosa, "Foreword", p. xii.

38 Llosa, "Foreword", p. xii.

economía peruana, sugiere que la formalidad legal de los sistemas económicos tiende a excluir a los pobres[39].

Finalmente, los sistemas educativos también aseguran la exclusión intergeneracional de los pobres de la corriente principal del sistema. Así, los niños ya entran al futuro clasificados entre pobres y no pobres. Afirmando que el desarrollo del currículo es siempre un proceso pedagógico-político, Paulo Freire concluye que,

> ...es la estructura misma de la sociedad la que crea un conjunto formal de barreras y dificultades, algunas por solidaridad con otros, que resultan en obstáculos enormes para que los hijos de las clases subordinadas puedan acceder a la educación[40].

La exclusión sistemática y selectiva de la corriente principal de la vida pública se convierte en una fuente de falta de poder intergeneracional para el pobre.

La comunidad que deja de ser comunidad

La comunidad en situaciones de pobreza se ve amenazada con frecuencia cuando se enfrenta con el poder. Cuando se rompe el sentido de comunidad entre los pobres, se los deja despojados de poder.

Un supuesto básico de los teólogos evangélicos que hemos considerado anteriormente al reflexionar sobre las misiones y la pobreza, es que ésta implica el empañamiento de la imagen de Dios en los seres humanos. Esta es claramente una afirmación cristiana. Sin embargo, la creencia de que estamos hechos a imagen de Dios no implica que somos un producto acabado; *estamos siendo hechos* a imagen de Dios. Esta participación de los seres humanos en la imagen de Dios se hace realidad en el contexto de la iglesia (es decir, en la comunidad). En consecuencia, la comunidad es un corolario

---

39 Hernando De Soto, *Other Path: The Invisible Revolution in the Third World*, Harper & Row, Nueva York, 1989.

40 Paulo Freire, *Pedagogy of the City* (La educación en la ciudad), Continuum, Nueva York, p. 30.

fundamental de la creencia de que somos hechos a imagen de Dios. Como hemos visto antes, la comunidad también es integral a la unidad básica en las relaciones de pobreza.

No obstante, en las relaciones de pobreza, cuando el poder se encuentra con la pobreza, peligra la comunidad. Las expresiones de poder casi siempre requieren que la comunidad se divida: entre pobres y no pobres, entre los que ejercen el poder y los súbditos, entre poderosos y los que no tienen poder. Incluso el lenguaje termina reflejando esas divisiones. Una reseña de estudios sociológicos señala que:

> Dentro de la misma cultura, los pobres y carentes de poder hablan un lenguaje diferente del de los ricos y los poderosos [...]. El lenguaje de los pobres absolutos es un lenguaje restringido de códigos [...]. Al mismo tiempo, inhibe el desarrollo de su conciencia política[41].

Examinemos brevemente cuatro formas en que el poder mantiene a la comunidad dividida en relaciones de pobreza.

En primer lugar, el poder mismo es causa de división: "El poder genera privilegios, y permite a su poseedor dominar a los demás. Como resultado lleva a conflictos políticos en dos planos. En el plano horizontal, el hombre se opone al hombre y el grupo se opone al grupo, en la lucha por obtener, participar de o influir en el poder. En el plano vertical, hay oposición entre los que detentan el poder y los que están sujetos al mismo. En consecuencia, el poder es causante de división y genera antagonismo y conflicto"[42].

Incluso el equilibrio social que buscan establecer quienes detentan el poder, invariablemente implica mantener las cosas como están. Mientras que la escuela utópica[43] afirma que el poder

---

41 Ng, *The Social Psychology of Power*, p. 113.

42 *Ídem*, p. 85.

43 Según los utópicos dentro de la tradición elitista, el poder es un medio para lograr el bien común, más que para dominar a otros (Talcott Parsons). La escuela racionalista sugiere que el poder es primordial y siempre sirve a la élite (Wright Mills). Este último reconoce que las relaciones de poder siempre implican conflicto.

sirve para integrar[44], entre los pobres eso sólo significa integrar de acuerdo con las reglas establecidas por los poderosos.

Segundo, las respuestas comunes frente al poder también resultan en desintegración de la comunidad. Con frecuencia los pobres responden en alguna de estas tres maneras: o bien los pobres *abandonan* la comunidad, o *manifiestan lealtad* a ella, o *expresan su oposición*[45]. Los pobres *abandonan* mediante la migración, *expresan su oposición* con protestas o acciones colectivas, y *manifiestan lealtad* acomodándose para poder encajar dentro de las demandas de la sociedad. Sin embargo, cuando expresan su protesta, quienes ostentan el poder la neutralizan. Entonces, sea por abandono, por protesta o sometimiento o por lealtad, la comunidad se erosiona en las relaciones de pobreza.

Tercero, el poder ya presupone una comunidad dividida en situaciones de pobreza. La élite es parte inevitable de cualquier sociedad[46]. La escuela racionalista, dentro de la tradición elitista[47], sostiene que el poder es parte integral de cualquier relación y que el conflicto es una realidad dentro de todas las relaciones de poder.

El papel de la élite en la fragmentación de la comunidad se puede ver en la sugerencia de que la élite está "llamada a gobernar" porque

* se encuentra formada para asumir ese papel;
* sus integrantes tienen una personalidad de calidad superior;
* provienen de un trasfondo familiar privilegiado que les da ventajas;
* se esfuerzan más;

---

44 Ng, *The Social Psychology of Power*, p. 70.

45 Chambers, *Rural Development*, pp. 142–43.

46 Los principios básicos de la perspectiva de la élite son: 1) las masas no pueden, y no lo hacen, gobernarse a sí mismas; 2) la élite puede ser una pequeña minoría, pero controla un gran porcentaje de los recursos; 3) la élite usa todos los recursos y medios disponibles para proteger, preservar y aumentar sus poderes; 4) la élite emplea un amplio espectro de técnicas, desde controlar los Gobiernos hasta generar ideologías; 5) la élite puede permitir e incluso estimular un cambio social limitado; y 6) con el tiempo, el poder de la élite se vuelve menos visible, ya que se va incorporando en numerosas organizaciones (Olsen & Marger, *Power in Modern Societies*, pp. 79–80).

47 R. Dahrendorf ha escrito mucho sobre el elitismo. Según Dahrendorf (citado en Ng, *The Social Psychology of Power*, pp. 47ss.), "Los 'Utópicos' veían la sociedad como si estuviera basada en el consenso entre sus miembros. Los 'Racionalistas', por otra parte, ven la sociedad como el producto de la coacción y la dominación".

* están más capacitados para la organización y acción colectiva;
* representan los intereses mayoritarios de la sociedad;
* en cualquier sociedad es necesario tener una estructura jerárquica;
* ocupan funcionalmente posiciones clave en la sociedad;
* la sociedad los necesita como líderes y para tomar decisiones;
* adquieren control sobre recursos importantes;
* la no élite los considera indispensables;
* la no élite los recibe bien como líderes naturales[48].

Las masas se ven como "incompetentes y por eso incapaces de 'actuar en ausencia de alguna iniciativa de afuera o de arriba'"[49].

En pocas palabras, estas teorías sugieren que para que la élite pueda gobernar, las masas tienen que percibirse como incompetentes. En consecuencia, la sociedad está fragmentada en los poderosos competentes y los pobres incompetentes.

Cuarto, no toda la desunión entre los pobres es creada por la élite y los no pobres poderosos. Los pobres mismos fragmentan la comunidad. Los estudios sobre los movimientos campesinos sugieren que los pobres con frecuencia segregan sus relaciones sobre la base de la casta, la filiación política, contiendas familiares, competencia por los recursos escasos y otros motivos[50]. De esa manera, los pobres mismos contribuyen al debilitamiento del tejido comunitario.

La ausencia de comunidad y los pobres

Cuando el poder se enfrenta a la pobreza, la naturaleza misma del poder, el papel de la élite y la respuesta de los pobres, todo contribuye a minar la comunidad.

Las seguridades tradicionales se desploman. La habilidad de la comunidad para la acción colectiva se debilita. Los pobres se vuelven dependientes de los de afuera para movilizarse y expresar

48 Olsen & Marger, *Power in Modern Societies*, pp. 80–81.

49 Kenneth Prewitt & Alan Stone, "The Ruling Elite" (La élite gobernante), en Olsen & Marger, *Power in Modern Societies* (El poder en las sociedades modernas), p. 131.

50 Oommen, *Protest and Change*, p. 91.

sus preocupaciones. Este escenario de impotencia se expresa cuando los pobres de Mogalliwakkam dicen que no pueden hacer nada por su cuenta. Esta es la impotencia de una sociedad fragmentada.

El ataque a la comunidad en las relaciones de pobreza deja a los pobres vulnerables frente a la futura explotación.

Falta de amor, compasión y la consiguiente inseguridad

La mayoría de los análisis sobre las causas de la pobreza tienden a ser insensibles y academicistas. No se puede recalcar lo suficiente que la pobreza, en último análisis, tiene que ver con gente. Se trata de madres, padres y niños con sueños y esperanzas para el futuro. No es un mero asunto de estadísticas, sino de personas reales que experimentan el dolor, el sufrimiento, la desilusión, el amor y la compasión. En consecuencia, cualquier análisis de la pobreza es inadecuado si ignora la dimensión emocional de la pobreza.

La falta de compasión y la inseguridad de los que no tienen poder

Los pobres se apoyan en las fuentes tradicionales de seguridad, como la familia extendida, las relaciones tradicionales del patronazgo, y demás. No obstante, cuando las expresiones del poder ejercen diferentes presiones sobre los pobres, las fuentes tradicionales de seguridad se desploman y los fuerzan a buscar seguridad en otras partes. En consecuencia, los pobres se ven obligados a depender de los de afuera de la comunidad en tiempos de crisis familiar. Las enfermedades y los accidentes les recuerdan que carecen de redes tradicionales con que contar. El costo socioeconómico de la fragmentación de la comunidad es alto. Sin comunidad, "a los pobres les cuesta mucho más enfrentar los imprevistos"[51].

El costo emocional de esta cautividad en los complejos de dios, de la exclusión y el desplome de la comunidad, es elevado. La fragmentación de la comunidad genera sufrimiento y dolor. Aunque

51 Chambers, *Poverty in India*, p. 15.

esa experiencia de falta de amor y compasión nos afecta a todos, los pobres no tienen las mismas opciones que los no pobres para llenar el vacío generado por la falta de amor. Los pobres se deslizan hacia la frustración y tal vez hacia hábitos letales. Esta es una de las razones, creo, de que las expresiones de afecto sean apreciadas más entre los pobres. Muchos años de trabajo en misiones entre los pobres en la India y en otras partes confirman que la pobreza es mucho más que números o un frío análisis de las relaciones políticas. Relaciones viciadas suponen sufrimiento. Este sufrimiento debilita más a los pobres y destruye cualquier potencial para establecer una red de seguridad.

Resumen

Examinando la dimensión *srama* de la realidad social de la pobreza, identificamos cuatro expresiones específicas de carencia de poder:

* La carencia de poder es la cautividad de los pobres en los complejos de dios de los no pobres, las estructuras y los sistemas.
* La carencia de poder es la exclusión de los pobres de la corriente principal de la vida.
* La carencia de poder supone una comunidad de personas que han perdido su condición de comunidad, se han vuelto no comunidad.
* La carencia de poder implica falta de amor y compasión, y la consiguiente inseguridad.

Poder, pobreza y medioambiente (*desa*)

La carencia de poder, aparte de ser relacional, también es espacial. Con la preocupación reciente acerca de la degradación del medioambiente, hay un creciente interés en las dimensiones ecológica y espacial vinculadas con la pobreza[52]. A nivel de base, la

52 Ver Korten, *Getting Toward the Twenty-first Century*; Kenneth E. Boulding, "The Economics

ubicación física de los pobres siempre es un tema fundamental en el análisis de la pobreza. El costo humano provocado por los desastres naturales periódicos ha obligado a la comunidad de desarrollo a examinar seriamente los temas del medioambiente.

Aislamiento físico de los pobres

Un fenómeno común en la pobreza es el aislamiento físico de los pobres. La mayoría de las comunidades pobres, especialmente las de castas más bajas, están alejadas de la ruta principal. Con frecuencia se encuentran lejos de los mercados, las fuentes de agua potable y los medios de transporte.

El aislamiento físico y los pobres despojados de poder

Los servicios básicos y la vida comunitaria se vuelven inaccesibles a los pobres, quienes generalmente están separados del resto de la aldea. El aislamiento de los pobres efectiviza su condición de marginalidad en la sociedad. Además, en épocas de crisis, como las enfermedades o desastres naturales, la distancia hace que los pobres sean más vulnerables.

El aislamiento físico también afecta su participación en la vida socioeconómica y política. Considerando que los pobres carecen del tiempo libre necesario para la participación, la distancia y el aislamiento se convierten en nuevas barreras. El aislamiento físico es un asunto sociopolítico. ¿Quién decide dónde deberían vivir los pobres? ¿Esta decisión de aislar a los pobres físicamente, es otra expresión de cautividad dentro de los complejos de dios?

Aguda vulnerabilidad ante los desastres naturales

Los desastres naturales son un fenómeno común que afecta tanto a los pobres como a los no pobres. Sin embargo, una mirada a los desastres naturales mostrará que los pobres sufren la peor parte de ellos.

---

of the Coming Spaceship Earth" (La economía de la futura tierra nave espacial), en Korten & Klauss, *People Centered Development.*

Los desastres naturales y los que no tienen poder

Primero, los desastres naturales intensifican la vulnerabilidad de los pobres. Su red de seguridad se debilita con cada desastre relativamente menor. Además, a los pobres les lleva más tiempo recuperarse de los desastres naturales que a los demás. Los costos económicos de los desastres generalmente superan sus posibilidades. Aparte de las epidemias que normalmente siguen a los desastres, los pobres se ven forzados a endeudarse, con mayores tasas de interés, en el intento de recuperarse.

Segundo, los pobres generalmente viven en áreas más vulnerables a los desastres naturales o a la mano del hombre. Los pescadores que viven cerca de su lugar de trabajo (el mar) son el blanco fácil de un maremoto y las inundaciones que conlleva. Los que viven en los barrios bajos marginales también llevan el peor peso de los desastres producidos por la mano del hombre, como los accidentes industriales; por ejemplo, el escape de gas de la planta Union Carbide en Bhopal, India.

Tercero, la asistencia llega a los pobres al último. Los programas oficiales de ayuda tienden a ignorar a quienes no tienen prioridad para sus jefes políticos. Ese descuido luego retrasa la recuperación de los pobres afectados por los desastres naturales.

La última línea de defensa de los pobres se debilita por la repetida exposición a los desastres naturales. Además de ello, los pobres también muestran impotencia en el acceso a las ayudas posteriores a los desastres. En este sentido, la impotencia de los pobres es su aguda vulnerabilidad al impacto combinado de los desastres naturales y el descuido oficial.

Dependencia extrema de los recursos naturales limitados

El asunto de la pobreza y el medioambiente es parte integral de la discusión más amplia de la degradación mundial del medioambiente. No obstante, después del informe de 1987 de la Comisión Mundial de Medioambiente y Desarrollo, el foco pasó a buscar la relación entre medioambiente y desarrollo. Surgieron preguntas difíciles respecto al impacto negativo de los años de desarrollo y crecimiento económico[53]. Se reconoció que sería contraproducente cualquier esfuerzo para enfrentar la pobreza mientras se descuidara la cuestión del medioambiente[54].

El medioambiente y los pobres sin poder

Los pobres generalmente son más dependientes del medioambiente que los no pobres, quienes cuentan con otras alternativas de combustible y opciones de empleo, y dependen del clima para la continuidad de sus trabajos. Los pequeños agricultores marginales tienen un acceso desproporcionadamente menor a los recursos naturales[55]. En líneas generales, "los pobres son dependientes en mayor medida que los ricos de las condiciones de su medioambiente inmediato para su supervivencia"[56].

La pobreza empeora la situación del medioambiente. "A medida que más y más gente en situaciones de pobreza presiona sobre los recursos naturales limitados en las áreas rurales, se comienza a agotar la provisión de recursos renovables"[57]. La familia numerosa, que es característica de las comunidades pobres, aumenta la presión sobre los recursos ecológicos que se agotan.

Con frecuencia, la ausencia de una red de seguridad en tiempos de crisis hace que los pobres exploten los recursos naturales. Durante las sequías, los pobres tienen que "rebuscar más lejos y en lugares más inaccesibles algo de combustible. A su vez, en sus condiciones marginales, se vuelven degradadores de los recursos y despojadores de los bosques"[58].

Como se ha señalado anteriormente, los pobres con frecuencia viven en lugares vulnerables desde el punto de vista del medioambiente, construyen sus casas junto a fábricas, en las costas marinas,

---

53 Korten, *Getting Toward the Twenty-first Century*, p. 26.

54 Doyal & Gough, *Theory of Human Need*, p. 143.

55 John P. Lewis (ed.), *Strengthening the Poor: What Have we Learned*? (Fortalecer a los pobres: ¿qué hemos aprendido?), Transaction Books, New Brunswick NJ, 1988, p. 180.

56 Korten, "Community Participation", p. 203.

57 World Bank, *World Development*, 1989, p. 15.

58 Lewis, *Strengthening the Poor*, p. 18.

junto a las autopistas, y otros lugares vulnerables. Esto no se limita al Tercer Mundo. Como sugiere Al Gore en su análisis de los desafíos al medioambiente que enfrenta nuestro mundo, en los Estado Unidos "un número enormemente desproporcionado de los vertederos de desechos peligrosos están junto a las comunidades pobres o minoritarias que tienen relativamente poco poder político debido a su raza o su pobreza o a ambos"[59].

En la India, los portales de Union Carbide Bhopal son un recordatorio de que los pobres no tienen poder para decidir dónde construir sus casas, lo cual los hace vulnerables a las amenazas de los deshechos y desastres del medioambiente.

En muchos sentidos, el desempleo y los bajos ingresos de los pobres tienen raíces en la calidad del medioambiente[60]. En la India, más "de la mitad de la tierra sufre de degradación de una u otra forma; por ello, los granjeros experimentan la constante disminución de la producción, a menos que hagan mayores inversiones"[61].

Las grandes pérdidas económicas tienden a filtrarse hacia debajo de manera más rápida que el desarrollo económico. No es solamente el terrateniente el que se ve afectado; pues también lo sufre el granjero sin tierra que depende de ella para su jornal diario. Además, como lo señalan Doyal y Gough, "cuando el medioambiente está seriamente contaminado, el incremento en los ingresos reales no necesariamente llevan a una mejora de la salud o la autonomía individual"[62]. La degradación del medioambiente desata una reacción en cadena que lleva a una salud pobre, bajo rendimiento laboral, bajos ingresos, poco consumo de alimentos y empeoramiento de la salud. En este círculo vicioso, la degradación ambiental juega un papel determinante.

---

59 Al Gore, *Earth in the Balance: Ecology and the Human Spirit* (La tierra en equilibrio: la ecología y el espíritu humano), Houghton Mifflin Company, Boston, 1992, p. 179.

60 Gopal K. Kadekodi, "Paradigmes of Sustainable Development" (Paradigmas de desarrollo sustentable), *Development*, vol. 3, n.° 1992. "Llevó varios siglos de búsqueda intelectual para que la sociedad humana comprendiera que el origen del hambre y la pobreza reside en la degradación del ecosistema y no viceversa" (p. 72).

61 Lewis, *Strengthening the Poor*, p. xi.

62 Doyal & Gough, *Theory of Human Need*, p. 143.

Resumen

Este último tema —el medioambiente— en los debates sobre la pobreza, arroja nueva luz sobre el sentido de la impotencia. Los pobres dependen del medioambiente en circunstancias normales y se vuelven más dependientes durante las épocas de crisis. La impotencia de los pobres se intensifica con la disminución del equilibrio ecológico y la degradación ambiental.

El poder, la pobreza y el tiempo (*kala*)

Una contribución clave de los modelos marxistas de desarrollo y las teologías de la liberación ha sido la consideración del tiempo. La mayoría de los demás modelos explicaban la pobreza como si fuera un concepto meramente estático, pero los marxistas y teólogos de la liberación estaban interesados en los procesos históricos.

En su análisis de la realidad social, los antiguos sabios hindúes siempre incluyeron la dimensión del tiempo (*kala*). Para ellos, la experiencia del presente está íntimamente relacionada con los procesos históricos y está influenciada por la percepción del futuro. Además, cualquier estudio que procure entender la impotencia de quienes están presos de pobreza generacional, debe plantear la cuestión del tiempo. La pobreza es un concepto vinculado al tiempo.

Tres aspectos relacionados con el *kala* ofrecen claves para entender la carencia de poder:

* la actual debilidad de los pobres;
* la interpretación distorsionada de la historia;
* la falta de esperanza para el futuro.

La actual debilidad de los pobres

El análisis de la pobreza generalmente tiende a verla como una realidad presente. Esto es apropiado sólo para afirmar que la experiencia de la pobreza y la impotencia son efectivamente una realidad presente para un quinto de la población mundial, y que los pobres carecen de poder por una red de relaciones viciadas. Son débiles social, física, política y económicamente para enfrentar los desafíos del presente.

La actual debilidad física y los pobres sin poder

La incapacidad física es una característica de los pobres y de su condición de privación. Doyal y Gough, al afirmar que la salud es la más básica de las necesidades, sugieren que las necesidades vinculadas con la salud física tienen que ser satisfechas antes de que se encaren otras necesidades[63]. Entre los picapedreros de Tamilnadu en la India, son comunes los accidentes y los períodos prolongados de enfermedad física. Esos accidentes, sumados a los tiempos de enfermedad y a una pobre atención posparto a las mujeres, contribuyen a los bajos ingresos, al bajo consumo de alimentos y provocan un aumento de la debilidad física. Los pobres carecen de los "músculos sociales" para responder a la violencia física. A pesar de su número, a menudo los pobres no solamente carecen de fuerza y salud física, sino también de la capacidad para reunir fuerzas para la acción colectiva.

Incluso dentro del contexto del presente, la pobreza es estacional; en consecuencia, la impotencia es estacional. Chambers sugiere que "hay una época del año en que se inician o refuerzan muchas relaciones de dependencia o explotadoras"[64]. Aparte de considerar la estacionalidad al calcular los ingresos y establecer la línea de pobreza, es importante reconocer que hay ciertas estaciones en que los pobres son más vulnerables que en otras épocas a toda clase de encuentros con el poder. Por ejemplo, los picapedreros de Tamilnadu son particularmente vulnerables durante los monzones, cuando su parte de la cantera está inundada y se encuentran sin empleo.

63 *Ídem*, p. 56.

64 Chambers *et al.*, "*The Seasons of Poverty*", p. 129.

Interpretación distorsionada de la historia

Los marxistas, la escuela de la dependencia y los teólogos de la liberación han contribuido mucho a nuestra comprensión del papel de los procesos históricos como causa de pobreza[65].

La historia y los pobres carentes de poder

Aunque todos los hombres tienen la libertad de hacer historia, hay algunos que están mucho más libres que otros para hacerlo. Además, aquellos que "no hacen la historia tienden cada vez más a ser los utensilios de los que la hacen; son lo mismo que meros objetos de ella"[66]. El proceso mismo de hacer historia se convierte en una fuente de despojo de poder para los pobres, porque la manera en que esta se halla escrita ya les asigna una identidad.

La sustancia de la historia recordada e interpretada, también tiende a perpetuar la impotencia, pues establece la agenda para las relaciones de pobreza. Olsen llama a este poder para establecer la agenda "meta poder", a la cual define como la habilidad para "organizar la acción conjunta y las posibilidades de interacción de los que están envueltos en la situación"[67]. Los que sustentan la meta poder no solamente establecen las reglas para las relaciones y definen las necesidades de los pobres, sino que también asignan sentido a las situaciones de vida, e interpretan las situaciones de tal manera que aseguran la continuación de la impotencia de

---

65 En el pasado, el foco ha estado puesto en el macronivel de los procesos históricos con muy poca atención a los procesos históricos de micronivel. Al poner el foco en el micronivel, espero mantener el foco de la indagación a nivel de base. Segundo, tanto en el micro como en el macronivel, la historia nunca tiene una lectura objetiva. Siempre es una interpretación de los hechos. Por ello, este estudio entiende la historia como interpretada, y en ese sentido moldea el presente y el futuro. Mientras que la historia misma es una realidad objetiva, lo que sabemos de ella son esencialmente aspectos interpretados. Es la historia percibida la que moldea la vida de cada día de los pobres, almacenada en la memoria de la comunidad. En consecuencia, en esta breve indagación el foco está puesto en los aspectos interpretados, percibidos y compartidos de la historia del micronivel, que han modelado las relaciones de pobreza.

66 Mills, *The Power Elite*, p. 162.

67 Olsen & Marger, *Power in Modern Societies*, p. 36.

los pobres. Un ejemplo clásico de esto es la forma en que los no pobres influyen en la identidad de los pobres. En una diversidad de culturas, es común ver que los pobres acuden a los dueños de la tierra para pedirles que bauticen a sus hijos. No obstante, en algunas oportunidades los poderosos bautizan a los niños poniéndoles nombres peyorativos y que comunican una imagen despectiva de los pobres. Los hijos de estos tal vez reciban nombres en relación con el color más oscuro de su piel, su supuesta capacidad mental, su casta o alguna otra "identidad". Entonces los niños llevan estas señales toda su vida. A través de ese medio sutil pero poderoso, los no pobres continúan modelando la historia de las familias y las personas de las comunidades pobres.

También se les restringe a los pobres la oportunidad de leer el mundo independientemente. Paulo Freire en *La educación en la ciudad*, define la alfabetización como la "lectura del mundo". Considerando la forma en que están diseñados los sistemas educativos, con frecuencia a los pobres se les enseña a leer la realidad de otros, más que la suya propia. Las categorías que el pobre aprende en las escuelas no lo ayudan a entender mejor su propia realidad; en lugar de ello, les hacen ver su realidad usando los lentes que los poderosos les han prestado. Estos lentes distorsionan la lectura de la historia. Ponen el foco en una historia que solamente los poderosos han escrito.

No obstante, no toda la historia recordada es distorsionada. Los pobres recuerdan algunas lecturas casi exactas de la historia. Además, no todas las distorsiones de la historia las crean los poderosos; los pobres también juegan un papel activo en la distorsión de la historia. Sin embargo, debemos señalar que los costos socioeconómicos de las distorsiones creadas por los poderosos, son extremadamente elevados para los pobres.

Para resumir, la impotencia hace que los pobres se conviertan en meros instrumentos en manos de los hacedores de la historia. Estos formulan las reglas para las relaciones; así proporcionan las interpretaciones para los eventos de la vida de tal manera que los pobres se mantengan impotentes. Esta "historia" afecta las futuras generaciones de los pobres a través del sistema educativo.

La falta de esperanza para el futuro

Con frecuencia se piensa que la esperanza y la desesperanza pertenecen al ámbito del futuro. No obstante, la experiencia humana sugiere que las dos son algo más que un simple estado mental. La esperanza y la desesperanza modelan la realidad presente; dan forma a la impotencia de los pobres hoy.

La desesperanza y la falta de poder

La falta de esperanza impide la acción con sentido en el presente, se expresa en el desinterés, la falta de deseo de un cambio y las bajas aspiraciones. Segundo, la desesperanza acerca del futuro está enraizada en las lecturas distorsionadas de la historia, que modelan la percepción del futuro. En este sentido, la desesperanza y la falta de poder trascienden el tiempo. La relación entre la historia distorsionada y la desesperanza genera más impotencia, la cual luego destruye la esperanza y ata al pobre a un círculo vicioso de privación. Y sin un "mínimo de esperanza, no podemos ni siquiera comenzar la lucha"[68]. El pobre despojado de poder pierde gradualmente incluso la energía interna para tener esperanza.

La falta de esperanza para el futuro es la experiencia de carne y hueso del pobre hoy. Esta desesperanza perpetúa la carencia de poder, y esta, a su vez, perpetúa la desesperanza. *Kala* (la dimensión del tiempo) arroja nueva luz sobre las relaciones de pobreza como una experiencia presente que se forma continuamente tanto en la historia como en la percepción del futuro.

El poder, la pobreza y el "ser" (*guna*)

La reflexión sobre la naturaleza de las personas (*guna*) era parte integral de los antiguos estudios sociales, formaba la piedra angular de la teoría hindú sobre la organización social. El término *guna* se

68 Paulo Freire, *Pedagogy of Hope* (Pedagogía de la esperanza), Continuum, Nueva York, 1994, p. 9.

refiere a los rasgos, la disposición y las actitudes individuales de la persona. Yo utilizo el término *guna* o *ser* para referirme al núcleo esencial de una persona. Esto incluye sus creencias, su interpretación y visión del mundo, sus ideas religiosas y otros aspectos similares.

La naturaleza de las personas[69] en las relaciones de pobreza y la realidad de la pobreza, se refuerzan mutuamente y se modelan entre sí, lo cual afecta, por lo menos:

* la identidad de los pobres;
* la fe en la vida pública y privada;
* la comprensión del poder.

Estropea la identidad de los pobres

La respuesta a la pobreza exige más que las políticas o incluso la afirmación de su dignidad. Los pobres explican su condición con frecuencia señalando la relación directa entre su identidad (casta, ubicación, trasfondo familiar y otras descripciones de sí mismos) y su pobreza. Sugieren que "el problema" es con su identidad. Dicen: "No se nos trata como a iguales en los corredores del poder burocrático porque somos *harijan*".

La falta de independencia y dignidad, así como el servilismo, causan mayor dolor que las tasas de interés y las deudas elevadas[70]. La identidad se convierte en la causa y el blanco de todos los esfuerzos y relaciones que crean pobreza. Ésta estropea la identidad de los pobres, a la vez que hiere el alma de los que se encuentran comprometidos.

La identidad y los pobres sin poder

En el contexto indio, el sistema de castas es el molde con el que se da forma a las normas sociales. La religión y las tradiciones con

69 Esta discusión sobre el "ser" no debería construirse significando que la pobreza y la impotencia en el análisis final tienen que ver con elecciones y creencias individuales. Como todos los demás factores y fuerzas analizados en este estudio, cualquier factor por sí solo puede distorsionar el sentido de la impotencia y nuestra comprensión de las causas de la pobreza.

70 Chamabers, *Poverty in India*, p. 16.

frecuencia refuerzan esas normas. Por ejemplo, la tradición de castas, reforzada por el temor y la vergüenza, moldea la identidad de las prostitutas del templo en Karnataka[71]. Cuando se combinan las tradiciones, el temor, la vergüenza y la identidad estropeada, resulta la impotencia intergeneracional.

Los años de pobreza dejan una marca negativa en la mente de los pobres. Esto es más que la atrofia de las aspiraciones y la conciencia. También se ve retrasada la habilidad de los pobres para reflexionar críticamente y analizar su situación. Paulo Freire, en su estrategia de concienciación para la liberación de la opresión, recomienda que cada "hombre [debe] recuperar su derecho a *hablar por sí mismo*, a *nombrar el mundo*"[72]. Pero muchos años de pobreza intergeneracional limitan seriamente la habilidad de los pobres para siquiera nombrar su realidad. Los mushars de Bihar, la India, son un buen ejemplo. Estos son comedores de ratas que viven muy por debajo de los niveles de subsistencia. Muchos años de explotación "han reducido a los mushars a objetos vivos embotados y sumisos, y su perpetua explotación ha congelado su mente"[73]. John Sewell, en su estudio sobre la pobreza mundial, también señala que:

> ...la capacidad mental y física de gran parte de la futura fuerza laboral ha sufrido por lo menos en ocho países de América Latina, dieciséis del África subsahariana, tres del norte de África y de Medio Oriente, y cuatro del sur y de este de Asia[74].

71 La periodista Saritha Rai, al relatar la historia de una comunidad de prostitutas en el área de Kolar, señala que la tradición de la casta ha sido utilizada para mantener la institución de la prostitución en esta aldea por generaciones. La tradición de castas requiere que las familias pobres dediquen por lo menos una hija al negocio de la prostitución (ver Saritha Rai, "Turning a New Leaf: A Village Steeped in Prostitution Finds a New Life" [Borrón y cuenta nueva: una aldea sumida en la prostitución halla una nueva vida], *India Today*, vol. 17, n.° 6, 1992, p. 10).

72 Paulo Freire, *Pedagogy of the Oppressed* (Pedagogía del oprimido), Continuum, Nueva York, 1990, p. 13.

73 Ahmed, "The Mushars" (Los mushar), p. 13.

74 John Sewell, "Foreword", en John P. Lewis (ed.), *Strengthening the Poor: What Have We Learned?* Transaction Books, New Brunswick NJ, 1988, pp. ix–x.

El sufrimiento y el dolor, modelados por la memoria distorsionada compartida por la comunidad, embota la mente y sirve para perpetuar la impotencia de los pobres. Cuando estos son simplemente usados o ignorados en una red de relaciones, en el proceso se vuelven menos que humanos. Su identidad se define por la mera condición de objeto que se les asigna.

> En su afán ilimitado de poseer, los opresores desarrollan la convicción de que pueden transformar todo en objetos de su poder de compra [...]. Para los opresores, lo que vale es tener más —siempre más— incluso al precio de que los oprimidos tengan menos o no tengan nada. Para ellos, *ser es tener* y ser de la clase de los *que tienen*[75].

Estropear la identidad de los pobres se convierte en el preludio de la futura explotación. La explotación y la opresión deben enfrentar el asunto de la identidad del oprimido. Una vez que un explotador u opresor asigna una "identidad baja" a los pobres, todos los actos consecuentes del explotador se convierten en conductas "legítimas". La identidad baja sanciona todas las formas de la opresión. Los sin tierra tienen que convertirse en "instrumentos de producción" antes de poder ser explotados por los terratenientes. Las mujeres de los pobres deben convertirse en "propiedad" antes de que el terrateniente pueda abusar sexualmente de ellas. Los sin tierra se convierten en "deudores" antes de poder ser humillados y abusados por el prestamista. La cuestión de la identidad también está estrechamente ligada a la visión del mundo de una persona.

Las normas sociales opresivas de la comunidad atrofian la mente, retardan la capacidad reflexiva de los pobres y los reducen a meros objetos, estropeando así su identidad.

La erosión de la fe en la vida pública y privada

Los estudios y las discusiones sobre el poder con frecuencia ponen el foco en las bases del poder, la voluntad y el ego de quien sustenta

75 Freire, *Pedagogy of the Oppressed*, p. 44.

el poder, y la reacción o respuesta de los pobres. Estas reflexiones sobre las relaciones de poder suponen la existencia de confianza y compromiso de parte del sometido al poder[76].

En las relaciones de pobreza, la impotencia se caracteriza por la falta de confianza. Un fenómeno común en las relaciones de pobreza es la falta de unión entre los pobres. Las filiaciones políticas los dividen. Los patrones dividen a los obreros a través de los sindicatos. La etnia, la religión y otros factores afines también los mantienen divididos. La pobreza tiende a ser naturalmente divisoria. El poder de los no pobres en contextos de pobreza prospera en medio de la desconfianza y el engaño. La confianza entre las personas se vuelve ajena a las relaciones de poder en situaciones de pobreza.

Aún más, el poder del mundo no alimenta la fe en Dios. Jacques Ellul afirma que el "poder político no puede reconocer al verdadero Dios por lo que es. Sólo puede utilizarlo, incidentalmente, para su propia consolidación"[77]. El poder mismo busca afirmar su condición absoluta y hacer de dios entre los pobres. En situaciones de pobreza, los prestamistas y los terratenientes alimentan la dependencia entre los pobres. Se ponen en lugar de dioses. Normalmente el poder no necesita de la fe en Dios. Dios o la fe en Dios no es un requisito esencial en la mayoría de las relaciones de poder. De hecho, la fe en Dios está constantemente amenazada en las relaciones de poder.

Los poderes del mundo parecen preferir la fuerza a la ideología, especialmente cuando se ven cuestionados. La fuerza constituye la Corte final de apelaciones en las relaciones finales en situaciones de pobreza[78]. El poder, la fuerza y el poderío se vuelven gradualmente equiparables, y razón e ideología se encogen en el margen como medios efectivos de dominación[79].

---

76 Olsen & Marger, *Power in Modern Societies*, p. 5.

77 Jackes Ellul, *Jesus and Marx: From Gospel to Ideology* (Jesus y Marx: del Evangelio a la ideología), Eerdmans, Grand Rapids MI, 1988, p. 164.

78 Olsen & Marger, *Power in Modern Societies*, p. 61.

79 K. Subrata Mitra, *Power, Protest and Participation: Local Elite and the Politics of Development in India* (Poder, protesta y participación: la élite local y las políticas de desarrollo en India), Routledge, Londres, 1992, p. 279.

Habiendo devaluado la verdad, la razón y la ideología, el poder se autoproclama como la verdad. La verdad como punto de referencia fuera del eje poder-impotencia carece de valor en los encuentros de poder.

Luego, los poderes del mundo convierten la obediencia voluntaria en obligación absoluta. La mutualidad de propósitos o la libre aceptación de la autoridad no sirven como base adecuada para la docilidad. Como dice Rousseau, "El hombre más fuerte nunca es suficientemente fuerte para ser amo todo el tiempo, a menos que transforme su fuerza en derecho y la obediencia en responsabilidad"[80]. No hay mutualidad de metas o reciprocidad de influencia en las relaciones de pobreza. En lugar de ello, el ego y los deseos de quien posee el poder adquieren preminencia sobre las personas. Éstas no importan en la comprensión del poder que tiene el mundo.

Se deduce que la elección es algo que pertenece al no pobre poderoso. Mientras que los pobres están destinados a aceptar los cambios y deseos de los poderosos. El poder sobrevive limitando las elecciones que están disponibles para los pobres.

La relación entre riqueza y poder en las relaciones de pobreza es explícita. La posesión de los recursos, los bienes económicos y los servicios con frecuencia se usan para medir el poder[81]. Etzioni analiza la relación entre recursos, riqueza y poder, y sugiere que la conversión de los recursos en poder no es un salto abrupto, sino un proceso de transformación. Además, esta conversión o trasformación de la riqueza y los recursos en poder es muy evidente durante los tiempos de conflicto[82]. Los recursos y las riquezas se activan en favor de un estado que otorga poder cuando los poderosos perciben un conflicto o ven amenazada su posición por parte de los pobres. El poder procura comprar la docilidad de los pobres con riqueza y recursos que poseen los poderosos y que los pobres necesitan.

---

80 Citado en Wrong, *Power*, p. 85.

81 R. William Liddle, "The Politics of Development Policy" (Los políticos de la política del desarrollo), *World Development*, vol. 20, n.° 6, 1992, p. 795.

82 Amitai Etzioni, "Power as Societal Force" (El poder como fuerza social), en Olson & Marger, *Power in Modern Societies*, p. 25.

El mundo supone que el poder es un artículo escaso, pero la naturaleza del poder ha sido el centro de debate entre los académicos. Wright Mills asume la posición de que el poder es escaso y sólo resulta de una relación del tipo ganar o perder. Talcott Parsons, por otra parte, propone que el poder no es un juego de suma cero, sino más bien se asemeja a la riqueza en un sistema económico, donde la riqueza se produce según la estructura y el tipo de organización económica existente. Parsons prefiere creer que el compartir el poder nunca reduce el poder. Según Parsons, entonces, puede haber una relación ganar-ganar[83]. No obstante, dentro de las relaciones de pobreza, el supuesto dominante parece ser la visión suma cero del poder.

Los pobres que carecen de poder con frecuencia creen que la única manera de responder a las expresiones de poder es internalizar esas expresiones distorsionadas del poder. El ideal del pobre, entonces, es ser poderoso. Ser poderoso sería hacerse como los opresores que los han dominado por generaciones[84]. Entre los pobres, los hombres generalmente expresan su comprensión del poder en el interior de sus hogares. Los sin tierra de la aldea explotan a los inmigrantes que llegan a su aldea en busca de trabajo. Así, los pobres también adoptan la visión distorsionada del mundo acerca del poder[85]. Por consiguiente, la igualdad es "el punto de transición por medio del cual se puede obtener un rango superior de clase"[86]. Eso genera oleadas de impotencia entre y alrededor de las relaciones de pobreza.

El mal uso del poder en las relaciones de pobreza de manera general está precedido por las ideas falsas acerca de dicho poder. Las raíces del mal uso del poder se hallan en la visión distorsionada del mundo en relación con el poder. La impotencia o falta de poder surge de esas distorsiones.

---

83 Phhillip Castell, *The Giddens* (Los Giddens), Standford University Press, Standford CA, 1993, pp. 212–13.

84 Freire, *Pedagogy of the Oppressed*, p. 29.

85 *Ídem*, p. 33.

86 Ng, *The Social Psychology of Power*, p. 97.

Visión del mundo y pobreza

Con una creciente voluntad de entender la pobreza desde la perspectiva del pobre, la comunidad de desarrollo y los misionólogos se plantearon nuevas preguntas y preocupaciones. Los profesionales, reconociendo el costo humano que generan los procesos de desarrollo, comenzaron a plantearse los problemas éticos[87]. La pobreza no es sólo cuestión de cifras, tecnología o siquiera política[88]. Los psicólogos de la comunidad que buscan estrategias efectivas para empoderar a las personas reconocieron que el empoderamiento está fundamentalmente vinculado con la visión del mundo[89]. Los misionólogos evangélicos también apuntaron a claves relacionadas con la visión del mundo en su permanente debate sobre la manera de zanjar la brecha entre el evangelismo y la acción social[90].

Visión del mundo

La visión del mundo tiene que ver con los supuestos, los valores y los compromisos o alianzas que modelan las percepciones y respuestas de las personas en relaciones de pobreza[91]. Michael Kearney define

87 Crocker, "Toward Development Ethics" (Hacia una ética del desarrollo), p. 458.

88 Dennis Goulet sugiere que las opciones morales deberían ejercerse alrededor de tres asuntos vitales: el criterio sobre la vida buena, las bases para las relaciones justas en la sociedad, y los principios para adoptar una postura adecuada ante las fuerzas de la naturaleza, incluyendo la tecnología (*The Uncertain Promise: Value Conflicts in Technology Transfer* (La promesa incierta: conflictos de valor en la transferencia tecnológica), New Horizons Press, Nueva York, 1989, p. 45.

89 Julian Rappaport, "Terms of Empowerment/Exemplars of Prevention: Toward a Theory for Community Psychology" (Los términos del empoderamiento/ejemplos de prevención: hacia una teoría para la psicología comunitaria), *American Journal of Community Psychology*, vol. 15, n.° 2, 1987, pp. 139–42).

90 Bruce Bradshaw, *Bridging the Gap: Evangelism, Development and Shalom* (Zanjar la brecha: evangelismo, desarrollo y paz), MARC, Monrovia CA, 1994.

91 Charles H. Kraft, *Christianity with Power* (Cristianismo con poder), Servant Publications, Ann Arbor MI, 1989, p. 20; Charles H. Kraft, "Anthropology for Christian Witness" (Antropología para el testimonio cristiano), manuscrito no publicado, *Fuller Theological Seminary*, Pasadena CA, 1992, p. 56. En su esfuerzo por explicar las diferencias entre las personas, especialmente en la forma en que perciben la realidad, los antropólogos chocaron con el concepto de cosmovisión o visión del mundo. Ruth Benedict, en la década de 1920, buscó configuraciones subyacentes y destacó los patrones culturales. Morris Opler, reaccionando ante lo improbable de que toda una cultura estuviera dominada por un

la visión del mundo como "la manera en que la gente mira la realidad. Consiste en supuestos básicos e imágenes que proveen una forma más o menos coherente, aunque no necesariamente certera, de pensar acerca del mundo"[92].

La visión del mundo raramente se razona. Sirve como un lente con el que la gente percibe, organiza las respuestas a las experiencias y hechos de la vida, y se convierte en el elemento fundamental para modelar nuestras relaciones. Es como la personalidad de una cultura. La visión del mundo sirve como marco para explicar, evaluar, validar, priorizar compromisos, interpretar, integrar y adaptarse a las diversas realidades y presiones de la vida[93]. La visión del mundo influye por lo menos en otras seis áreas de la vida: la división por categorías, la relación entre persona y grupo, la causalidad, los hechos y el tiempo, el espacio y la materia, y las relaciones[94].

---

patrón único, sugirió que las culturas están modeladas por una multitud de temas. En las décadas de 1960 y 1970 los etnosemantistas pusieron el foco en identificar la percepción de la gente acerca del mundo como se reflejaba en los nombres y títulos que usaban. Para ellos, los nombres y títulos eran indicadores importantes para la cognición (Michael Kearney, *Worldview* [Visión del mundo], Chandler and Sharp Publishers, Novato CA, 1984, pp. 32–37). El concepto que tenía Readfield de la visión del mundo era descriptivo. Definía la visión del mundo como "el cuadro que tienen los miembros de una sociedad acerca de las propiedades y los personajes de su escenario de acción [...] la forma que el mundo se les presenta a las personas [...] la idea de un hombre acerca del universo" (en Dennis Brown, "Introduction" (Introducción) en *Worldview and Worldview Change: A Reader of the universe* [Cosmovisión y cambio de cosmovisión: un lector del universo], manuscrito no publicado, *Fuller Theological Seminary, School of World Mission*, Pasadena CA, 1991, p. 3). A comienzos de la década de 1980, Francis L. K. Hsu sugirió que detrás de todas las culturas hay un "valor central", que luego se convierte en el fundamento para los valores básicos de la cultura. Robert Readfield, de la Universidad de Chicago, no siguió la tradición de un tema único o múltiple ni el enfoque etnosemántico de la antropología cognitiva. Inquirió en la forma en que la gente dividía y clasificaba la realidad que percibía.

92 Kearney, *Worldview*, p. 41.

93 Kraft, *Christianity with Power*, p. 183. Paul Hiebert, en su modelo de visión del mundo, identifica los diferentes niveles como fundamentos, procesos, estados, valores/lealtades y creencias explícitas y sistemas de valores ("The Flaw of The Excluded Middle" [El error del medio excluido], *Missiology: A International Review*, vol. 10, n.° 1, 1982). Charles Kraft sugiere que la visión del mundo consiste en supuestos que subyacen a los valores y lealtades/compromisos ("Anthropology for Christian Witness", p. 57). Estos supuestos luego se nuclean alrededor de temas.

94 Kraft, *Christianity with Power*, pp. 195ss.; Kraft, "Anthropology for Christian Witness", pp. 68–69.

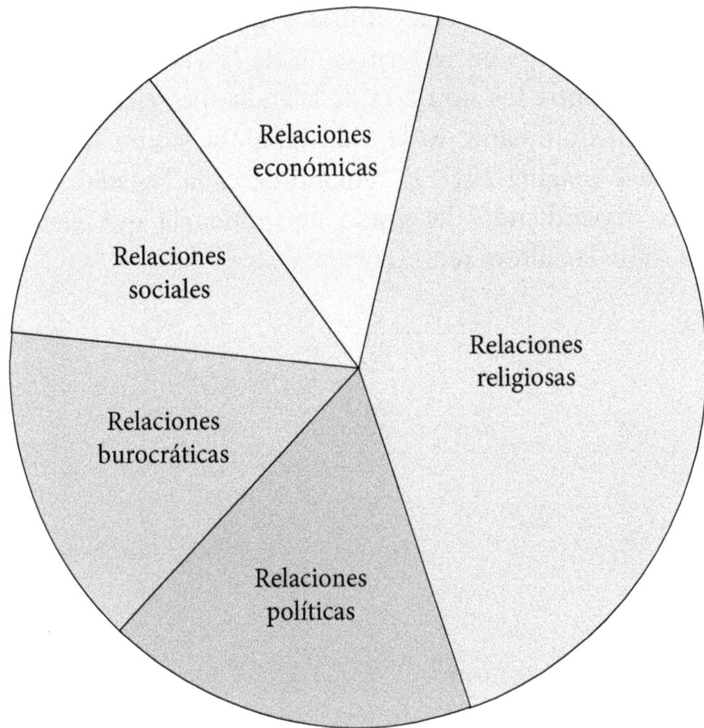

Figura 6-1: Factores socioculturales que influyen en la visión del mundo entre los sin tierra hindúes.

La visión del mundo no hace nada por sí misma; son las personas las que hacen[95]. Si no damos lugar a este "espacio" entre la visión del mundo y las relaciones y conductas de la gente, pronto nos encontraremos culpando a las víctimas (los pobres) de las deficiencias de su visión del mundo. Siguiendo esa lógica, es posible concluir que los pobres son pobres por su inadecuada visión del mundo. En consecuencia, este estudio afirma que la visión del mundo no usa a la gente, sino que es la gente la que usa la visión del mundo.

95 Un asunto común debatido entre los antropólogos es si las personas son determinadas por las culturas y su visión del mundo, o a la inversa. La visión del mundo condiciona pero no determina la persona. Las personas usan la visión del mundo para explicar, evaluar, validar, priorizar, interpretar, integrar y adaptar. Kraft señala que cualquier supuesto poder de la visión del mundo es, en realidad, el poder del hábito formado por el condicionamiento de la visión del mundo (Kraft, "Anthropology for Christian Witness", p. 56).

El medioambiente sociocultural y geográfico también juega un papel importante en la formación de la visión del mundo de las personas. Entre los sin tierra de la India, por ejemplo, el factor sociocultural dominante es la vida religiosa, como lo vemos en la figura 6-1 (página 201). El tamaño de cada "tajada" varía, por supuesto, dependiendo del grado de influencia que ejerce cada sistema sobre la cultura representada[96].

96 Los antropólogos culturales han debatido mucho sobre la relación entre los diversos sistemas socioculturales y la visión del mundo. Varios antropólogos han sugerido que los sistemas y creencias religiosas en algunas culturas constituyen valores centrales. Otros sugieren que todos los sistemas, incluyendo los religiosos, son externos a la visión del mundo. Esto significaría que los temas de la visión del mundo, las lealtades y valores influyen sobre los diferentes sistemas. A su vez, los sistemas influyen en la visión del mundo. Además, en algunas culturas uno o más sistemas pueden destacar sobre otros. Ese sistema dominante ejercerá mayor influencia sobre la visión del mundo de los demás sistemas (Kraft, "Anthropology for Christian Witness", pp. 55–56).

Capítulo 7

Principados y poderes, y pobreza

Cualquier esfuerzo por entender la carencia de poder de los pobres, debe procurar entender la forma en que los pobres experimentan la pobreza —en todos los aspectos de la realidad—. Esto incluye todo el dominio de las autoridades de las esferas espirituales.

La investigación del antropólogo de misión Paul Hiebert sobre las diferentes percepciones de la realidad y el "medio excluido", desató una revaluación de las ideas tradicionales sobre las causas de la pobreza. Hiebert identifica las maneras en que el pensamiento misionero cristiano ha sido influido por el pensamiento iluminista, así como por las percepciones dualista y mecanicista de la realidad. Por consiguiente, se han ignorado importantes dimensiones de la realidad espiritual, incluyendo:

> ...seres y fuerzas que no se pueden percibir directamente pero se cree que existen en *esta tierra*. Estas incluyen espíritus, fantasmas, antepasados, demonios y dioses y diosas terrenales que viven en árboles, ríos, montañas y aldeas. No viven en algún otro mundo o época, sino que habitan junto a los humanos y los animales de este mundo y esta época [...]. Este nivel también incluye las fuerzas sobrenaturales como el *mana*, las influencias planetarias, el mal de ojo, y los poderes de la magia, la brujería y la hechicería[97].

97 Hiebert, "The Flaw of the Excluded Middle" p. 41.

A lo largo de los siglos, la mayor parte de la misión cristiana se construyó sobre una lectura defectuosa de la historia y la realidad. Aún hoy, para quienes somos producto de una educación orientada por el Iluminismo, es como si este nivel "medio excluido" no existiera.

Esta percepción fragmentada de la realidad y el consiguiente involucramiento misional fragmentado ejercieron una influencia cuya naturaleza estaba lejos de ser cristiana. Los misioneros se convirtieron en agentes del secularismo a pesar de todas sus buenas intenciones. Para los hindúes pobres, los cristianos parecían ateos o, por lo menos, gente que "no necesitaba una hipótesis de Dios" para explicar su realidad[98].

Las ideas de Hiebert pusieron en movimiento un cambio de paradigma en la misión cristiana, por lo menos entre los teólogos. La pobreza y la impotencia no se pueden entender completamente sin considerar el papel de las fuerzas del "medio excluido", particularmente los principados y poderes. Para los hindúes pobres y para la mayoría de los pobres del mundo,

> ...la enfermedad, un mal negocio, y el ostracismo social son el resultado de algún poder espiritual que obra en contra de ellos. Este poder espiritual obra con la mediación de demonios, chamanes, brujos o dioses[99].

Entonces, en el análisis final, la pobreza no solamente tiene raíces en la caída de los humanos, sino que es también el resultado del trabajo actual del maligno. Los misionólogos y profesionales de base confirmaron que "detrás de toda pobreza está el diablo [...] la causa última de la pobreza es el diablo mismo"[100]. También se reconocieron evidencias del papel destructivo del diablo en los horrores de la guerra, la pobreza, la explotación financiera y la discriminación racial[101]. Se

---

98 Lesslie Newbigin, *Honest Religion for Secular Man* (Religión honesta para el hombre laico), Westminster Press, Philadelphia, 1966, p. 17.

99 Bryant Meyer, "The Excluded Middle" (El medio excluido), MARC *Newsletter*, vol. 91, n.° 2, 1991, p. 3.

100 Michael Duncan, *A Journey in Development* (Un viaje en el desarrollo), The Bridge Series, Visión Mundial, Melbourne, 1990, p. 9.

101 Clinton E. Arnold, *Powers of Darkness: Principalities and Powers in Paul's Letters*, (Poderes de la oscuridad: principados y poderes en las cartas de Pablo), IVP, Downers Grove IL, 1992, p. 122.

comenzó a ver que la misión auténtica entre los pobres implicaba confrontar los poderes del diablo. Porque *El Hijo de Dios fue enviado precisamente para destruir las obras del diablo* (1Jn 3.8_b). Cualquier intento de responder a los pobres impotentes será inadecuado si no encara conscientemente la relación entre los principados y poderes, y la pobreza.

La identidad de "los poderes"

Los primeros estudios de esos poderes se pueden rastrear en las obras de Otto Everling, quien sugirió que el lenguaje del poder tiene sus raíces en la actividad religiosa y de culto precristiana, judía y pagana[102].

A lo largo de los años los debates han girado en torno a la identidad de los poderes cósmicos. Una postura común es que los poderes fueron creados por Dios con la intención de servir a los propósitos de Dios[103]. Pero, después de la Caída, estos fueron puestos en contra de los propósitos de Dios y particularmente fueron dirigidos contra toda la creación de Dios[104]. Ahora "actúan" como si fueran el fundamento último del ser[105] pero en realidad son enemigos de Cristo[106]. Los poderes pertenecen al reino de Satanás y tienen el control sobre las personas, las estructuras y los sistemas.

Hay diferentes puntos de vista sobre la naturaleza de esos poderes[107]. Para los propósitos de este estudio, los principados

---

102 Clinton E. Arnold, *Ephesians; Power and Magic: The Concept of Power in Ephesians in the Light of Its Historical Setting* (Efesios; poder y magia: el concepto de poder en Efesios a la luz de su contexto histórico), Baker House, Grand Rapids MI, 1989, p. 42.

103 John Howard Yoder, *The Politic of Jesus* (Jesús y la realidad política), Eerdmans, Grand Rapids MI, 1972, p. 143; Gerald F. Hawthorne y Ralph P. Martin (eds.), *Dictionary of Paul and His Letters* (Diccionario de Pablo y sus cartas), IVP, Downers Grove IL, 1993, p. 750.

104 C. Peter Wagner y F. Douglas Pennoyer (eds.), *Wrestling with Dark Angels: Toward a Deeper Understanding of the Supernatural Forces in Spiritual Warfare* (La lucha con los ángeles oscuros: hacia una mayor comprensión de las fuerzas sobrenaturales en la guerra espiritual), Ventura CA, 1990, p. 117.

105 Richard J. Mouw, *Politics and the Biblical Drama* (La política y el drama bíblico), Eerdmans, Grand Rapids MI, 1976, p. 89.

106 Sal 110.1, Ef 6.11.12, 16; 2.2; 4.8, 27.

107 Para una discusión más detallada sobre estos puntos de vista, ver Apéndice 1.

y poderes serán considerados seres personales que tienen una influencia dominante sobre personas, organizaciones sociales y grupos, así como sobre las estructuras. La siguiente sección examina la obra de estos miembros creados y caídos del reino de Satanás en relación con los impotentes entre los pobres.

Principados y poderes, y personas en relaciones de pobreza

El diablo y sus fuerzas influyen en las personas en cualquier situación procurando "apartarnos del amor de Dios (Ro 8.38); los hallamos dominando la vida de aquellos que viven lejos del amor de Dios (2.2); los vemos esclavizando a los hombres a sus reglas (Col 2.20); los encontramos sometiendo a los hombres a su tutela (Gá 4.3)"[108].

Dañan la salud y el cuerpo de las personas; en otros momentos y oportunidades se posesionan de la mente y el cuerpo de las personas. En el contexto de las relaciones de pobreza, los poderes cósmicos influyen en la mente, la salud, los hábitos, las relaciones de las personas, explotando sus desgracias, su voluntad y su identidad.

La mente

Las indagaciones en la pobreza han concluido con frecuencia en que un efecto común del papel de los principados y poderes se refleja en la ignorancia y la superstición entre los pobres. Más allá de esta conclusión general, quiero examinar cuatro formas en que los principados y poderes cósmicos afectan la mente[109], en particular en el contexto de la pobreza.

108 Yoder, *The Politics of Jesus*, p. 143.

109 Aquí debemos ser cautelosos. La reflexión sobre esto puede sugerir que esta influencia es sobre los aspectos cognitivos de la persona. No obstante, la palabra *mente* no debe limitarse a significar los aspectos racionales y lógicos del conocimiento. El conocimiento de los pobres es experimental; no es una mera teoría lo que está en juego. El mecanismo de adquisición de la verdad de los pobres está profundamente enraizado en su experiencia diaria. Por eso, es su vida entera lo que está en juego.

Primero, los poderes refuerzan diversas mentiras que tienen sus raíces en el sistema de creencias de las personas. En palabras de 2 Corintios 4.4, han "cegado la mente de estos incrédulos". Por ejemplo, se les hace creer a los pobres que su identidad está definida por su casta, su raza o su lugar en la vida. El diablo y sus fuerzas son grandes engañadores (2Ti 2.26; Gá 4.3; Ef 2.12). Mantienen a los pobres esclavizados y engañados acerca de su verdadero papel en la sociedad, su lugar en las jerarquías de este mundo, y su lugar en la presencia de Dios[1].

Segundo, se mantiene a los pobres impotentes por medio del engaño incluso fuera de su sistema de creencias. "Desde el mismo Jardín del Edén, Satanás ha continuado usando su método diabólico del engaño, haciendo que la gente crea mentiras"[2].

Un tercer impacto es el efecto cegador de la mente respecto de la verdad. Como enseña 2 Corintios 4.4, Satanás ha enceguecido la mente de la gente para que "no vean la luz del glorioso evangelio de Cristo, el cual es la imagen de Dios". Esto no se limita a los pobres.

Finalmente, el diablo influye en la mente de la gente en las relaciones de pobreza ofreciendo una interpretación alternativa para la experiencia de la vida. Con frecuencia esa alternativa aleja a las personas de Dios. Como sugiere Schlier, la naturaleza de estos poderes los hace "presentar e interpretar todo en el universo que dominan según su propia luz y su propia forma"[3]. El diablo y sus fuerzas modelan la visión del mundo que tiene la gente para que evalúen, expliquen, interpreten y prioricen la realidad de manera tal que los aleje de la voluntad de Dios para ellos.

La salud

Se dice que los demonios tienen la habilidad de atacar el cuerpo por medio de las enfermedades[4]. Esta es probablemente la razón

1 Arnold, *Powers of Darkness*, p. 93.

2 *Ídem*, p. 128.

3 Heinrich Schlier, *Principalities and Powers in the New Testament* (Principados y poderes en el Nuevo Testamento), Nelson, Edinburgh & London, 1961, p. 32.

4 Mt 9.32–33; Lc 13.16; 2Co 12.17.

de que las iglesias que ministran para la salud y el bienestar físico atraigan a tantos pobres. Hemos aprendido esta importante lección a través de los años de trabajo entre pentecostales y pobres[5]. Tanto pobres como no pobres son igualmente vulnerables a la explotación de los principados y poderes en esta área de su vida.

No obstante, en el caso de los pobres las enfermedades les generan grandes costos socioeconómicos. La mala salud los empuja hasta los límites de la supervivencia. La dependencia de los prestamistas, las deudas elevadas, las ausencias laborales y otras implicancias económicas negativas resultan de los ataques a la salud. El pobre también puede volverse dependiente del sacerdote o del brujo de la aldea, lo que se convierte en otra fuga para sus ya escasos recursos económicos.

Los hábitos y las acciones

El papel de los poderes en influir en las personas por medio de la dependencia compulsiva de ciertos hábitos también arruina la vida de los pobres. El costo de mantener conductas compulsivas es alto y corroe la base económica del pobre. Sin embargo, en el contexto de esta investigación en el sentido de la impotencia de los pobres, otro factor importante de los poderes sobre los hábitos y las acciones es la explotación de las frustraciones comunes entre los pobres, consistente en ofrecerles escape de su situación por medio de la opción del trato con los muertos.

Una fuente común de frustraciones resulta de la exposición a los medios de comunicación masiva. En las aldeas remotas de la India, la televisión está efectivamente modelando los valores y la vida. Las redes multinacionales de comunicación exponen a los más pobres a los estilos de vida de los ricos y del mundo urbano. Esta exposición está cambiando rápidamente las aspiraciones de los jóvenes en las comunidades pobres. Las aspiraciones propias

---

5 Peter H. Davids, "Sickness and Suffering in the New Testament" (Enfermedades y sufrimiento en el Nuevo Testamento), en Wagner & Pennoyer, *Wrestling with Dark Angels*, p. 204.

de los ricos no concuerdan con la realidad económica de bajos ingresos de los pobres, y así se instala la frustración y continúa creciendo.

Los pobres no tienen las mismas opciones de los no pobres. En consecuencia, el diablo, el conocido tentador, seduce al pobre para que elija las opciones destructivas. Cuando los pobres responden a sus frustraciones bajo la influencia del diablo, siguen la destrucción y la muerte. Las conductas o los hábitos compulsivos que siguen terminan provocando la cautividad económica de las familias pobres.

Las relaciones

El diablo ataca justamente las relaciones que fueron creadas para ser agentes positivos en nuestro viaje destinado a llegar a ser lo que Dios quiere que seamos.

El diablo está muy ocupado en las situaciones de pobreza, potenciando las fuerzas que causan división y creando otras nuevas. Siembra semillas de enemistad entre las personas y mantiene divididos a los pobres, quienes ya están en los márgenes de la sociedad. La unión y la hermandad no son del gusto del diablo, porque la unión y la hermandad generan vida, mientas que las relaciones estropeadas mantienen a los pobres divididos, lo cual es una marca de la muerte (1Jn 3.14).

Las maldiciones

El diablo también explota las maldiciones que las personas se echan entre sí.

> Una maldición es la invocación del poder de Satanás o de Dios para afectar negativamente la persona o cosa a la que va dirigida la maldición[6].

---

6 Charles H. Kraft, *Defeating the Dark Angels: Breaking Demonic Oppression in the Believer's Life* (Derrotar a los ángeles oscuros: romper la opresión demoníaca en la vida del creyente), Servant Publications, Ann Arbor MI, 1992, p. 75.

La voluntad

Los principados y poderes cósmicos procuran controlar la voluntad de pobres y no pobres. "La meta final del enemigo no es controlar simplemente la mente de las personas, sino alcanzar su voluntad"[7]. El diablo somete la voluntad de una persona, y luego trata de influir en cada elección que ella hace en su vida.

El acceso del diablo a la voluntad de los pobres tiene ramificaciones en la forma en que perciben su futuro. Los principados y poderes atacan la esperanza de los pobres; con frecuencia el pobre no ve ninguna razón para tener esperanzas en un futuro mejor. El diablo y sus fuerzas intentan destruir la voluntad de enfrentar el futuro.

La identidad

El diablo y sus fuerzas también procuran mutilar la identidad de quienes están en relaciones de pobreza. Los poderes tratan de engañar a los pobres haciéndoles creer que no son hechos a imagen de Dios.

Los "pobres [...] se sienten inexistentes, sin valor, humillados [...] [Creen que] son gente estúpida, ignorante, que no saben nada [...] como los bueyes, que no saben nada"[8]. En este contexto, la carencia de poder es asunto de identidad y se ve reforzada por poderes cósmicos.

Con frecuencia, los poderes se "suben al caballo de problemas que ya están en la persona, en lugar de originarlos"[9]. En este sentido, el diablo y sus fuerzas son oportunistas[10]. Dan la impresión de que la pobreza es, en líneas generales, una simple combinación de fuerzas naturales.

---

7 Charles H. Kraft, "Response to 'In Dark Dungeons of Collective Captivity by Pennoyer'" (Reacción a "En los oscuros calabozos de la cautividad colectiva de Pennoyer") en Wagner & Pennoyer, *Wrestling with Dark Angels*, p. 272.

8 Wink, *Engaging the Powers*, p. 101.

9 Kraft, *Defeating the Dark Angels*, p. 104.

10 *Ídem*, p. 41.

El diablo se alimenta de la "basura espiritual"[11] que la persona y la comunidad creen. Esto maltrata aún más la ya estropeada identidad, dañada por las relaciones rotas y por la cautividad en un sistema rígido de creencias religiosas.

La impotencia o carencia de poder es una enfermedad espiritual, cuyas cicatrices se pueden ver en la voluntad y la identidad de los pobres. Los principados y poderes juegan un papel fundamental en intensificar la impotencia impuesta por la sociedad a los pobres, reforzando la opresión e internalizándola en las comunidades y culturas pobres.

Principados y poderes en el contexto de relaciones de pobreza

Aparte de influir sobre los implicados en relaciones de pobreza, los principados y poderes también influyen en los sistemas y estructuras dentro de las cuales tienen lugar esas relaciones. Las interpretaciones recientes sugieren que los poderes operan por medio de estructuras económicas, sociales y políticas, lo mismo que influyendo en las normas y patrones culturales y en los hábitos de grupo. "Estas estructuras de lo existente" se ven luego como el objeto de nuestra lucha espiritual y se las puede considerar demoníacas[12].

Por otra parte, algunos sugieren que esos poderes sólo deben enfrentarse en un contexto que permita liberar el alma del individuo de las ataduras de la oscuridad[13]. Wagner señala que el diablo y sus fuerzas influyen en las naciones y enceguecen la mente de las personas no alcanzadas por el evangelio. Wagner afirma, basado en pasajes como Daniel 10.10–21, que "la existencia de espíritus

11 Kraft, "*Response*", p. 276.

12 Arnold, *Powers of Darkness*, p. 167.

13 Thomas H. McAlpine, *Facing the Powers: What are the Options*? (Enfrentando los poderes: ¿Cuáles son las opciones? MARC CA, 1991, p. 55. En su investigación sobre diversas tradiciones con relación a las creencias sobre los poderes, McAlpine sugiere que la tradición de la "Tercera Ola" enseña que los "poderes" son un tema sólo si impiden la evangelización de la iglesia.

territoriales y su dominio sobre áreas geográficas es algo que se da por sentado en el desarrollo de la historia de Israel"[14].

No obstante, Walter Wink es de la opinión de que los poderes son la "espiritualidad interior" que habita las estructuras y los sistemas. Sugiere que a menos que despersonalicemos los poderes cósmicos, será difícil justificar cualquier participación en la corrección de las deficiencias de las estructuras y los sistemas[15].

Clinton E. Arnold, comentando sobre la influencia de los poderes sobre las naciones y los territorios, sugiere que los poderes influyen en las estructuras y los sistemas al influir en la gente. Así, la influencia de los poderes "se extiende a las instituciones y organizaciones humanas, al orden social y político"[16].

De manera similar, Pennoyer sugiere que los poderes manipulan activamente los subsistemas sociales, políticos, económicos, religiosos e incluso artísticos de una cultura "actuando a través de los individuos"[17].

Como podemos ver, hay mucha ambigüedad acerca del papel de los poderes en relación con las estructuras y los sistemas. Mouw señala que la ambigüedad no se debe a defectos en la comprensión teológica vigente, sino más bien a "los peligros inherentes a los intentos de reproducir la visión exacta de Pablo, dada su falta de presentación sistemática del tema"[18]. No obstante, siguiendo las reflexiones de la última sección, podemos concluir que los poderes influyen en el contexto de las relaciones de pobreza a través de las personas.

Vemos, entonces, que los principados y poderes explotan los sistemas de creencias y las visiones del mundo de las personas para manipular el contexto de las relaciones de pobreza. Varios de los que han indagado sobre la relación entre los poderes y las religiones no cristianas, han concluido que parece haber una conexión entre ellos.

---

14 Wagner & Pennoyer, *Wrestling with Dark Angels*, p. 79.

15 Wink, *Engaging the Powers*.

16 Arnold, *Powers of Darkness*, p. 81.

17 Wagner & Pennoyer, *Wrestling with Dark Angels*, p. 256.

18 Mouw, *Politics and the Biblical Drama*, p. 88.

Señalan el argumento de Pablo de que hay un rasgo demoníaco en las religiones no cristianas (1Co 8.4–5; 10.19–20)[19]. Sin embargo, aparentemente los poderes explotan cualquier tipo de idolatría, independientemente de qué sistema religioso la alimente. De hecho, cuando "tratamos con dominios de poderes [...] estamos haciendo un inventario de varios posibles objetos de la idolatría humana"[20]. Los poderes explotan y refuerzan cualquier desafío a la soberanía de Dios. En las relaciones de pobreza, cuando los no pobres junto con sus estructuras y sus sistemas afirman una posición sobre la vida de los pobres, los poderes están ahí para reforzar esos complejos de dios.

Finalmente, el diablo y sus fuerzas tienen acceso a las familias pobres por medio de muchos símbolos y artículos significativos. El maligno confiere poder a diversos símbolos y formas dentro de los sistemas religiosos. Estos símbolos y formas no son neutrales. Dentro del sistema religioso hindú, por ejemplo, los símbolos, objetos y otros elementos están dedicados a los dioses. Estos incluyen símbolos dedicados a los dioses que usan los niños. Kraft advierte prudentemente que estos símbolos, objetos, edificios y lugares pueden estar bajo la autoridad de los poderes[21]. Los poderes procuran manipular lugares y artículos de significado con el objeto de manipular a la gente.

Para los pobres religiosos que tienen muy pocas opciones cuando golpea la crisis, esos símbolos son muy valiosos.

19 Arnold, *Powers of Darkness*, p. 94.

20 Mouw, *Politics and the Biblical Drama*, p. 89.

21 Kraft, *Defeating the Dark Angels*, p. 19.

Capítulo 8

El sentido de la carencia de poder de los pobres

Hasta aquí nuestra investigación sugiere que la impotencia o carencia de poder de los pobres es una situación actual además del resultado de un proceso continuo de desempoderamiento. Las situaciones de impotencia de los pobres comprenden:

* la cautividad dentro de los complejos de dios de los no pobres, las estructuras y los sistemas;
* la exclusión de la corriente principal de la vida;
* la pérdida de la condición de comunidad;
* la falta de amor y compasión que resulta en inseguridad;
* el aislamiento físico;
* la aguda vulnerabilidad ante los desastres naturales;
* la dependencia extrema en los recursos limitados del medioambiente y la vulnerabilidad debido al agotamiento de esos recursos;
* la debilidad física permanente;
* las interpretaciones distorsionadas de la historia recordada y compartida;
* la falta de esperanza;
* el deterioro de su identidad;
* la erosión de la fe en las áreas privadas y públicas de la vida;
* la interpretación distorsionada del poder.

En este capítulo reunimos los seis siguientes temas claves que hemos indagado hasta el momento:

- La carencia de poder es el resultado de un proceso multifacético que resulta en la fragmentación de las relaciones.
- La carencia de poder es cautividad de los complejos de dios.
- La carencia de poder es la experiencia de personas reales.
- La carencia de poder es el resultado de deficiencias en la visión del mundo por parte de las personas.
- La carencia de poder es el resultado de la explotación por parte de principados y poderes.
- La carencia de poder es la cautividad en una red de mentiras.

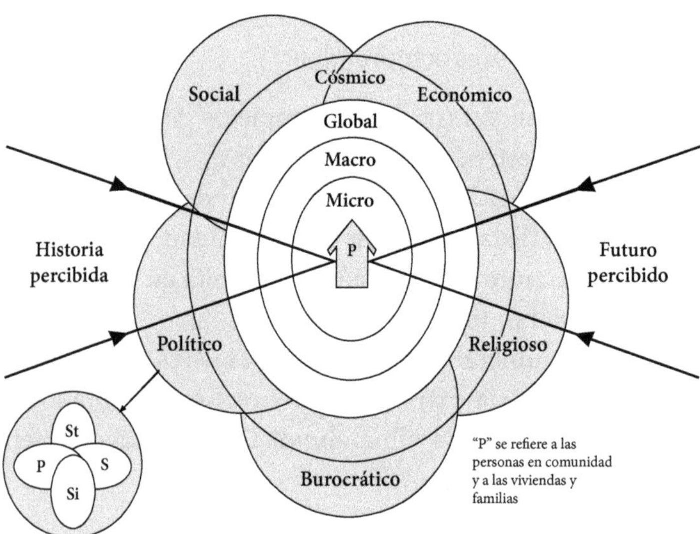

Figura 8-1: El proceso de desempoderamiento.

En una situación de pobreza, ciertas fuerzas interactúan entre sí creando un proceso multifacético de desempoderamiento. Los cuatro niveles en el espacio vital (micro, macro, global y cósmico), y los cinco dominios de relaciones (social, económico, político, burocrático y religioso) interactúan unas con otras y entre ellas para mantener impotentes a los pobres. Cada dominio de relaciones tiene cuatro elementos: estructuras (St), personas (P), sistemas (S) e interioridad espiritual (Si). La unidad básica en las relaciones de pobreza son las personas dentro de familias en las comunidades.

La falta de poder es el resultado de un proceso multifacético

Nuestro estudio demostró que los pobres pierden poder a través de diversas relaciones sociales, económicas, políticas, burocráticas y religiosas. También señalamos que en las situaciones de pobreza estos diferentes dominios de relaciones tienden a convertirse en núcleos de poder. Estos son producto de la interacción entre estructuras, sistemas, personas y la interioridad espiritual en las unidades sociales, económicas, políticas, burocráticas y religiosas de las situaciones de pobreza. También reconocimos que la impotencia es un concepto relacional (*srama*), con dimensiones espaciales (*desa*), temporales (*kala*) y del ser (*guna*). Estas diferentes fuerzas interactúan para generar pobreza por medio del desempoderamiento (ver figura 8-1).

En Josiprasda, el sistema legal de la burocracia trabaja con el sistema económico para impedir que los sin tierra utilicen productivamente los excedentes de tierra. Las políticas de macronivel del Gobierno de la India (por ejemplo, la política de precios de los productos agrícolas) afectan los salarios de los pobres del pueblo. Las actividades cósmicas como las posesiones y las enfermedades demoníacas mutilan la economía de la familia. En este sentido, la carencia de poder de los pobres es un proceso dinámico con muchas dimensiones.

Segundo, en el proceso de desempoderamiento, los factores vinculados al tiempo interactúan en y a través de diversas relaciones en diferentes niveles en el espacio vital. Por ejemplo, las relaciones de casta en una comunidad como Josiprasda tienen una historia de distorsiones por detrás. Los intereses futuros de los no pobres y la falta de esperanza de los pobres juegan un papel clave en el proceso político de esa comunidad.

Tercero, el proceso de desempoderamiento involucra personas en relaciones. Las interacciones entre las personas en cada uno de estos cinco núcleos de poder (social, económico, político, burocrático y religioso) generan impotencia en los pobres, en la unidad básica de la familia, al interior de las comunidades.

Cuarto, en el proceso de desempoderamiento, las fuerzas cósmicas influyen e interactúan con otras fuerzas para perpetuar la impotencia de los pobres. Mientras que los hechos humanos concretos y las experiencias pueden explicar los niveles micro, macro y global adecuadamente, la comprensión de la impotencia de los pobres no se completa con eso. Los principados y poderes cósmicos se expresan en y a través de las unidades sociales, políticas, económicas, burocráticas y religiosas, pero no se limitan a las mismas. Las actividades de los poderes cósmicos van más allá de nuestra comprensión finita del tiempo.

La falta de poder es cautividad en los complejos de dios

Así como los poderes del mundo hacen el papel de dioses en la vida de los pobres, los complejos de dios son un producto de la interacción entre las estructuras, los sistemas, las personas y la interioridad espiritual en el dominio de las relaciones de pobreza. La visión del mundo de un pueblo sanciona las relaciones jerárquicas de su comunidad y prohíbe a los pobres intentar el cambio. Finalmente, los principados y poderes en las situaciones de pobreza, siendo seres caídos ellos mismos, tienden a confirmar todo esfuerzo de los poderes relativos por hacer de dioses, con lo que aseguran la continuidad de los complejos de dios.

El término *complejos de dios* sirve para aludir muchos temas, sugiriendo que los pobres son cautivos carentes de poder dentro de esos complejos de dios.

La falta de poder es la experiencia de personas reales

Porque la impotencia es la experiencia de personas que viven en un espacio y un tiempo reales, las cuestiones de la compasión, la inseguridad, el dolor y la exclusión son tan reales como cualquier otro factor involucrado en las relaciones de pobreza. La carencia de poder es la experiencia de personas reales de carne y hueso que necesitan sanidad.

La impotencia es el resultado de deficiencias en la visión del mundo de las personas

La carencia de poder es más que un fenómeno socioeconómico y político. Las implicancias de la visión del mundo en las relaciones de pobreza se pueden ver en dos niveles.

Primero, las deficiencias en la visión del mundo permiten que los no pobres y los pobres validen y expliquen la pobreza y la carencia de poder. Podemos ver ejemplos en la visión del mundo que tienen los hindúes:

- La pobreza, la clasificación en castas y la ocupación son el resultado de sus propias malas acciones en el pasado y de su *varna*[1].
- Las riquezas de los no pobres les fueron asignadas divinamente, por lo tanto no hay ninguna relación causal entre la pobreza y la riqueza.
- La identidad básica está definida por la posición en los grupos del pueblo.
- La pobreza y la posición social, lo mismo que la ocupación (y por consecuencia el nivel de ingresos) son dispuestos divinamente.
- Las estratificaciones de los grupos de personas están establecidas divinamente.
- El aislamiento físico y la exclusión de los pobres son parte del orden divino.

Segundo, la visión del mundo de un pueblo tiende a reforzar la carencia de poder de los pobres. Nuevamente, podemos usar como ejemplo la visión del mundo hindú:

1 *varna*: casta en sánscrito [nota del traductor].

* La pobreza es el resultado del *karma* y parte de un ciclo de vida natural; en consecuencia, poco se puede hacer para cambiar el presente.
* Uno tiene que vivir la vida que se le asignó; por tanto, no se gana nada tratando de luchar contra el presente.
* Los que desean "demasiado", "no saben cuál es su lugar"; terminarán ardiendo, como en algunas variaciones del mito de Ícaro; por ello, es importante que los pobres no deseen el cambio. En consecuencia, no se motiva la acción para el cambio.
* No es recomendable la acción para el cambio porque el futuro será esencialmente la extensión del presente.
* La liberación radica en el cumplimiento de la responsabilidad asignada en la vida; en consecuencia, no es aconsejable cuestionar la jerarquía ocupacional y el *statu quo*.
* La riqueza de los ricos y la pobreza de los pobres no tienen una relación causal entre sí; por lo tanto, no hay lugar para las responsabilidades en las relaciones de pobreza.

Por medio de la interacción de todos estos aspectos propios de la visión del mundo en las relaciones de pobreza, se mantiene sin poder a los pobres. Estos aspectos refuerzan y se ven reforzados por fuerzas de las esferas sociales, económicas, políticas, religiosas y burocráticas. En conjunto, aseguran la impotencia intergeneracional de los pobres.

La falta de poder es el resultado de la explotación por los principados y poderes

Si los principados y poderes influyen en la mente, la salud, las relaciones, los hábitos, la voluntad y la identidad de los pobres —y en las interioridades espirituales de las estructuras y sistemas, manipulando los símbolos, los objetos y los lugares—, entonces no debemos sorprendernos de los enormes costos socioeconómicos de la actividad de estos poderes y principados.

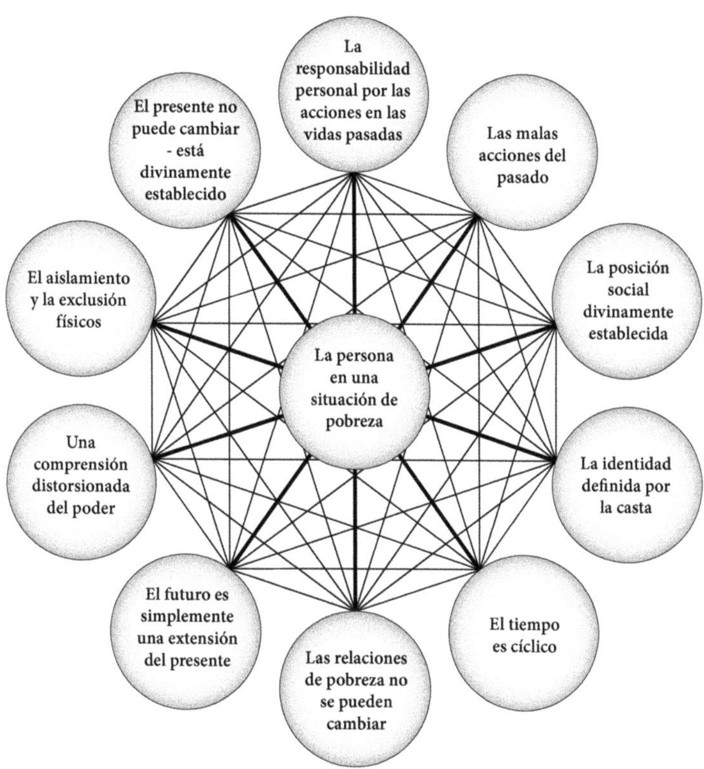

Figura 8-2: La red de mentiras y la carencia de poder de los pobres

La falta de poder es la cautividad en una red de mentiras

Las diversas expresiones de poder, las visiones del mundo, y el papel de los principados y poderes en las relaciones de pobreza, indican que los pobres están cautivos en un conjunto opresivo de relaciones. Estas relaciones opresivas se sostienen por supuestos falsos e interpretaciones enraizadas en sistemas religiosos, en visiones del mundo y en la obra de los principados y potestades.

Una imagen útil para representar la cautividad de los pobres en un mundo de supuestos e interpretaciones engañosas es la red (ver figura 8-2). En el contexto de las relaciones de pobreza, esta red es una "red de mentiras". Tanto los pobres como los no pobres creen esas mentiras y con ello se asegura la perpetuidad de la carencia de poder de los pobres.

Por consiguiente, la impotencia es la cautividad de los pobres en esa red de mentiras. Esta red se nutre de diversas estructuras, sistemas, personas y principados y poderes en las relaciones de pobreza. Esa red confirma el *statu quo* y se ve como expresión de la justicia de Dios. Para el pobre, su cautividad en esta red de mentiras se alimenta de la diversidad de fuerzas involucradas en las relaciones de pobreza.

Tercera parte

Aprender del reino de Dios

El misionólogo David Bosch señala que para que ocurra el desarrollo auténtico, es esencial la transferencia de poder[2]. El empoderamiento no es un tema nuevo en el campo del desarrollo y la misión entre los pobres. Hay una creciente tendencia en responder a los pobres con estrategias de empoderamiento y transferencia de poder.

Chambers pide el empoderamiento de los pobres para que estos puedan aumentar sus recursos y resistir a los ricos y poderosos[3]. Friedman sugiere que las iniciativas de desarrollo deben "sobre todo darles [a los pobres] una voz, que articule sus intereses inmediatos y genere la condiciones para un modo de vida adecuado y significativo"[4]. Korten propone el empoderamiento como una pieza clave en cualquier desarrollo centrado en la gente[5], y lo describe como un "esfuerzo constructor de poder [...] que se logra mejor por medio de la acción que acelere la creación de lo nuevo que con la confrontación política para acelerar el abandono de lo viejo"[6].

Julian Rappaport, un psicólogo comunitario, señala que el empoderamiento implica la determinación individual y también la participación en la propia comunidad. Es tanto psicológico como social, y responde a las personas en el contexto[7].

---

2 Bosch, *Transforming Mission*, p. 357

3 Robert Chambers, "In Search of Professionalism, Bureaucracy and Sustainable Livelihoods for the Twenty First Century" (En busca de profesionalismo, burocracia y modos de vida sustentables para el siglo veintiuno), IDS Bulletin, vol. 22, n.° 4, 1991, p. 5.

4 John Friedmann, "The End of the Third World" (El fin del Tercer Mundo), manuscrito no publicado, Universidad de California, Los Ángeles, 1991, p. 7.

5 Korten y Klauss, *People Centred Development*, p. 241.

6 *Ídem*, p. 309.

7 Rappaport, "Terms of Empowerment" (Los términos del empoderamiento), p. 121. La obra de Rappaport como psicólogo comunitario en el contexto de la América urbana es un recurso útil para el empoderamiento. Sugiere algunas pautas para el empoderamiento: 1) El empoderamiento es un constructo de varios niveles. 2) El impacto que irradia de un nivel de análisis sobre los otros se considera importante. 3) El contexto histórico en que opera una persona, un programa o una política tiene una influencia importante sobre los resultados del programa. 4) El contexto cultural es significativo. 5) La investigación longitudinal, o el estudio de la gente, las organizaciones o las políticas a lo largo del tiempo, es necesario o por lo menos deseable. 6) La teoría del empoderamiento es conscientemente una teoría sobre la visión del mundo. 7) Se da por sentado que las condiciones de participación en un cierto entorno influirán en el empoderamiento de los miembros. 8) En condiciones iguales, una organización que sostiene la ideología del empoderamiento será mejor en cuanto a encontrar

En busca de una respuesta alternativa

El análisis de Alvin Toffler sobre las corrientes y tendencias en los hechos globales sugiere que la próxima era debería llamarse "era del cambio de poder". Señala que "el cambio de poder [...] presenta una nueva teoría del poder social, y explora los cambios que se avecinan en los negocios, la economía, la política y los asuntos globales"[8]. Lo interesante de la lectura que hace Toffler de esas tendencias es su diferenciación entre el cambio de poder (*power shift*) como mera transferencia de poder, y el cambio de poder (*powershift*), que implica "cambio en profundidad en la naturaleza misma del poder"[9]. Siguiendo esta clave de Toffler, se reconoce que el desafío que enfrenta la iglesia no es simplemente el empoderamiento como transferencia de poder. El desafío que enfrenta la iglesia es la trasformación de la naturaleza misma del poder.

Hay abundancia de pensamiento cristiano sobre el poder desde el punto de vista del liderazgo, la administración y el desarrollo organizativo. Sin embargo, al considerar la cuestión del poder desde el contexto de los pobres, hay necesidad de una

> ...conciencia diferente, en el espíritu del Magnificat y de las Bienaventuranzas, que ponen a los pobres y a los impotentes en el centro, esa es la verdadera tarea de la iglesia en el desarrollo[10].

---

y desarrollar recursos que una con una ideología "ayudador-ayudado". 9) Las soluciones desarrolladas localmente son mejores para empoderar que las soluciones únicas aplicadas en forma general. 10) La extensión del escenario tiene importancia. 11) El empoderamiento no es un recurso escaso que se agota, sino que, más bien, una vez adoptado como ideología, el empoderamiento tiende a expandir sus recursos (pp. 139-42).

8 Alvin Toffler, *Powershift: Knowledge, Wealth and Violence at the Edge of the Twenty First Century* (Cambio de poder: conocimiento, riqueza y violencia al borde del siglo veintiuno), Bantam Books, Nueva York, 1990, p. xx.

9 *Ídem*, p. 16.

10 Elliott, *Comfortable Compassion* (Compasión cómoda), p. 118.

Esto requiere más que simplemente agregar lo espiritual como una dimensión más[11]. Como propone David Korten, una conciencia humana diferente nos permite

> ...ver el poder no como un garrote para ser usado en el servicio del enaltecimiento personal, sino más bien como un don que se tiene en mayordomía para poner al servicio de la comunidad y la realización humana y espiritual de todas las personas, especialmente de aquellas que carecen de todo poder[12].

Más allá de las meras estrategias de empoderamiento, necesita ser redefinida la naturaleza misma del poder.

---

11 David Korten propone que la acción voluntaria tiene que pasar a la cuarta generación. Según Korten, esta acción voluntaria de cuarta generación implicará el cambio global que surge de los movimientos populares (*Getting Toward the Twenty First Century*, p. 124). La meta de los esfuerzos de la cuarta generación será "movilizar una masa importante de iniciativa independiente, descentralizada en apoyo de una visión social" (*Ídem*, p. 127). Korten continúa señalando una "agenda para una sociedad en transición", en la que propone que hay necesidad de un desarrollo espiritual, un paso adicional fundamental (*ídem*, p. 168).

12 *Ídem*, p. 168.

Capítulo 9

El reino de Dios: breve estudio

Los temas del reino de Dios se han hecho comunes en las recientes investigaciones teológicas. Como marco de referencia teológico clave para la misión de Dios, definía la identidad y la misión de la iglesia como "el instrumento, el testigo y el custodio" del reino[1]. Es importante porque "nuestra visión del futuro modela y determina el contenido de nuestra misión"[2].

Con el tiempo, el foco de los estudios del reino se amplió. John Bright sostuvo que el tema del "reino de Dios" no se limita al Nuevo Testamento, y sugirió que sirve de unificador del Antiguo y el Nuevo Testamento. Según Bright, la comprensión del Antiguo Testamento sobre el reino de Dios brinda el trasfondo necesario para entender con más claridad el *he basilea tou theou* ('el reino de Dios'), el *he basilea ton ouranom* ('el reino del cielo') y el *he basilea* ('el reino')[3].

El reino de Dios estaba centrado en el ministerio de Jesús. Constituía el propósito mismo de su venida (Lc 4.43) y "su predicación y sus curaciones milagrosos son señales del reino"[4].

---

1 George Eldon Ladd, *A Theology of the New Testament* (Teología del Nuevo testamento), Eerdmans, Grand Rapids MI, 1974, p. 262; ver también capítulo 11.

2 Samuel y Sugden, *The Church in Response to Human Nedd*, p. 148.

3 John Bright, *The Kingdom of God; The Biblical Concept and Its Meaning for the Church* (El reino de Dios: el concepto bíblico y su sentido para la iglesia), Abington Press, Nashville TN, 1953.

4 Ronald J. Sider, *One Sided Christianity* (Cristianismo unilateral), Zondervan Publishing House, Grand Rapids MI, 1993, p. 51.

El teólogo de la liberación Leonardo Boff sugiere que el reino de Dios es

> ...abarcador, proclama la liberación de toda la humanidad y la realidad cósmica de todo pecado —del pecado de la pobreza, del pecado del hambre, del pecado de la deshumanización, del pecado del espíritu de venganza y del pecado del rechazo a Dios[5].

Los eruditos en el pasado, en general, interpretaban el tema del reino desde la comprensión particular que hubo en cada siglo acerca del milenio[6]. Algunos estudiosos describen el reino en relación con el presente como la sombra que arroja el reino por venir. Otros ven el presente como el anticipo de lo que vendrá o como una señal del reino. George Kummel propone que "el reino mismo está presente. Lo que se nos dice que está presente no son simplemente señales del reino o poderes del reino, sino el reino mismo"[7]. En la enseñanza del Antiguo Testamento, dice George Ladd,

> ...la brecha entre la historia y la teología nunca es radical. El Dios que se manifestará en una poderosa teofanía al final de la historia ya se ha manifestado durante el curso de la historia[8].

Dejando a un lado el asunto del tiempo, esta sección examina especialmente la interpretación del poder en la teología del reino.

---

5 Boff, *When Theology Listens to the Poor*, p. 2

6 "El reino esperado por los premilenialistas es muy diferente del reino anticipado por los postmilenialistas [...] en relación con su naturaleza y la manera en que Cristo ejercerá el control sobre aquel" (Robert Clouse, ed., *The Meaning of the Millennium: Four Views* [El sentido del milenio: cuatro puntos de vista], IVP, Downers Grove IL, 1977, p. 7). Personalmente, veo el asunto del tiempo y la consecuente interpretación de la sustancia del reino de Dios como una pregunta que tienden a hacerse los que pertenecen al reino. Sin embargo, ¿qué relevancia tiene la pregunta del tiempo para los pobres que parecen vivir eternamente en los márgenes de la sociedad y en los márgenes del tiempo? ¿Acaso no deberíamos, como los profetas de la antigüedad, examinar la condición de las personas en nuestros días y la voluntad de Dios para ellas?

7 Geroge Kummel, *Promise and Fulfilment* (Promesa y cumplimiento), Alenson, Naperville IL, 1957, p. 107.

8 Ladd, *A Theology of the New Testament*, p. 59.

Un repaso de los estudios evangélicos contemporáneos sugiere la siguiente descripción del reino de Dios.

El reino de Dios es teocéntrico

Abraham Kuyper captó bien el foco del reino cuando dijo: "No hay un centímetro del universo acerca del cual Cristo no diga 'Es mío'"[9]. El salmista expresa este espíritu diciendo: *Del Señor es la tierra y todo cuanto hay en ella, el mundo y cuantos lo habitan* (Sal 24.1).

La vida y el ministerio de Jesucristo indican firmemente que el reino de Dios es el gobierno dinámico de Dios, no el producto de un proceso histórico.

> La historia no producirá el reino, ni siquiera la historia como instrumento de la actividad divina. Sólo la visitación directa de Dios puede consumar el propósito divino y transformar el presente en función del reino de Dios[10].

Tampoco es el reino de Dios el resultado de la conciencia religiosa de los seres humanos.

> No es un programa de rescate humano [...]. Es, más bien, uno inaugurado y consumado por un Rey que tiene marcas de clavos en las manos y gobierna a sus súbditos desde un mundo superior[11].

Hans Kung describe el reino como el "acto soberano de Dios mismo. Nadie puede invitarse por sí mismo al banquete escatológico"[12].

> El reino [...] no vendrá mediante una evolución terrenal inmanente; ni por la acción moral humana [...]. Su venida sólo

9 En Clouse, *The Meaning of the Millennium*, p. 179.

10 Ladd, *A Theology of the New Testament*, p. 59.

11 Carl F. Henry, "Reflections on the Kingdom of God" (Reflexiones sobre el reino de Dios), *Jets*, vol. 35, n.° 1, 1992, p. 49.

12 Hans Küng, *The Church* (La iglesia), Image Books, Garden City NY, 1967, p. 76.

> se puede entender sobre la base de la milagrosa y poderosa acción de Dios[13].

Jürgen Moltmann sugiere que el reino de Dios es esencialmente una expresión de la promesa de Dios, enraizada en la "credibilidad y la fidelidad de aquel que la hace"[14]. En consecuencia, toda indagación en la interpretación del poder en el reino debe afirmar la teocentricidad del reino.

El reino de Dios se opone a todo otro reino

El reino de Dios "es un gobierno frente al que todos los demás gobiernos llegarán a su fin; no es simplemente un gobierno al lado de otros gobiernos"[15]. En este sentido, el reino de Dios siempre será polémico. El reino es

> ...[el] signo de interrogación en medio de las ideas y respuestas establecidas, desarrolladas por las personas y las sociedades. El reino de Dios es el indicado rival de todos los mitos y sistemas sacralizantes y el que desenmascara implacablemente todos los disfraces humanos, las ideologías farisaicas y los poderes auto instituidos[16].

El reino de Dios es el cuestionador de todos los complejos de dios que existen en las situaciones de pobreza y que mantienen a los pobres en un estado de impotencia. El reino desafía constantemente

> ...el pecado del mundo en sus efectos esclavizantes: la injusticia y la impotencia, la enfermedad y la ignorancia, el hambre y la

13 Herman Ridderbos, *The Coming of the Kingdom* (La venida del reino), The Presbiterian and Reformed Publishing Company, Philadelphia, 1962, pp. 23-24.

14 Moltmann, *Theology of Hope*, p. 119.

15 Henry, "Reflections on the Kingdom of God", p. 41.

16 Mortimer Arias, *Announcing the Reign of God: Evangelization and The Subversive Memory of Jesus* (Anunciar el reinado de Dios: La evangelización y la memoria subversiva de Jesús), Fortress Press, Filadelfia, 1984, p. 46.

> sed, el odio y la violencia, el temor endémico a los que tienen el poder de torturar y matar, todos indicadores del antirreino[1].

En ese reino, "es inevitable la tensión porque la misión de Jesús no era retirarse del mundo sino confrontarlo"[2]. En palabras de María en Lucas 1.46–55, desbaratará a los soberbios, derrocará a los poderosos, despedirá a los ricos con las manos vacías. En efecto,

> ...la idea de la venida del reino de Dios sobre todo el mundo, para el bien de su pueblo y el derrocamiento de cualquier poder que se oponga a su gobierno, ha sido desde la antigüedad uno de los temas centrales de la esperanza de salvación de Israel[3].

¿Reinado o reino?

El asunto del reinado o reino ha sido debatido por estudiosos que han investigado el tema del reino de Dios. Hay por lo menos cuatro usos diferentes de la idea de reino de Dios en la Biblia:

* En unos pocos lugares la frase se usa para referirse al sentido abstracto de reino o reinado[4].
* El reino también se usa para referirse a un orden futuro apocalíptico al que entrarán los justos al final de los tiempos[5].
* El reino se expresa en los evangelios como algo que está presente entre nosotros[6].
* El reino de Dios se presenta como un reinado actual en que las personas ya están entrando[7].

---

1 Hoest Marcella, "The Kingdom: Preferential Option for the Poor" (El reino: opción preferencial por los pobres), *Missiology: An International Review*, vol. 10. 1, 1982, p. 62.

2 Arthur Glasser, "The Kingdom and Mission" (El reino y la misión), manuscrito no publicado, Fuller Theological Seminary, Pasadena CA, 1991, p. 76.

3 Ridderbos, *The Coming of the Kingdom*, p. 8.

4 Lc 19.12, 15 (RV); 23.42; Jn 18.36.

5 Mt 8.11; Mr. 9.47; 10.23–25; 14.25; Lc 13.28.

6 Mt 6.33; 11.12; 12.28; Mr. 10.15; Lc 12.31; 17.21.

7 Mt 11.11; 23.13; Lc 16.16. Ladd, A Theology of The New Testament, p. 123.

Los estudiosos sugieren que en el reino, "lo que está en el centro es la gloria de Dios, no la superioridad de las personas"[8].

> En el análisis final todos los detalles del reino de Dios dejan de tener importancia (*cf.* Mr 12.24–27) en comparación con el simple hecho de que representa el tiempo en que Dios reinará[9].

Como señala el misionólogo Newbigin, el reino no es

> ...un nuevo "movimiento" en el que los interesados puedan alistarse. No es una causa que busca apoyo, una causa que puede tener éxito o fallar según el grado de apoyo que atraiga. Es, precisamente, el reinado de Dios, el hecho de que el Dios a quien Jesús conoce como Padre es el soberano gobernante de todas las personas y todas las cosas[10].

Esta es una afirmación fundamental para los pobres que no tienen poder.

Al indagar en la naturaleza del poder del reino, debemos tener cuidado de reducir el reino de Dios a un programa. Dios siempre es la fuerza motriz de cualquier respuesta basada en el reino a los pobres carentes de poder.

El reino de Dios es relacional

Los trabajos recientes sobre el reino de Dios subrayan la dimensión relacional del reino. La teología evangélica ha dado un giro definitivo desde la lectura individualizada del reino de Dios a una visión comunitaria o basada en el cuerpo de Cristo.

> El reino de Dios es ese nuevo orden de cosas iniciado en Cristo; cuando finalmente sea completado por él, implicará

---

8 Ridderbos, *The Coming of the Kingdom*, p. 20.

9 Küng, *The Church*, p. 78.

10 Lesslie Newbigin, *The Open Secret* (El secreto abierto), Eerdmans, Grand Rapids MI, 1978, p. 37.

> una restauración adecuada no solamente de la relación del hombre con Dios, sino también de la relación entre los sexos, las generaciones, las razas e incluso entre el hombre y la naturaleza[11].

Moltmann sostiene que el reino de Dios es el reino de la "tri-unidad". Este reino trinitario invita e influye en las personas para que entren en relación con la Trinidad y entre sí. "La hermenéutica trinitaria nos lleva a pensar en los términos de relaciones y comunidades", por lo tanto el reino trinitario llama a las personas a poner el foco en las relaciones y no en la individualidad humana[12]. Moltmann sigue adelante sugiriendo que la marca de este reino trinitario, que Jesús predicó, es la paternidad de Dios[13]. Entonces, en el reino, Dios no solamente es el Señor, Dios es también el Padre misericordioso.

Para Ron Sider, el reino de Dios no es un concepto o doctrina o programa. Es

> ...antes que nada una persona con el rostro y el nombre de Jesús de Nazaret, la imagen del Dios invisible. Si se separa el reino de Jesús, entonces deja de ser el reino de Dios que él reveló[14].

El reino es profundamente relacional; pertenece al Padre misericordioso; es el reino de Jesús de Nazaret.

El Dios de este reino es un rey que invita y busca una respuesta de su pueblo. William Dyrness en su indagación de una teología de misión holística sugiere que el reino de Dios supone una intimidad entre Dios y el pueblo de Dios[15].

---

11 Johannes Verkuyl, "The Kingdom of God as the Goal of Missio Dei" (El reino de Dios como la meta de la *Missio Dei*), *International Review of Missions*, vol. 68, n.° 270, 1979, p. 168.

12 Jürgen Moltmann, *The Trinity and the Kingdom: The Doctrine of God* (La Trinidad y el reino: la doctrina de Dios), Harper & Row, San Francisco CA, 1981, pp. 9, 199.

13 *Ídem*, p. 70.

14 Sider, *One Sided Christianity*, p. 59; ver también Arias, *Announcing the Reign of God*, p. 69.

15 William A Dyrness, *Let the Earth Rejoice: A Biblical Theology of Holistic Mission* (Que la tierra se regocije: Una teología bíblica de la misión holística), Fuller Seminary Press, Pasadena CA, 1983, p. 132.

Este reino relacional abre la posibilidad de relaciones transformadas entre la comunidad de los libres. El metropolitano Geevarghese Mar Osthathios destaca la naturaleza relacional del reino cuando dice "el reino es la comunidad", advirtiendo, no obstante, que la comunidad no es el reino de Dios[16].

Las relaciones del reino son "pactuales" —tienen carácter de pacto[17]—. Las reflexiones y las conclusiones sobre la naturaleza del poder en el reino de Dios deben ser consecuentes con esta naturaleza abarcadora. El poder en el reino siempre debe construir relaciones.

El reino de Dios es político

Fueron los teólogos de la liberación los que acercaron la dimensión política del reino de Dios al foro de los estudiosos contemporáneos.

> Las acciones y las profecías de Jesús, especialmente las dirigidas contra las instituciones que gobernaban su sociedad, sugieren que estaba organizando una oposición más seria que una simple protesta. Es cierto que Jesús fue ejecutado como un rebelde contra el orden romano[18].

Jesús se interesó en la política. Cuestionó las estructuras políticas al cuestionar el sentido de las relaciones políticas y la forma en que se ejercían el poder y el liderazgo. Toda la vida y las relaciones de Jesús fueron diferentes de las de los demás grupos militantes.

---

16 Osthathios, *Theology of a Classless Society*, p. 1.

17 Mortimer Arias (*Announing the Reign of God*) afirma que el término *reino* es un término desafortunado. Señala que la connotación política monárquica, las estructuras patriarcales y el lenguaje que lo acompañan están siendo cuestionados por algunos. Charles van Engen responde bien a esta preocupación cuando sugiere que necesitamos una "teología *del pacto y del reino* que tome en serio el papel de los refugiados, las mujeres, los pobres, los marginados, los débiles y los tontos en la comprensión de la participación de la iglesia en la misión de Dios" (Van Engen *et al.*, *The Good News of the Kingdom*, p. 258. Énfasis agregado).

18 Richard A Horsley, *Jesus and the Spiral of Violence: Popular Jewish Resistance in Roman Palestine* (Jesús y la espiral de violencia: resistencia popular judía en la Palestina romana), Fortress Press, Filadelfia, 1993, p. 320.

> Si la política en efecto tiene que ver con quién tiene el poder sobre quién y quién puede decidir qué en lugar de quién, es evidente que toda la misión de Jesús estuvo indisolublemente ligada a esas preocupaciones[19].

Jesús llamó a la sociedad a vivir con un marco de referencia diferente —el reino de Dios—. En lugar de prestar atención a su llamado, preferimos matarlo.

> El Dios crucificado es en realidad un Dios sin estado y sin clases. Pero eso no significa que sea un Dios apolítico. Es el Dios de los pobres, los oprimidos y los humillados[20].

No obstante, el compromiso político del reino transforma la naturaleza misma del escenario político. El reino, por ejemplo, redefine el concepto de libertad. La libertad es más que la liberación de la "esfera de necesidad"[21]. El reino define la libertad como la restauración de las relaciones con Dios y con todo el pueblo de Dios.

El Cristo del reino es político. Enfrenta las cuestiones del poder, la pobreza y la impotencia.

El reino de Dios pone el foco en lo "interior"

Los estudiosos evangélicos contemporáneos sostienen firmemente que en respuesta a la ley Jesús destaca lo que "hay detrás del aspecto

---

19 Prior, *Jesus and Power*, p. 139.

20 Jürgen Moltmann, *The Crucified God* (El Dios crucificado), Harper & Row, Nueva York, 1974, p. 329.

21 Moltmann, *The Trinity and the Kingdom*, p. 213. La intervención del reino es más profunda que la libertad externa. La hermenéutica de Moltmann sobre las deficiencias en la sociedad incluye cinco círculos viciosos: 1) la pobreza, 2) la dominación por la fuerza de las clases superiores, 3) la alienación racial y cultural, 4) la contaminación industrial de la naturaleza, y 5) el sinsentido y el abandono de Dios *(The Crucified God*, p. 131). Moltmann continúa examinando la respuesta del Dios crucificado a esos círculos viciosos. Otra contribución que hace Moltmann a nuestra comprensión de la libertad es la elección moral que implica sustentar la libertad. La nueva comunidad nace sin privilegios y sin sometimiento, la comunidad de los libres (*ídem*, p. 211). Pero este reino de libertad sería "un tormento [...] si no fuera por el reino del bien, más allá de la necesidad y de la libertad. El reino del bien es el lugar desde el que resplandecen los propósitos y los valores morales hacia el reino de la libertad para que la libertad se use correctamente" (*The Trinity and the Kingdom*, p. 213).

específicamente ético y realmente se centra en la raíz religiosa de la obediencia a la ley divina"[22]. Jesús se diferenció de la ética rabínica precisamente por ese foco en lo interior. Él demandaba justicia interior en la reestructuración y remodelación de la conducta y las relaciones externas.

> Tanto el opresor como el oprimido necesitan algo más que estructuras sociales nuevas o mejoradas. El pecado es más profundo que los peores sistemas sociales. En consecuencia, ambos necesitan mejores sistemas sociales y también una nueva relación vital con Cristo que [...] transforme el núcleo de su personalidad[23].

Las conclusiones acerca de cómo se entiende el poder en el reino, tienen que encarar "lo interior" al cuestionar el poder en el mundo.

El reino de Dios es redentor

La acción redentora de Dios está enraizada en su deseo de tener un vínculo íntimo con nosotros. La calidad de esa redención es la "diferencia radical" que viene cuando nos sometemos al reino de Dios. En el nudo del mensaje de Cristo está su confirmación de que

> ...una vez más Dios ha estado actuando para nuestra redención en la historia [...] el reino escatológico mismo ha invadido la historia por adelantado, trayendo a los hombres de la antigua era de pecado y muerte, las bendiciones del gobierno de Dios[24].

Esta presencia redentora del reino se expresa "en relaciones liberadas que realmente cuestionan las relaciones personales,

22 Ridderbos, *The coming of the Kingdom*, p. 318.
23 Sider, *One Sided Christianity*, p. 153.
24 Ladd, *A Theology of the New Testament*, p. 326.

sociales, económicas y religiosas distorsionadas que expresan la rebelión contra Dios. El reino de Dios es su continua invasión de liberación"[25].

El reino de Dios es un gobierno destinado a redimir y transformar a las personas y sus situaciones, "echando abajo las relaciones jerárquicas que las privan de su autodeterminación, y [...] desarrollando su humanidad"[26].

El reino de Dios exige una respuesta

El reino es el regalo de Dios y hay que recibirlo[27], fue asignado a los hombres por medio del pacto (Lc 12.29, 32) y hay que entrar en él[28]. El reino de Dios es una iniciativa divina que requiere una respuesta. El énfasis en la respuesta humana no anula la afirmación previa de que el reino de Dios es esencialmente teocéntrico, siempre enfocado hacia el reinado de Dios. Esta respuesta tiene que ser una decisión irrevocable que exprese el arrepentimiento. "No hay otra manera creíble de proclamar el reino o de denunciar la injusticia que no sea por medio de la conversión. No hay conversión sin el 'peligroso recordatorio' de los imperativos del reino"[29].

El reino de Dios está inclinado desde el punto de vista de la redención a favor de los marginados

No se ha dicho mucho entre los estudiosos evangélicos sobre la opción preferencial de Dios por los pobres en su reino. Ridderbos en *The Coming of the Kingdom* (La venida del reino) reflexiona sobre

25 Sugden, *Radical Discipleship*, p. 23.

26 Moltmann, *The Crucified God*, p. 318.

27 Mt 18.3; Mr 10.15; 15.43; Lc 18.17; 23.51; 3.3.

28 Mt 5.20; 7.21; 18.3; 19.23ss.; 23.13; Jn 3.5. Ver Collin Brown (ed.) *New International Dictionary of New Testament Theology*, (Nuevo diccionario internacional de teología del Nuevo Testamento), Zondervan Publishing House, Grand Rapids MI, 1976, vol. 2, p. 385.

29 Marcella, "The Kingdom".

el papel de los pobres como audiencia preferida de la proclama de Jesús[30]. Sin embargo, en las reflexiones recientes sobre el reino, hay claras evidencias de un giro marcado hacia la percepción de los pobres como los destinatarios preferidos.

> Los pobres fueron el único grupo que [Jesús] señaló especialmente como receptores de las Buenas Noticias. ¿Por qué? Porque por su pobreza y vulnerabilidad no tenían otra seguridad y esperanza que Dios[31].

La venida del reino es una manifestación tangible de la actitud de Dios hacia los pobres y la justicia. Sider argumenta que la

> ...insistencia bíblica en la preocupación de Dios por los pobres es antes que nada una afirmación teológica acerca del Creador y Soberano de todo el universo [...]. Nada es más liberador para los pobres y los oprimidos que el mensaje bíblico completo de que Aquel que murió por sus pecados, es el Dios de los pobres que aborrece las estructuras injustas[32].

Este Dios en Jesús "se ve extrañamente conmovido por el clamor de los oprimidos, especialmente cuando Su pueblo colectivamente no hace ningún sacrificio para aliviar la angustia de aquellos"[33]. El reino de Dios es una buena noticia, especialmente para los pobres.

Esta inclinación hacia los pobres en el reino es una inclinación redentora. No sugiere que Dios toma pasivamente el lado de los pobres, como lo entiende el mundo. En lugar de eso, al posicionarse del lado de los marginados, el reino de Dios cuestiona radicalmente los valores que los poderosos han usado hasta ahora para excluir a los pobres.

Este aspecto de los valores del reino hace difícil explicar la naturaleza del poder del reino sin reconocer la especial preocupación de Jesús por los pobres y oprimidos.

---

30 Ridderbos, *The Coming of the Kingdom*, pp. 185-192.

31 Sugden, *Radical Discipleship*, p. 35.

32 Sider, *One Sided Christianity*, pp. 33, 178.

33 Glasser, *The Kingdom and Mission*, p. 24.

El reino de Dios procura revertir el orden de las cosas

Los estudiosos contemporáneos al reflexionar sobre la relación entre el reino y las estructuras terrenales señalan que la inversión radical es la manera del reino de enfrentarse a las estructuras deficientes. Emilio Castro escribe: "orar hoy 'Que venga tu reino' es levantar la bandera de esperanzas concretas: es anunciar libertad a los cautivos"[34].

> Su reino, su poder y su gloria ya están en este mundo en medio nuestro. Esto implica un juicio liberador sobre los ricos, los violentos y los opresores. Esto significa una misericordiosa liberación para los pobres, los débiles y los oprimidos[35].

Jesús cuestionó el orden de las cosas. Su actitud hacia el templo es un buen ejemplo:

> El templo era claramente la base económica de un sistema en el que los productores agrícolas sostenían a los sacerdotes, especialmente a la aristocracia sacerdotal que administraba el sistema, y era su principal beneficiaria [...]. El sistema tenía el respaldo político del imperio [...]. El templo funcionaba entonces como un instrumento de la legitimación y el control de un pueblo sometido[36].

Jesús, al atacar el uso del templo como "cueva de ladrones", no estaba atacando

> ...cosas periféricas al sistema sino integrales al mismo [...] era a un acto profético que simbolizaba el juicio inminente [...] al sistema del templo[37].

---

34 Emilio Castro, *Your Kingdom Come: A Missionary Perspective* (Que venga tu reino; una perspectiva misionera), Concilio Mundial de Iglesias, Génova, Suiza, 1980, p. 32.

35 Moltmann, "Thine is the Kingdom, the Power and the Glory", p. 8.

36 Horsley, *Jesus and the Spiral of Violence*, p. 286.

37 *Ídem*, p. 300.

Jesús cuestionó la institución del Sabat en su encuentro con la mujer que había estado poseída durante 18 años por un espíritu que la mantenía enferma (Lc 13.10–17). Para los líderes religiosos de la época de Jesús, ese no era un simple acto bondadoso de sanidad. Jesús estaba cuestionando a los líderes religiosos que oprimían a los marginados para mantener su poder. Cuando Jesús "la vio" y "la llamó" y la sanó, perturbó la autocomplacencia de los funcionarios de la sinagoga que cumplían con el Sabat.

> Jesús fue revolucionario al violar la ley de Sabat, criticar a los avaros, comer con pecadores y provocar a los fariseos. Su mensaje del reino amenazaba el poder de los grupos de intereses creados[38].

Jesús y el mensaje del reino de Dios también cuestionaron los poderes e ideologías de este mundo que mantenían a los pobres despojados de poder. Brueggemann llama a esto un

> ...ataque a la conciencia del imperio, destinado nada menos que a desmantelar el imperio en sus prácticas sociales y en sus míticas pretensiones[39].

Jesús desafió el orden de cosas y su liderazgo haciendo preguntas fundamentales acerca del sentido. Esas preguntas ponían incómodos a los líderes y poderosos. Se quejaban (Lc 5.21), lo cuestionaban (6.2) se ponían furiosos (6.11), rechazaban los propósitos de Dios (7.30), lo ridiculizaban, (7.9), se quedaban perplejos (9.7), se sorprendían y lo insultaban (11.45), se le oponían tenazmente (11.53), se indignaban (13.14), se mantenían en silencio (14.4), murmuraban (15.2), se burlaban (16.14), se entristecían (18.23),

---

38 Donald B. Kraybill, *The Upside Down Kingdom* (El reino del revés), Herald Press, Scottdale PA, 1990, p. 58.

39 Walter Brueggemann, *The Prophetic Imagination* (La imaginación profética), Fortress Press, Filadelfia, 1978, p. 19. Brueggemann tiene un análisis útil de lo que llama la "conciencia real". Se refiere a los reyes que gobernaron la nación de Israel, especialmente durante el período de Salomón por ejemplo. Esta conciencia real explotaba a los pobres de la época, primero por una "economía de opulencia" (1R 4.20–23), luego por la política de la opresión (1R 5.13–18, 9.15–22) y, finalmente, por la religión de la inmanencia (1R 8.12–13) (p. 36).

trataban de reprenderlo (19.30), intentaban matarlo (19.47), se atemorizaban (22.2) y lo golpeaban (22.63). Algunos de esos momentos de tensión resultaban de preguntas formuladas por los fariseos y los escribas, otras se producían cuando Jesús cuestionaba sus afirmaciones o sus conductas. De manera intencional, generaba discordancia entre ellos planteando esas preguntas incómodas, lo cual finalmente lo llevó a la cruz. "Se lo vio como una amenaza a la ley y al orden, cosa que no podían tolerar, de modo que tuvieron que liquidarlo[40]. El reino de Cristo subvierte permanentemente los órdenes humanos[41] e introduce "un nuevo reino del revés basado en un nuevo poder"[42].

En consecuencia, la indagación en la comprensión del poder en el reino debe incluir el llamado a todos los poderes a someterse a las exigencias del reino de Cristo y "a tratar a todos sus ciudadanos equitativamente o más bien inclinarse a favor de los menos privilegiados"[43].

Resumen

Este breve estudio de las reflexiones contemporáneas acerca del reino de Dios establece un marco de referencia para los capítulos finales de nuestra investigación. Ellos tratan sobre la interpretación del poder en el reino y su relevancia para la impotencia de los pobres.

---

40 John Stott, *The Cross of Christ* (La Cruz de Cristo), IVP, Downers Grove IL, 1986, p. 47.

41 Arias, *Announcing the Reign of God*, p. 43.

42 Kraybill, *The Upside Down Kingdom*, p. 87.

43 David Bosch, "*Vision for Mission*" (Visión para la misión), *International Review of Mission*, vol. 76, n.° 301, 1987, p. 14.

Capítulo 10

El poder en el reino de Dios

El reino de Dios "tiene un rostro y un nombre: Jesucristo"[44]. En consecuencia, es apropiado que indaguemos en la vida y el ministerio de Jesús las claves para entender la visión del poder en el reino. Las expresiones de poder en el ministerio de Jesús fueron totalmente diferentes de la manera de ver el poder en el mundo[45]. La manera en que Jesús veía el poder también difiere de las ideas del Antiguo Testamento y del judaísmo[46].

> Desde la perspectiva del AT y del judaísmo, la mayor sorpresa en la visión del NT sobre el poder es el tipo de poder que muestra el Mesías. Bajo la dominación de Roma, el pueblo del pacto esperaba un heredero de David que los libraría por medio del despliegue de un poderío político y militar [...]. Pero Jesús no reunió ninguna tropa ni obtuvo ningún cargo político reconocido. Esto no significa que Jesús fuera apolítico, sino que transformó la política[47].

44 Arias, *Announcing the Reign of God*, p. 69.

45 Prior, *Jesus and Power*, p. 13. Ver Apéndice 2 para mayor debate sobre las diversas definiciones de poder.

46 Ver Apéndice 2.

47 Geoffrey W. Bromiley (ed.), *The International Standard Bible Encyclopedia* (Enciclopedia de la *Internacional Standard Bible*), Eerdmans, Grand Rapids MI, 1986, p. 928.

Cuando Jesús entró en escena, redefinió el poder. En Jesús, el poder significó la

> ...renuncia totalmente inesperada a su vida en aparente debilidad, entregándose en manos de sus enemigos humanos y sobrehumanos. En ningún otro punto es tan pronunciada la diferencia en el concepto de poder entre el Antiguo y el Nuevo Testamento. Aquí, en lo que representa la mayor paradoja y sorpresa de todos los tiempos, se descubre la suprema expresión de poder[48].

La interpretación que Jesús tenía del poder incluía algunos símbolos y prácticas un tanto extraños. Estaban la toalla y el lavabo, el siervo y la cruz. La cruz fue la crítica decisiva de Jesús a la comprensión del poder que tiene el mundo. Su crucifixión fue más que la muerte de un hombre noble; fue el acto definitivo de la crítica profética.

> Sin la cruz, la imaginación profética probablemente sería tan enérgica y destructiva como aquello que critica. La cruz es la garantía de que la crítica profética efectiva no la haga un extraño, sino siempre alguien que abrace el dolor, entre en la muerte y conozca el sufrimiento del propio criticado[49].

La cruz redefinió el concepto mismo del poder e hizo de la impotencia una auténtica expresión de poder, aunque en una forma extraña.

El poder del reino relee la historia

El capítulo 6 señaló que la historia juega un papel fundamental en la perpetuación de la impotencia de los pobres. La historia interpretada, que se recuerda y se comparte entre los pobres, se distorsiona sistemáticamente para perpetuar su impotencia. ¿Cómo

---

48 Cyril H. Powell, *The Biblical Concept of Power* (El concepto bíblico de poder), Epworth Press, Londres, 1963, p. 117.

49 Brueggermann, *The Prophetic Imagination*, p. 95.

enfrenta esas distorsiones de la historia una respuesta a los pobres basada en el reino de Dios?

En las tradiciones judía y cristiana, el Dios en la historia y el señorío de Dios sobre la historia se simbolizaban como la creencia en "la mano de Dios"[50]. Los teólogos de la liberación llamaron a la iglesia a involucrarse con los pobres en la tarea de reescribir la historia desde la perspectiva de los pobres.

Sin embargo, la teología del reino afirma que la historia debe leerse desde la perspectiva de Dios, y que ni la visión de los vencedores ni la de los vencidos es un punto de referencia válido. Necesitamos una visión diferente de la historia, una nueva comprensión del futuro. La afirmación fundacional de que Dios está activo en la historia de los pobres tiene diversas ramificaciones.

Imaginar otra vez el futuro

A los pobres se les niega constantemente el papel de los que hacen la historia. Los pobres se convierten en instrumentos en manos de quienes hacen la historia del mundo. Pero la acción de Dios en la historia abre la posibilidad de que los que no tienen poder imaginen otra vez el futuro, basados en la venida del reino. Lo que Brueggemann llama "imaginación profética" debe preceder cualquier respuesta concreta. Esta imaginación ahora es una posibilidad para los pobres, porque es la lectura que hace Dios de la historia, la cual finalmente dará forma al fin de los tiempos.

En esta tarea de la imaginación, el "profeta de Dios" es quien tiene el liderazgo.

> Es tarea del profeta mantener vivo el ministerio de la imaginación, seguir evocando y proponiendo futuros alternativos al que el rey (refiriéndose a los reinados de Israel, particularmente en los tiempos de Salomón) quiere imponernos como el único posible[51].

---

50 Weber, *Power*, p. 29.

51 Brueggemann, *The Prophetic Imagination*, p. 45.

Una lectura alternativa de la historia

Esa imaginación provee un remedio a la lectura de la historia desde la perspectiva del poderoso —una alternativa radical—. Esta imaginación afirma que la historia puede ser leída desde otra perspectiva, distinta a la de los ganadores. No obstante, en este reino alternativo, tampoco se escribe la historia desde la perspectiva de los sin poder. La historia escrita desde la mirada de los que no tienen poder, sólo implicaría una inversión, no una trasformación de la historia.

Una lectura de la historia desde el reino tiene que darse desde la perspectiva de Aquel que tiene una preocupación especial por los pobres y los marginados. El poder del reino permite a quienes no tiene poder, releer la historia desde el punto de vista de Dios, incluyendo las dimensiones de *adventus* y *futorum* de los actos de Dios —las "sorpresas" del movimiento del Espíritu en la historia, lo mismo que los hechos "normales"—. No sólo la posibilidad de una lectura alternativa de la historia es profética, también lo es la sustancia de esa lectura, y desafía el poder de los poderosos.

Una manera diferente de leer el presente

Las afirmaciones del reino acerca de la acción de Dios en los asuntos humanos insisten en que hagamos una lectura diferente del presente. El reino sugiere que leamos el pasado y el presente con el futuro pretendido por Dios como nuestro principal punto de referencia. El mundo nos empuja a "absolutizar la verdad a partir de una fotografía instantánea de los hechos de la historia"[52]. No obstante, tenemos un Dios que está activo en la historia. En las lecturas de la historia que hace el reino, el futuro es un punto de referencia importante. Nos permite tomar una mirada larga del presente, lo que es fundamental para los pobres. Como sugiere Chambers, la solución para los que no tienen poder es

> ...empoderar a los pobres de manera tal que los anime y les permita adoptar una mirada larga, que aumente los recursos en lugar de degradarlos[53].

---

52 Samuel Kamaleson, conversación personal, 8 de septiembre de 1993.

53 Chambers, "In Search of Professionalism", p. 5.

Con mucha frecuencia a los pobres se les impide dar una mirada larga a la realidad; sus acciones generalmente son meras reacciones.

La cruz y la tumba vacía como puntos de referencia

Cualquier lectura de la historia, del presente y del futuro, desde la perspectiva de Dios, también debe incluir la cruz y la tumba vacía más allá de la cruz. El significado de la tumba vacía y la resurrección es decisivo para el poder en el reino. La cruz no es la última palabra ni una señal de derrota. Como sugiere Sider, la resurrección de Jesús es una poderosa evidencia de que incluso el último enemigo, la muerte, "no será más que un momento"[1]. En consecuencia el reino y la acción de Dios en la historia reinterpretan el sufrimiento de los desposeídos, con la cruz y la tumba vacía como puntos de referencia.

La historia no puede redimir

La creencia en el poder formador de la historia de Dios reconoce que la historia en sí misma no tiene poder para redimir. Los que carecen de poder no tienen que ser esclavos de ninguna interpretación particular de la historia, porque esta carece de poder para lograr el cumplimiento del propósito del reino[2]. Sólo Dios, actuando en la historia, puede hacer que se cumpla el reino de Dios. En el análisis final, nuestra historia no puede determinar nuestra identidad.

Esta fuente de poder, el hecho de que Dios está activo en la historia, incluyendo la historia de los pobres, permite a estos "imaginar otra vez el futuro", trae un nuevo sentido de dignidad donde "los pobres ya no son objetos pasivos de opresión y humillación; ahora son sujetos conscientes [...] [con] la seguridad de su indestructible dignidad ante los ojos de Dios"[3].

---

1 Ronald J. Sider, "Jesus's Resurrection and the Search for Peace and Justice" (La resurrección de Jesús y la búsqueda de paz y justicia), *The Christian Century* vol. 99, n.° 34, 1982, p. 1108.

2 Ladd, *A Theology of the New Testament*, p. 56.

3 Jürgen Moltmann, *The Way of Jesus Christ* (El camino de Jesucristo), Fortress Press, Filadelfia, 1993, p. 101.

Una respuesta del reino ante la pobreza, entonces, siempre debería llamar a pobres y no pobres a leer los tiempos y los hechos de una manera que afirme la existencia de un Dios vivo y amoroso, que vigila los asuntos de los pobres despojados de poder.

El poder del reino afirma las relaciones

La mayoría de las definiciones del poder presuponen relaciones. La impotencia de los pobres es un concepto relacional. El poder del reino también es relacional. El reino de Dios afirma las relaciones y construye comunidad.

El poder del reino y la comunidad

La comunidad es parte integral para la visión trinitaria del reino de Dios. Cuando el poder del reino se expresa, siempre genera comunidad. El poder del mundo "no puede generar comunidad, siempre está en tensión con el poder del siervo, el poder del amor y con los aspectos más sutiles de la justicia"[4].

En el reino, el "nosotros" es previo al "yo"[5]. Además, la libertad no se define en función del señorío sino de la comunidad[6]. La

4 Charles West, "The Concept of Power in the Christian Traditions" (El concepto de poder en las tradiciones cristianas), Study Encounter SE/85, vol. 11, n.° 4, 1975, p. 8.

5 Ray Anderson, *On Being Human: Essays in Theological Anthropology* (Sobre ser humano: ensayos en antropología teológica), Fuller Seminary Press, Pasadena CA, 1982, p. 169. Andersen desarrolla la idea de co-humanidad y el pacto como un paradigma teológico para entender lo auténtico de ser persona. Sugiere que todo nuestro quebranto y alienación tiene mucho que ver con nuestra pertenencia. Lo que creemos viene de nuestra pertenencia y la individualidad no fue la intención original de la creación (pp. 161–70). Van Engen desarrolla la relación entre el reino de Dios y el pacto al repensar el propósito de la iglesia local en *God's Missionary People: Rethinking the Purpose of the Local Church* (El pueblo misionero de Dios: repensando el propósito de la iglesia local), Baker Books House, Grand Rapids MI, 1991. En *The Good News of the Kingdom* (La buena noticia del reino) sugiere que "El pensamiento del reino tiende a sostener conceptos de jerarquía y orden. El pacto, por otra parte, tiende a empoderar a los débiles y fortalecerlos por medio de nuevas relaciones. La idea bíblica de pacto es imposible sin el concepto amplio de reino de Dios en Jesucristo" (Van Engen *et al.*, p. 258). Necesitamos una nueva comprensión del pacto dentro del marco más amplio del reino de Dios. Este concepto hay que buscarlo, en este caso, dentro del contexto de los impotentes, aquellos que tradicionalmente han estado en los márgenes de todos los pactos humanos y los reinos de este mundo.

6 Moltmann, *The Trinity and the Kingdom*, p. 215.

declaración de Wheaton 1983 comenta la actitud de Jesús hacia las estructuras de poder:

> La suya era una compasión profética y resultó en la formación de una comunidad que aceptaba los valores del reino de Dios y significó un contraste con la sociedad establecida, tanto romana como judía[7].

De hecho, el poder del reino solamente se puede entender en el contexto de una comunidad. No obstante, la comunidad que construye el poder del reino es cualitativamente diferente. Es una comunidad con calidad de pacto.

En el reino de Dios, el concepto de comunidad no reconoce la necesidad de ganadores y perdedores, ni de los poderosos sobre los sin poder, ni de los señores sobre los súbditos. En lugar de ello, el poder del reino se realiza plenamente sólo en una relación en la que el pacto precede al poder[8].

El pacto no explota la inequidad

La teología del reino afirma que un pacto se establece entre participantes desiguales. Siguiendo el modelo de los pactos que Jahweh[9] estableció con Abraham, Moisés y el pueblo de Israel, esa misma "desigualdad" se convierte en el trampolín para el compromiso redentor. En el reino de Dios, la desigualdad nunca es la base para establecer relaciones, ni para romper relaciones ni para la explotación. La comunidad con calidad de pacto transforma las relaciones. No hay necesidad de ganadores ni de perdedores en el reino.

---

7 Samuel y Sugden, *The Church in Response to Human Need*, p. 260.

8 Elliott, *Comfortable Compassion*, p. 152.

9 "Los pactos implican diversas cosas. Implican que Dios es una persona. Sin duda es Espíritu (Jn 4.24), pero puede pensar, e hizo planes, modificó procedimientos en la medida de lo necesario para completar esos planes, y sintió alegría, frustración, satisfacción e ira a lo largo de todo eso. El pacto presupone el libre albedrío moral en el hombre. Como ser responsable. El pacto se convierte en el patrón objetivo por el que el hombre puede ser moralmente responsable. Hasta aquí en el relato bíblico cualquier relación con Dios es primero y principalmente una relación de pacto" (Mont W. Smith, *What the Biblie Says About Covenant* [Lo que dice la Biblia sobre el pacto], College Press Publishing Co., Joplin MO, 1981, p. 127).

El pacto no destruye

Una relación con calidad de pacto procura edificar (2Co 13.10) y no destruye a nadie. Aquí el poder del reino se diferencia claramente de la comprensión del poder en el mundo. Generalmente los pobres no tienen acceso a las bases de poder del mundo. Pero el poder del reino no intenta manipular el poder, sino más bien edifica y afirma el ser del otro sin reducirlo a una mera base de poder. Además, el poder del reino afirma lo que hay en común al igual que la diversidad.

El pacto redefine la solidaridad

En el contexto del pacto, se entiende la *solidaridad* como ser comunidad "con" los pobres, no simplemente llevando adelante un programa "para" los pobres. La comunidad con calidad de pacto cuestiona la comprensión tradicional de solidaridad con los pobres. El mandato aquí es estar en solidaridad con los pobres.

> Nacido en un establo, sometido de niño al sufrimiento de los refugiados, criado en el estancamiento económico de Galilea, Jesús el maestro ambulante, no tenía casa propia (Mt 8.20)[10].

El pacto cuestiona la organización de la comunidad con base en objetivos

La comunidad con calidad de pacto subraya que la solidaridad con y entre los pobres jamás debe reducirse a un programa social basado en objetivos. La mayoría de los teóricos y sociólogos del desarrollo que han estudiado los movimientos, suponen la necesidad de una ideología basada en objetivos. Sostienen que los esfuerzos organizativos de la comunidad se deben diseñar en torno a objetivos específicos. Sin embargo, en el caso de los pobres, cuyas relaciones ya están heridas, una respuesta basada en objetivos puede profundizar las heridas. El pacto exige el compromiso auténtico basado en las relaciones entre los pobres. Los objetivos son secundarios a las relaciones del reino.

---

10 Sider, *One Sided Christianity*, p. 63

El pacto no explota los números

La solidaridad basada en el pacto no explota el juego de números que es integral a la comprensión del poder de este mundo. Para los pobres, su número es una fuente de poder. No obstante, cuando este poder es ejercido y explotado por políticos y otros, se reduce mucho su condición de personas. En la expresión de poder del reino, basado en relaciones con calidad de pacto, los sin poder son vistos primero y principalmente como personas. El poder del reino nunca daña su condición básica de persona.

El poder del reino y su propósito inclusivo

El poder del mundo se construye sobre la base de excluir a los muchos pobres para que gobiernen los pocos poderosos. El reino de Satanás "se basa en la solidaridad falsa y excluyente de grupo"[11]. Una característica clave de las relaciones de pobreza es que los pobres son constantemente excluidos de la corriente principal de la sociedad.

El reino de Dios, por otra parte, procura incluir. Se basa en una "solidaridad totalmente inclusiva" de la raza humana[12]. La inclusión, o el abrazo como prefiere denominarlo Volf, es integral al constante recordatorio bíblico de que en el reino de Dios habrá personas de *toda raza, lengua, pueblo y nación* (Ap 5). La exclusión del "otro" es pecado[13].

En su propósito inclusivo, el poder del reino es radicalmente diferente del poder del mundo, que trata de mantener sin poder a los pobres excluyéndolos. Algo que es fundamental al hecho de que el poder del reino afirma la inclusión, es su actitud hacia las barreras que dividen a las personas.

---

11 Albert Nolan, *Jesus before Christianity* (Jesús antes del cristianismo), Orbis, Maryknoll, NY, 1976, p. 60.

12 *Ibíd.*

13 Miroslav Volf, "Exclusion and Embrace: Theological Reflections in the Wake of 'Ethnic Cleansing" (Exclusión y abrazo: reflexiones teológicas tras la "limpieza étnica"), manuscrito no publicado, Fuller Theological Seminary, School of Theology, Pasadena CA, 1993. Volf sugiere que la exclusión del "otro" es esencial a la idea Bíblica del pecado y por consiguiente la "inclusión" del otro, sería parte de la salvación. Desarrolla bien esta tesis al reflexionar sobre la limpieza étnica en la ex-Yugoslavia (*Ibíd.*).

> [Jesús] se niega a reconocer ninguna barrera social, étnica, política o religiosa. En su ministerio caracterizado por romper los límites, Jesús los abraza a todos. Al hacerlo, afirma [a las personas]; y lo que es más importante: empodera [a las personas][14].

El reino de Dios se niega a reconocer las barreras que dividen a la gente. La negativa de Jesús de refrendar las barreras sociales resultó en una experiencia transformadora para los que estaban del otro lado de esas barreras, permitiéndoles

> ...alzar la cabeza y mantener la frente en alto, reconocer su propia dignidad, comenzar a verse a sí mismos con una nueva luz. Después de su encuentro con Jesús, se transforman en personas que se saben hijos de Dios[15].

Más adelante en su ministerio, Jesús cuestionó intencionalmente esas barreras, aceptando y mezclándose libremente con aquellos que estaban del otro lado de los límites establecidos por el mundo, los marginados. Como lo expresa Newbigin,

> El escándalo, la piedra de tropiezo que Jesús pone a sus contemporáneos es que por un lado ignora sencillamente las líneas que toda sociedad marca para separar lo bueno de lo malo y por otro acepta libremente en su compañía a los que están del lado equivocado de la línea[16].

Esa mezcla intencional era una crítica radical a las líneas mismas, y esta naturaleza inclusiva del reino cuestiona la realidad de la impotencia de muchas maneras.

---

14 David J. Bosch, "Mission in Jesus' Way: a Perspective from Luke's Gospel" (La misión a la manera de Jesús: una perspectiva desde el Evangelio de Lucas), *Missionalia*, vol. 17, n.° 1, 1989, p. 8.

15 *Ibíd.*

16 Lesslie Newbigin, *Sign of the Kingdom* (Señal del reino), Eerdmans, Grand Rapids MI, 1980, p. 31.

El poder del reino cuestiona las líneas divisorias

Jesús fue más allá de simplemente ignorar las líneas que han dividido a las personas desde el comienzo de la historia humana. Jesús no solamente se mezcló con los pobres intencionalmente, sino que "enojó a los líderes religiosos haciendo de su asociación con los pecadores un asunto religioso"[17]. Para Jesús, este borrón de las líneas era parte integral de su comprensión de la misión.

El reino de Dios cuestiona esas líneas, no solamente por la preocupación especial de Dios por los pobres, sino también porque esas líneas son contradictorias con su reino. El reino de Dios desafía el poder con que los opresores dividen y gobiernan. Esto es esencialmente una expresión del plan redentor de Dios para las personas de todas las naciones, tribus y lenguas. Como lo señala Moltmann, por medio de todos estos ministerios rompedores de límites Jesús

> ...no está justificando el pecado, la corrupción de la prostitución. Sino que está atravesando el círculo vicioso de la discriminación en el sistema de valores establecido por los rectos. De esa manera también está potencialmente rescatando a "los rectos" de la compulsión a la superioridad moral, y salvando a los "buenos" de creerse dueños del bien[18].

El poder del reino incluye a todos

El propósito inclusivo del reino también afirma que "el reino de Dios [...] será una sociedad en la que no habrá prestigio ni estatus, ninguna división entre gente inferior y gente superior"[19]. Los pobres, que hasta el momento han sido excluidos, serán incluidos en el reino de Dios.

Entonces, la pregunta clave es: ¿cómo es que el reino, que "pertenecía" a los pobres (Lc 6.20) se convierte en el reino en que todas las personas de "toda lengua, pueblo y nación" están incluidas

17 Ladd, *A Theology of the New Testament*, p. 175.

18 Moltmann, *The Way of Jesus Christ*, p. 114.

19 Nolan, *Jesus before Christianity*, p. 58

(Ap 5.9)? El propósito inclusivo del reino se expresa mejor en este cambio. Primero, el reino de Dios pertenece a los pobres, que fueron excluidos por el resto del mundo (Lc 6.20). Segundo, estos pobres excluidos a quienes pertenece ahora el reino, tienen el gozo de incluir a las mismas naciones, pueblos, lenguas y personas que los excluyeron en el pasado. Este giro de Lucas 6.20 a Apocalipsis 5.9 describe inequívocamente la naturaleza radical del reino. Todos están incluidos en el reino de Dios, que "pertenece" a los pobres.

El propósito inclusivo del poder del reino genera oleadas de transformación. Sider describe la

> ...preocupación imparcial por los pobres, [que] demanda cambios fundamentales en los valores y sistemas distorsionados que favorecen a los ricos y poderosos. Jesús y la "opción preferencial por los pobres" de toda la Biblia exigen que demos vuelta a la pobreza y a la correcta justicia. Nos convoca a una reversión fundamental de los puntos de vista y las prácticas distorsionadas[20].

La preocupación de Dios por los pobres está profundamente enraizada en la afirmación "tanto amó Dios al mundo". La suya fue y es una preocupación con un propósito redentor. Este amor cuestiona los valores distorsionados que vienen gobernando el mundo, incluso la distorsionada visión del poder.

El poder del reino nunca es interesado. Jesús, después de lavar los pies de sus discípulos (Jn 13), no explotó la ventaja moral que acababa de establecer. En lugar de eso, les ordenó: *También ustedes deben lavarse los pies los unos a los otros* [...] *hagan lo mismo que yo he hecho con ustedes* (vv 14–15). Hay otros pies que necesitan ser lavados. En esta comprensión de la transformación, el siervo "sin poder" es un agente clave. Los que carecen de poder no están en los márgenes de la agenda de Dios para la transformación.

De manera consecuente, el poder del reino no necesita del cartel de "enemigos" para sostener la emoción y la motivación. Los

---

20 Ronald J. Sider, *Nonviolence: The Invisible Weapon?* (La no violencia, ¿el arma invisible?) Word Publishing, Dallas TX, 1989, p. 165.

sociólogos que estudian la naturaleza de los movimientos sociales sugieren que los movimientos populares necesitan identificar un enemigo común. Los movimientos efectivos requieren personas, eventos y objetos sagrados y enemigos demonizados para sostenerse como tales[21]. En el contexto de las situaciones de poder, este "enemigo" puede ser el Gobierno, los no pobres, las estructuras económicas, los grupos políticos e incluso la historia distorsionada. Sin embargo, en la economía del reino no hay necesidad de demonizar a nadie. El poder del reino se niega a demonizar a ningún miembro potencial del reino. El poder del reino declara la verdad acerca de las relaciones de explotación sin sacralizar ni demonizar a nadie. El reino no da ningún valor al título de "enemigo".

Resumen

Para resumir, el reino afirma el potencial en el "otro" de ser miembro del reino incluso mientras cuestiona sus deficiencias e invierte el orden de las cosas. La afirmación del reino de la comunidad con calidad de pacto redefine los parámetros para todas las intervenciones con intención organizadora de la comunidad entre los pobres. Las intervenciones del reino se niegan a explotar los números de los pobres, o a buscar poder por medio de las conexiones, o a manipular al "otro" en cualquier relación de poder.

En el proceso de encarar los asuntos del poder entre los pobres, el poder del reino siempre comunica y afirma el propósito inclusivo del reino, negándose a considerar a cualquier otro como "enemigo". El poder del reino cuestiona las líneas que dividen y rompen la comunidad en relaciones de pobreza. El poder del reino genera oleadas de transformación hacia una comunidad de "desiguales" que no explotan su desigualdad. El poder del reino extiende la redención.

---

21 Oommen, *Protest and Change*, p. 290.

El poder del reino se basa en la verdad

En la comprensión del mundo sobre el poder, la verdad es la primera víctima. El ganador define la verdad, y la visión del perdedor se ignora. El poder del mundo siempre busca justificar su posición. El poder busca constantemente absolutizarse a sí mismo, como hemos visto antes, y ayuda a generar una "red de mentiras" en la que los pobres están cautivos.

En el reino de Dios, la verdad es fundante.

> La única autoridad a la que se dice que apeló Jesús fue la autoridad de la verdad misma. Jesús no hizo del poder su verdad, hizo de la verdad su autoridad[22].

El poder del reino se basa en la Verdad con "V" mayúscula. Juan 8.32 promete que conoceremos la Verdad y la Verdad nos hará libres. El poder del reino ubica su verdad en la persona de Jesucristo (Jn 8.36) y en relación con él. En consecuencia, la fuente de poder del reino está fuera del eje poder-impotencia del mundo. Reside en la verdad que se halla en el Hijo. Esta comprensión del poder como enraizado en la verdad, cuestiona todas las demás estructuras y poderes, incluyendo a los poderes y autoridades en las esferas celestiales (Ef 3.10), que no reconocen la verdad.

Segundo, el poder del reino se funda en una comprensión clarificada del yo: la verdad acerca de uno mismo. Mientras que la comprensión del mundo sobre el poder se funda sobre la identidad estropeada del pobre (lo que a la vez estropea la identidad de los no pobres), el poder del reino se edifica sobre una clarificación de la identidad que permite que el condenado diga con confianza en todas estas cosas *...somos más que vencedores por medio de aquel que nos amó* (Ro 8.37). Esta clarificación nos permite decir: *Gustosamente haré más bien alarde de mis debilidades, para que permanezca en mí el poder de Cristo* (2Co 12.9_b).

> Esa humilde aceptación de nuestra impotencia natural, esa sincera pobreza de espíritu, es lo que puede proveer el

22 Nolan, *Jesus before Christianity*, p. 123.

> trampolín para la verdadera fe en un Dios que puede mover montañas[23].

Somos "más que vencedores", a la vez que impotentemente dependientes de Dios. Sólo a través del sincero reconocimiento de nuestra impotencia podemos descubrir el reino del poder.

Tercero, en el reino de Dios, la verdad no es solamente un concepto absoluto, sino también un valor funcional en la vida pública. En un mundo de ganadores y perdedores, la verdad última está proscrita de la vida pública. Moltmann se refiere a este fenómeno como la "pérdida del centro"[24]. El poder del reino siempre buscará restaurar la verdad al lugar que le corresponde en el escenario público. "Cuando se entiende el poder dominante como sinónimo de verdad, se convierte en la única forma porque es la única forma *oficialmente sancionada* de hacer las cosas"[25].

El reino de Dios pone en evidencia suposiciones acerca del poder oficialmente sancionado. Francis Watson lo describe como el exhaustivo "desenmascaramiento divino de las suposiciones convencionales acerca de la sabiduría y el poder"[26]. El poder del reino cuestiona la distorsión de la verdad en el mundo.

Verdad y audacia

Siendo la verdad la base para la comprensión del poder en el reino, el portador de la verdad no tiene por qué temer. La audacia (y no la arrogancia) es la principal característica de alguien que tiene la verdad como base del poder. Los que se oponían a Jesús percibieron claramente esta relación entre su honestidad y su audacia. Una vez le preguntaron:

---

23 Prior, *Jesus and Power*, p. 81.

24 Moltmann, *Theology of Hope*, p. 307.

25 Garth Baker Fletcher, "Unquenchable Fire: A hermenuitic of Trust and Respect" (Fuego que nunca se apaga: una hermenéutica de la confianza y el respeto), *Encounter*, vol. 53, n.° 2, 1992, p. 184.

26 Francis Watson, "Christ, Community and the Critique of Ideology" (Cristo, comunidad y crítica a la ideología), *Netherlands Theologisch Tijdshcrift*, vol. 46, n.° 2, 1992, p. 140.

> Maestro, sabemos que eres un hombre íntegro. No te dejas influir por nadie porque no te fijas en las apariencias, sino que de verdad enseñas el camino de Dios. ¿Está permitido pagar impuestos al césar o no? (*Mr 12.14*).

En algunas versiones, la frase "no te dejas influir por nadie" se traduce como "no le temes a nadie". Para Jesús, su relación con el Padre era la base de toda su enseñanza y ministerio. Esta relación fundacional, esta verdad, "hacía de él un hombre singularmente liberado, singularmente valiente, audaz, independiente, honesto y veraz"[27]. Entonces, el poder del reino, basado en la verdad, se puede ejercer sin temor.

La verdad lleva al compromiso profético

Una expresión clave del poder del reino basado en la verdad será el compromiso profético entre los pobres. Un profeta es alguien que declara la verdad acerca de una situación. El profeta no solamente expresa el pensamiento de Dios acerca de los asuntos, sino que también lee los asuntos como Dios lo haría. Un profeta plantea la cuestión del sentido. Brueggemann describe el papel del profeta como "el que expresa el sufrimiento". El profeta sufre por el pueblo porque siente una genuina preocupación por él[28]. La expresión del sufrimiento es el resultado natural del reconocimiento de que en los encuentros de poder, lo que está en juego es la verdad. Esta expresión del sufrimiento en ninguna manera es un llanto pasivo e impotente por las preocupaciones diarias. En lugar de eso

> ...el llanto es una crítica radical, un terrible desmantelamiento, porque significa el fin de todo machismo; llorar es algo que los reyes rara vez hacen sin perder su trono. No obstante, la pérdida del trono es precisamente lo que requiere la crítica radical[29].

27 Nolan, *Jesus before Christianity*, p. 125.

28 Brueggemann, *The Prophetic Imagination*, p. 52.

29 *Ídem*, p. 61.

En consecuencia, el acto de expresar sufrimiento por la pérdida o ausencia de la verdad es en sí mismo una crítica radical al ejercicio del poder en el mundo.

La verdad y las repercusiones cósmicas

La afirmación del reino de que la verdad es el fundamento del poder tiene repercusiones cósmicas. Para empezar, el que gobierna los lugares celestes es el *...padre de las mentiras* (Jn 8.44). Por consiguiente, en la batalla con los principados y poderes (Ef 6.12), Pablo nos llama a mantenernos *...firmes, ceñidos por el cinturón de la verdad* (Ef 6.14). Debemos estar donde el poder del reino cuestiona las distorsiones que los poderes cósmicos perpetúan para mantener impotentes a los pobres.

Resumen

El poder del reino procura romper la "red de mentiras" y proclamar la libertad a los prisioneros, a los pobres. Esto significa que el compromiso del reino entre los pobres es esencialmente un esfuerzo por establecer la verdad y la justicia. El análisis de los modelos históricos y las reflexiones globales que realizamos anteriormente concluyó también que la misión entre los pobres es particularmente un esfuerzo por establecer la verdad y la justicia.

Además, el poder del reino permite el compromiso audaz con un ministerio profético de expresión del sufrimiento por la distorsión de la verdad (y sus implicancias entre los pobres), y por ese medio desafiar al engañador, al diablo mismo.

Poder del reino y clarificación de la identidad

Una característica fundamental de poder del reino es que "compra" a los seres humanos para Dios y hace de ellos un reino y sacerdotes para servir a Dios (Ap 5.9–10).

Algo central a la comprensión cristiana de la identidad es la afirmación de que los seres humanos somos creados a imagen de Dios.

> Ser a la imagen de Dios no consiste en un revestimiento religioso sobre nuestra humanidad natural. Por el contrario, ser a la imagen de Dios es en sí mismo fundamental para nuestra verdadera humanidad[30].

Sin embargo, en situaciones de pobreza, esta convicción de que los pobres son hechos a imagen de Dios se ve constantemente atacada. La impotencia es la distorsión de la imagen de Dios en los pobres. En el reino, la transformación implica pasar por una nueva creación (2Co 5.17) y ser hechos a la imagen del Hijo Jesucristo. La transformación implica restauración de la imagen de Dios entre los pobres.

Anderson provee un marco útil para entender este proceso de restauración. Sugiere que la Biblia entiende la humanidad de las personas primero como una "realidad" antes de convertirse en una posibilidad. Los pobres son hechos a imagen de Dios —esto es realidad en el reino de Dios—. Los pobres "pueden llegar a ser humanos porque [...] en efecto están divinamente destinados a ser humanos y son humanos"[31]. Los pobres son humanos a pesar de todas las violaciones de su identidad por los poderes del mundo. El poder del reino opera partiendo de esa verdad fundamental: que las personas son primero y principalmente creadas a imagen de Dios.

Imagen de Dios y responsabilidad

El reino afirma la responsabilidad[32] —entendida como capacidad para responder[33]— de los pobres, al procurar que todos respondan a su llamado, incluyendo a los pobres. Estos (perpetuamente en

30 Anderson, *On Being Human*, p. 84.

31 *Ídem*, p.165.

32 *Ídem*, p. 83.

33 En inglés, *responsibility* (responsabilidad) permite un juego de palabras donde *response-ability* (respuesta-capacidad), puede significar tanto *responsabilidad* como *capacidad para responder.* [Nota del traductor)].

los márgenes de la sociedad), cuyas opiniones son ignoradas o menospreciadas, ahora son llamados a responder al Rey del reino. Esta capacidad para responder es algo de lo que los seres humanos están dotados y que es afirmada en el reino. Las Buenas Nuevas son para los pobres. El reino confirma su capacidad para responder y con ello confirma su humanidad. Por el otro lado, el mundo siempre procura estropear esa capacidad de los pobres para responder. Los pobres son considerados como meros números a la hora de las elecciones. El sistema educativo atrofia la capacidad de reflexionar de los pobres. El poder del reino busca revertir esta atrofia afirmando que las Buenas Nuevas del reino están dirigidas a los pobres y que ellos tienen la capacidad para responder.

Identidad y comunidad

Moltmann señala que en el reino la libertad humana se define en el contexto de la comunidad[34]. La afirmación de la humanidad en el reino nunca implicará la libertad para ser humanos en aislamiento o ejerciendo poder sobre otros.

El poder del reino siempre procura afirmar la humanidad esencial y la capacidad para responder en el contexto de una comunidad, entre los pobres. Para estos, cuya identidad está estropeada en relaciones de pobreza, esta afirmación significa clarificación de su identidad: que ellos también están creados a imagen de Dios.

El proceso de clarificación de la identidad

Las reflexiones de Pablo sobre la nueva vida en el Espíritu, en Romanos 8, nos ayudan a entender los procesos involucrados en esta clarificación de la identidad en el reino[35]. El giro de ser

34 Moltmann, *The Trinity and the Kingdom*, p. 19.

35 La clarificación de la identidad implica más de lo que comentamos aquí. Por ejemplo, la clarificación de la identidad incluye enfrentar las distorsiones de la historia, las ideas tergiversadas sobre el poder, las deficiencias en la visión del mundo y el papel de los principados y poderes. Aquí procuramos simplemente señalar un marco básico de lo que es el esfuerzo clarificador de la identidad.

condenados en el versículo 1 a ser "más que vencedores" en el versículo 37, es un ejemplo de clarificación de la identidad. Llegar a ser "más que vencedores" es el resultado de la obra de la Trinidad. Jesucristo, el Espíritu y el Padre se comprometen en este ejercicio sagrado de clarificar la identidad de aquellos cuyas identidades están estropeadas. Todo el reino parece estar ávidamente implicado en la restauración de la imagen de Dios en los seres humanos.

Romanos 8 provee nuevas claves acerca de la clarificación de la identidad. El paso de ser un pecador condenado a "más que vencedores" es gradual. Somos declarados "no condenados" en Jesús (v 1), el Espíritu mora en nosotros (v 9), pertenecemos a Cristo (v 9), se nos llama hijos de Dios (v 14), somos herederos y coherederos (v 17), damos los primeros frutos del Espíritu (v 23), recibimos ayuda en la debilidad (v 26) y tenemos al Espíritu intercediendo por nosotros (vv 27, 34). Por eso, nadie puede estar en contra de nosotros (v 31) ni presentar cargos contra nosotros (v 33), y nada en toda la creación puede separarnos del amor de Dios (v 39). Esto, según el Espíritu, es el sentido de la clarificación en el reino. Para nosotros, que antes estábamos condenados por pecadores, experimentar todo esto e ir por la vida "más que vencedores" es realmente una clarificación de nuestra identidad, que es parte del empoderamiento.

En el proceso de estos cambios, el Espíritu enfrenta ciertas fuerzas que procuran estropear la identidad de los que somos hechos a imagen de Dios. Esas fuerzas son el pecado (v 3); la mentalidad (v 6); la naturaleza pecaminosa (v 26); la naturaleza que esclaviza (v 15); el actual sufrimiento (v 18); la debilidad (v 26); otros que intentan estar contra nosotros y culparnos, condenarnos y separarnos (vv 31–35), y todo otro poder terrenal o cósmico y relacionado con el tiempo y el espacio (v 38). El poder del reino en su papel de clarificador de la identidad no huye de las situaciones de la vida real. Las enfrenta y va más allá para llegar hasta "lo interior", que constituye la base para las realidades exteriores.

Una pieza importante en el esfuerzo del reino por clarificar la identidad es el papel de la esperanza. En Romanos 8, Pablo describe esta esperanza como el anhelo de toda la creación (v 20). La esperanza es la respuesta del reino al gemido de la creación (vv 22, 23). Esta esperanza es redentora y afecta toda la vida (v 23), incluyendo el cuerpo[36]. El vínculo entre identidad y esperanza es fundamental cuando se enfrenta la realidad de los pobres. Los poderes en relaciones de pobreza generalmente estropean la identidad de los pobres en el taller de la desesperanza.

Pablo posiciona la clarificación de la identidad (Ro 8) entre dos experiencias humanas aparentemente contradictorias (Ro 7 y 9). Al final del capítulo 7, Pablo describe la lucha entre su mente y los miembros de su cuerpo. Comienza el capítulo 9 expresando su continua angustia por su gente (vv 2–4). El análisis de este cambio sugiere que el paso de poner el foco en la lucha personal a la preocupación por los otros, implica la clarificación de nuestra identidad (Ro 8).

Según Pablo, esta clarificación de la identidad es parte integral de la obra transformadora del reino, el resultado de la obra del Dios Trinitario. Supone que el pecador condenado llega a poder declarar "somos más que vencedores". El foco en la lucha personal se transforma en un glorioso abandono de uno mismo en el servicio a los otros.

Los sociólogos de la política también afirman la necesidad de una clarificación de la identidad. En su estudio sobre los movimientos sociales, T. K. Oommen señala que la clarificación de la identidad es una dimensión fundamental en cualquier movimiento efectivo. Los movimientos sociales refuerzan la identidad de sus miembros utilizando símbolos de identificación y adoptando un nuevo estilo de vida. Oommen luego explica que este proceso de crear una nueva identidad "invariablemente lleva a la sacralización de personas, hechos u objetos significativos para el movimiento [...] y la demonización del enemigo"[37]. Sin embargo, una clarificación de la identidad que requiera "demonios" y símbolos "sagrados" tenderá más tarde a fracturar la sociedad.

En cambio, el poder del reino no clarifica la identidad por medio de la sacralización ni la demonización. El poder del reino clarifica la identidad de los pobres carentes de poder afirmando su humanidad y la imagen de Dios en ellos. Esta afirmación acerca de la identidad

36 Ver Sider, *One Sided Christianity*, p. 89.

37 Oommen, *Protest and Change*, p. 290.

de los pobres ataca la raíz de la atadura a la identidad que les fue asignada por las estructuras, los sistemas y los no pobres.

La clarificación de la identidad del reino no resultará en la fractura de la comunidad de los pobres que no tienen poder. Esto no implica pasar por alto las relaciones opresivas dentro de las situaciones de pobreza. Como hemos visto antes, en relación con el encuentro entre pobreza y poder, la presencia de opresión y pobreza en las situaciones de pobreza puede significar "equilibrio social" o incluso "paz" como la quieren los poderosos. El poder del reino, en cambio, afirma la libertad humana en el contexto de la comunidad: una comunidad de personas liberadas.

Resumen

En el reino de Dios, la identidad estropeada de los pobres es continuamente sanada y clarificada sin fragmentar la comunidad. Los pobres adquieren poder para darse a sí mismos como "agentes de transformación" sanados (por ejemplo, ver la discusión de la Misión Mukti de Pandita Ramabai en el capítulo 4).

El poder del reino redefine el poder

La extraordinaria naturaleza del poder del reino se hace más evidente cuando el marco de referencia usado para definir el poder mismo es cuestionado. Jesús invirtió la manera de ver el poder del mundo.

En el mundo, el poder se caracteriza por la dominación y la opresión. Las líneas entre fuerza e ideología, así como entre obediencia y responsabilidad, a menudo se borran. "El temor y la arrogancia humanas [...] crean estructuras de dominación y explotación"[38]. Jesús puso en total ridículo estas y otras distorsiones del poder[39].

38 Williams S. Schmidt, "Power as a Theological Problem" (El poder como problema teológico), *The Journal of Pastoral Care*, vol. 46, n.° 1, 1992, p. 71.

39 Ellul, *Jesus and Marx*, p. 167.

Walter Wink afirma: "En pocas palabras, Jesús aborrece tanto la pasividad como la violencia. Formula [...] un modo en que es posible oponerse al mal sin que se refleje en nosotros, resistir al opresor sin imitarlo, y neutralizar al enemigo sin destruirlo"[40].

Reflexiona sobre tres mandatos de Jesús —poner la otra mejilla, dar también la capa y caminar la segunda milla— para desarrollar su tesis sobre la respuesta no violenta a los sistemas dominantes[41]. Señala que la afirmación de Jesús de la no violencia era para gente común —una tercera opción entre "la lucha" (revuelta armada, rebelión violenta, represalia y venganza) y "la huida" (sumisión, pasividad, abandono o claudicación)[42]—. Wink entonces concluye:

> Nuestra meta debería ser preparar millones de activistas no violentos que estén en condiciones de entrar en acción al instante, a favor del propósito humanizador de Dios[43].

La manera de Jesús es más que la no violencia; es una suerte de impotencia activa y positiva que cuestiona radicalmente la idea que tiene el mundo del poder.

El poder del reino en la debilidad

Para los ojos del mundo, la idea de Jesús sobre el poder se parece más a la impotencia. J. B. Webster sostiene que Jesús, con su afirmación del "poder en la debilidad", cuestionó la idea de poder del mundo[44]. Esto es una inversión del poder y una inversión de las descripciones de liberación y salvación del Antiguo Testamento. En Jesús, la victoria

> ...no se ganará por medio de una guerra santa y la mano vengadora de Dios ni con el manual de guerra de los rollos de Qumran [...]. La guerra de liberación se gana en la agonía de

40 Wink, *Engaging the Powers*, p. 189.

41 *Ídem*, pp. 175–184.

42 *Ídem*, p. 187.

43 *Ídem*, p. 192.

44 J. B. Webster, "Some notes on the Theology of Power" (Apuntes sobre la teología del poder), *The Modern Churchman*, vol. 30, n.° 1, 1988, p. 18.

> la cruz y en la reivindicación del Cristo crucificado por medio de la resurrección[45].

La novedad del poder de Jesús se dio en la cruz. Yoder dice que esta inversión es más que una estrategia. "Jesús no nos dice simplemente: 'Estoy del otro lado; estoy del lado de las víctimas'. Jesús se *convierte* en víctima"[46].

Para Jesús, esta inversión implicaba ser un indefenso bebé. El indefenso bebé fue un precursor del impotente Cristo crucificado[47]. Esta inversión significó para Jesús el lavabo y la toalla. Implicó ser malinterpretado y ridiculizado delante de otra gente. Significó ser tratado como una simple "opción" por parte de Pilato, que podía elegir entre librarlo y condenarlo. Cuando esa opción finalmente se ejerció mostrando preferencia por Barrabás, el decisor clave (Pilato) sabía que ese hombre llamado Jesús no tenía culpa alguna. Cuando Jesús fue rechazado, significó la experiencia de la cruz. Para Jesús, todo eso fue parte de un viaje de impotencia, desde indefenso bebé de Belén hasta víctima en la cruz del Gólgota. Moltmann describe así el significado de este viaje:

> Esto cambia completamente nuestro concepto de gloria, de grandeza, de logro, y de desarrollo del poder. Normalmente, miramos hacia arriba [...] en el caso de Jesús, tenemos que mirar *hacia abajo*[48].

La cruz de Jesús sugiere que "la misión no se puede realizar cuando somos poderosos y estamos confiados, sino sólo cuando somos débiles y sufrimos una pérdida"[49]. La cruz es la situación más apropiada para confundir a los sabios y a los fuertes (1Co 1.18), para confundir a la gente que construye su confianza y su vida entera

45 Weber, *Power*, p. 46.

46 John Howard Yoder, "Power and the Powerless" (El poder y los impotentes), *The Covenant Quarterly*, vol. 36, n.° 4, 1978, 34.

47 Prior, *Jesus and Power*, p. 29.

48 Jürgen Moltmann, *The Power of the Powerless* (El poder de los impotentes), Harper & Row, San Francisco CA, p. 24.

49 Bosch, *Transforming Mission*, p. 515.

sobre una comprensión distorsionada del poder y la sabiduría. La lección más dura que la iglesia tendrá

> ...que aprender en los próximos años es cómo volver a ser lo que originalmente fue y siempre debió haber sido: una iglesia sin privilegios, la iglesia de las catacumbas más que de los salones de la fama, el poder y la riqueza[50].

Aparte de cuestionar la postura que se adopta para la misión, la cruz también cuestiona los medios para la misión. Con la cruz, Jesús evitó la necesidad de fusiles y espadas en la misión del reino. Jesús testificó de un poder de otro tipo. El poder de la impotencia.

El poder redefinido como humildad positiva

La cruz define el poder en el reino como impotencia. La impotencia o sumisión en el reino es diferente de la impotencia del pobre. La impotencia del pobre es impuesta por los no pobres y los poderes del mundo. En cambio, el poder del reino se somete intencionalmente. En Juan 13.3 vemos a Jesús afirmando su poder y su relación con el Padre. Entonces, Jesús toma el lavabo y la toalla como una consecuencia natural de su profunda convicción de su poder y de su relación con el Padre (v 4). El lavabo y la toalla estaban profundamente relacionados con su reconocimiento del poder con que el Padre lo respaldaba. Jesús eligió ser siervo. Esto distingue intencionalmente la impotencia de los pobres de la impotencia que es característica del poder del reino. Bosch llama al primer tipo de impotencia "humildad negativa" y al segundo "humildad positiva". Luego propone que los pobres tienen que pasar de la "humildad negativa" de su pobreza a la "humildad positiva" propia del reino de Dios[51].

En el reino de Dios, la impotencia y la sumisión son más que una estrategia. La sumisión es una genuina expresión del estilo de vida del reino[52]. Para Jesús, la sumisión y la servidumbre no eran

50 Bosch, "Vision for Mission", p. 15.

51 Bosch, "Mission in Jesus's Way", p. 8.

52 Samuel Kamaleson, comunicación personal, 8 de septiembre de 1993.

manipulativas, sino una auténtica expresión del estilo de vida del reino.

La sumisión y la impotencia en el reino no distorsionan la naturaleza de Dios. La servidumbre expresa la naturaleza de Dios. La fuerza de Dios se expresa en la impotencia. En y por medio de la impotencia expresamos nuestra dependencia de Dios. El poder de Dios también se expresa en nuestra debilidad y transformación (1Co 1.19). Prior, refiriéndose al "poder del bebé" en Belén, comenta:

> Es tradicional ver esta autohumillación como si Dios de alguna manera escondiera, o suspendiera, o agregara algo o renunciara a su divinidad para hacerse hombre. Pero ¿y si en realidad estuviera *poniendo al descubierto* su divinidad en Jesús? ¿Acaso el bebé de Belén no revela a Dios en lugar de encubrirlo? ¿Es que no vemos la naturaleza de Dios en la impotencia (a los ojos humanos) del bebé?[53]

Jesús puso al descubierto la verdadera intención del poder del mundo. El reino cuestiona la comprensión del poder que tiene el mundo redefiniendo el poder como "el vacío de Jesús en su entrega, el dominio por medio de la pérdida de dominio, y la plenitud que viene únicamente por el propio vaciamiento"[54].

La cruz y su impotencia eran auténticas expresiones del poder de Jesús para entregar su vida y volver a tomarla (Jn 10.18). Contra este poder —el poder para otorgar vida y entregarla por otros— no hay mayor poder.

Finalmente, la impotencia es esencialmente un acto de fe. En nuestra impotencia, expresamos nuestra dependencia de Dios. Al negarse a jugar el papel de poder con los poderosos, el cristiano hace una afirmación política. El poder del reino proclama la soberanía del camino de Jesús contra los poderes de esta era. El poder del reino proclama que el camino del reino expresado en la sumisión y la impotencia es el camino por excelencia, un atisbo de la gloria del reino venidero.

---

53 David Prior, *Jesus and Power*, p. 24.

54 Brueggemann, *The Prophetic Imagination*, p. 94.

Resumen

La impotencia intencional es, en realidad, una crítica radical del poder del mundo. Expresa la verdadera naturaleza de Dios, nuestra dependencia de Dios y el estilo de vida del reino. La impotencia intencional requiere un giro de la impotencia negativa. En el análisis final, esta comprensión del poder del reino (como impotencia) sugiere que es un acto de fe, una afirmación de que el camino del reino es el mejor camino.

El poder del reino cuestiona los principados y poderes

Los poderes cósmicos juegan un papel clave en las relaciones de pobreza y la impotencia de los pobres. Van a caballo de las heridas, las maldiciones y la debilidad de los pobres en situaciones de pobreza. Los principados y poderes explotan las estructuras y los sistemas para mantener sin poder a los pobres. Obran a través de las personas y modelan las instituciones implicadas en las relaciones de pobreza. Manipulan la interioridad espiritual de las estructuras y sistemas y son, en consecuencia, una fuerza clave a enfrentar en las situaciones de pobreza.

El reino de Dios cuestiona el poder del mal en todas sus manifestaciones. El conflicto con los poderes cósmicos es expresión de la inversión que el reino de Dios procura llevar a cabo. El anuncio del reino de Dios significa inversiones y conflictos, tanto en el ámbito sociopolítico como en el reino de Satanás. Jesús se movió para "derrotar a los enemigos de Dios, estableciendo y asegurando la soberanía divina en todo lugar"[55]. El derrumbe del reino de Satanás ha llegado con la venida del reino de Dios.

Este conflicto con el reino de Satanás es también una expresión de la teocentricidad de Dios. El reino de Dios no coexiste con otros reinos, sino que busca "destruir el actual curso del mundo [...] y con

55 Powell, *The Biblical Concept of Power*, p. 81.

ello acabar con todo sufrimiento y dolor"[56]. El reino teocéntrico enfrenta todo "poder satánico opuesto a Dios, bajo el cual el mundo actual gime"[57]. En el centro de este anuncio de la venida del reino de Dios, está una guerra total con el maligno, que introdujo la devastación en toda la creación.

Estos enfrentamientos con principados y poderes son expresión del nacimiento de un nuevo orden en el que Dios reina supremo. El reino de Dios es un nuevo orden. Arias sugiere que desde la venida de Jesús, todos los demás órdenes están bajo el maleficio de la "obsolescencia planificada"[58]. Jesús reconoció que "detrás de todas las personas malas y los patrones sociales torcidos [...] [estaban] las obras de Satanás y sus fuerzas demoníacas"[59]. Tras analizar la corrupción del poder y las estructuras y el papel del demonio, Charles Elliott concluye:

> Mientras nuestras estructuras sean presa de los poderes demoníacos, el contenido de nuestras políticas, la forma en que se adquiere y se usa el poder, serán burdos[60].

El enfrentamiento del mal y sus fuerzas es parte integral de la presencia reestructuradora del reino. La respuesta misional a los pobres es una batalla contra los principados y poderes. Es una batalla que procura establecer el reino de Dios y traer paz. La misión del reino reconoce que "en el centro de todas estas dificultades complejas [problemas globales], hay una realidad espiritual fundamental. No estamos tratando simplemente con hechos y cifras, gente y asuntos, sino con principados y poderes"[61].

La respuesta misional a los pobres es un enfrentamiento con los poderes que los mantienen en estado de impotencia. Los pobres son presa natural del diablo, y estamos llamados a desenmascarar

---

56 Küng, *The Church*, p. 76.

57 *Ibíd.*

58 Arias, *Announcing the Reign of God*, p. 43.

59 Sider, *One Sided Christianity*, p. 62.

60 Elliott, *Confortable Compassion*, p. 152.

61 Richard J. Foster, *Freedom of Simplicity* (La libertad de la sencillez), Harper Collins Publishers, Nueva York, 1981, p. 164.

esos poderes. Mi opinión personal es que el *shalom* y el poder del reino no son contradictorios. La calidad del *shalom* que anuncia el reino de Dios pondrá al reino directamente en conflicto con los poderes del mundo[62]. La naturaleza radical de nuestro compromiso no estriba en el hecho de que estamos involucrados en asuntos de justicia e iniciativas de empoderamiento. Estriba en el hecho de que estamos enfrentando todo el espectro de causas de la pobreza. En esto, las teorías de desarrollo basadas en un análisis de orientación iluminista de las estructuras y las causas de la pobreza se quedan cortas[63]. Enfrentar la carencia de poder de los pobres sin tener en cuenta

> ...esos factores espirituales [poderes espirituales que obran en y por medio de los que ejercen el poder en el mundo], es correr el riesgo de estar ciegos a los componentes del poder humano y al contraste radical proporcionado por el poder de Jesús[64].

En consecuencia, el compromiso con asuntos de la impotencia de los pobres "es una batalla cósmica entre Dios y Satanás"[65].

El poder del reino también procura invertir la "espiritualidad interior de las instituciones" que modela las estructuras, los sistemas y los individuos. Esto convierte el conflicto con los principados y poderes en una batalla entre espiritualidades distintas; entre la espiritualidad que libera a los pobres y la espiritualidad que desempodera a los pobres.

---

62 Paul Hiebert analiza la idea de encuentro y conflicto en el mundo indoeuropeo y el mundo bíblico. Afirma que "El tema central en las Escrituras no es el poder sino el *shalom*" ("Spiritual Warfare: Biblical Perspectives" [Guerra espiritual: perspectivas bíblicas], *Mission Focus*, vol. 20, n.° 3, 1992, p. 43). Sin embargo, el *shalom* que trae el reino está en conflicto con los modos del mundo, cuestiona directamente a los revolucionarios populares y religiosos de la época de Jesús (Sider, *One Sided Christianity*, p. 69). El *shalom* del mundo se construye para mantener pobres a los pobres. Por consiguiente, introducir el *shalom* del reino de Dios genera conflicto, un conflicto con los poderes (Ef 6.10–12) que mantienen a los pobres en estado de impotencia.

63 Duncan, *A Journey in Development*, p. 10.

64 Prior, *Jesus and Power*, p. 156.

65 Linthicum, *Empowering the Poor*, p. 96.

La batalla o el enfrentamiento con el diablo y sus fuerzas requieren del ayuno y la oración. Sólo

> ...por medio de la oración, nosotros como pueblo redimido, reafirmamos nuestro dominio dado por Dios sobre el mundo, gobernando y reinando con Cristo "muy por encima de todo gobierno y autoridad" (Ef 1.21 y 2.6). Al creer en la oración, abrimos la puerta para la intervención de Dios en nuestro afligido mundo[66].

El poder del reino afirma que el poder pertenece a Dios

Hasta aquí he sugerido que el poder del reino relee la historia desde la perspectiva de Dios, crea la comunidad del pacto, es inclusivo, basado en la verdad, clarifica la identidad, se define como carente de poder y enfrenta los principados y poderes. Cada una de estas marcas del poder del reino, redefine la idea misma de poder. Más que una mera transferencia de poder a los que carecen de poder, el reino de Dios exige, en palabras de Alvin Toffler, un "cambio del poder" en el que se transforma la naturaleza misma del poder.

En el reino teocéntrico de Dios, el poder siempre pertenece a Dios. La transformación de la naturaleza misma del poder no puede ocurrir por el mero ingenio humano, sino que es el resultado de la obra del Espíritu en nosotros[67]. Una transformación que equipe a los impotentes para conocer el poder del reino, no puede ocurrir sin la intervención del Espíritu Santo. Porque *No será por la fuerza ni por ningún poder, sino por mi Espíritu —dice el Señor Todopoderoso—* (Zac 4.6). La obra del Espíritu entre nosotros es la fuente de poder del reino.

En el análisis final, es el Espíritu Santo quien empodera al reino. La transformación se percibe como el resultado de la

---

66 John Robb, "Satan's Tactics in Building and Mantaining his Kingdom of Darkness" (Las tácticas de Satanás para construir y mantener su reino de oscuridad), *International Journal of Frontier Mission*, vol. 10, n.° 4, 1993, p. 180.

67 Elliott, *Comfortable Compassion*, p. 15.

unción del Espíritu. Sólo con la unción del Espíritu Santo puede haber predicación de las Buenas Nuevas, proclamando la libertad de los presos, la recuperación de la vista a los ciegos, el alivio de los oprimidos, y la proclamación del año del favor del Señor (Lc 4.18, 19). En Lucas 4, "el ministerio del Jesús terrenal se describe en términos de la iniciativa y la guía del Espíritu"[68]. Sin la unción del Espíritu Santo, el resto del manifiesto de Nazaret es meramente una agenda para los activistas sociales. En la respuesta del reino,

> ...el Espíritu se convierte en el catalizador, la fuerza que guía y dirige la misión. En todo momento, la misión de la iglesia es inspirada y confirmada por las manifestaciones del Espíritu[69].

El poder del reino sigue la iniciativa de Dios. Dios oye el clamor del oprimido antes de convocar nuestro compromiso (Éx 3.7–8). Dios hace la primera movida. Somos invitados a trabajar junto con Dios en la pavorosa tarea de construir el reino con una inclinación redentora en favor de los pobres. El poder del reino del Espíritu afirma que el compromiso entre los pobres es una respuesta activa más que una simple reacción. Ni las persuasivas estadísticas acerca de la pobreza ni nuestras estrategias de empoderamiento serán la motivación de una respuesta a los pobres basada en el reino.

Porque todos los pobres pertenecen a Dios (Sal 62.11), tomamos nuestro ejemplo del Dios encarnado— Jesús. David Prior sugiere que el "secreto del poder en el reino de Dios es poner a Jesús primero"[70]. Este acto de poner primero a Jesús es más que comenzar ritualmente con lo sagrado. Debemos reconocer verdaderamente nuestra impotencia y afirmar que todas las expresiones de poder en el reino de Dios reflejan consistentemente la teocentricidad del reino.

El poder del reino reconoce que es Dios quien toma la iniciativa en la historia y que todo empoderamiento en el análisis final es la obra del Espíritu Santo.

---

68 Bosch, *Transforming Mission*, p. 113.

69 *Ibíd.*

70 Prior, *Jesus and Power*, p. 87.

Dios, un "jugador" clave en las relaciones de poder

Como el poder pertenece a Dios, todas las relaciones de poder del reino incluirán a Dios como jugador clave. El ejercicio del poder ya no puede ser una relación bilateral entre los poderosos y los pobres impotentes. El papel y la presencia divinos que transforman el poder deben ser parte integral de todas las relaciones de poder del reino. Esta expansión del "triángulo de poder" afirma dos aspectos fundamentales de la misión cristiana. Primero, afirma el hecho de que en cualquier contexto, incluyendo la situación poder-pobreza, Jesús es el Señor. Segundo, la respuesta a la impotencia de los pobres *es* la misión de Dios; él es quien hace la primera movida en esta respuesta, nosotros sólo lo seguimos.

El poder pertenece a Dios

Ya no se trata de "el poder al pueblo" cuando se ejerce el poder del reino. La mayoría de las estrategias de desarrollo comunican el mensaje de que el poder debe pertenecer a los pobres. Las estrategias de modernización sugieren que el poder pertenece a los expertos en tecnología y desarrollo. A veces parece que la iglesia se ha tragado con cierta ingenuidad esta filosofía del poder.

Es imprescindible que la iglesia entre los pobres siempre comunique que el reino y el poder no nos pertenecen[71]. Como señala Yoder, incluso cuando expresábamos la consigna "el poder al pueblo", estábamos absolutamente conscientes de que la mera transferencia de poder sin la transformación del poder no resulta en una inversión de calidad transformadora[72]. El poder es un don de Dios. Los seres humanos se salen de su papel cuando se consideran la fuente del poder. Este poder sobrenatural es absolutamente natural en Dios.

71 Elliott, *Praying the Kingdom*, p. 16.

72 Yoder, "Power and the Powerless", p. 33.

La dependencia de Dios

Entre los pobres, el ejercicio del poder del reino requiere la intimidad con el Padre y la dependencia del Espíritu. Esa intimidad con Dios es un prerrequisito indispensable para expresar el poder del reino, que exige poner el centro en Dios en lugar de en la gente y las estrategias. Eso requiere solidaridad con Dios. La solidaridad con los pobres es un indigno sustituto de la solidaridad con el Dios de los pobres. Sólo en este contexto de solidaridad con el Dios de los pobres podemos entender todo el potencial del poder del reino para empoderar a los impotentes.

El ayuno y la oración como herramientas para la acción social

Siguiendo las afirmaciones de que todo el poder pertenece a Dios y que necesitamos la intimidad con el Padre, el poder del reino implica un compromiso con el ayuno y la oración. La experiencia de la misión enseña que "la historia pertenece a los intercesores"[73]. Unimos nuestras oraciones a las del Intercesor[74]. El ayuno y la oración son esencialmente expresiones de nuestra dependencia en Dios, a quien pertenece todo poder. La oración desafía los poderes cósmicos que mantienen impotentes a los pobres. La oración es un acto contra los poderes que, a través de su rebelión, resistencia y egocentrismo, estorban el propósito redentor de Dios[75].

Un acto profético

La afirmación del reino de que todo poder pertenece a Dios también es profética, porque vuelve el foco del mundo a los asuntos

73 Wink, *Engaging the Powers*, pp. 298ss.

74 *Ídem*, p. 305.

75 *Ídem*, p. 311.

espirituales. Esto sana la "pérdida del centro" del mundo y restaura su fe erosionada[76].

La espiritualidad del reino surge de seguir al Espíritu en la misión. Esta es la espiritualidad de un Dios que está comprometido con la historia y tiene que ser una espiritualidad de compromiso y no de abandono[77].

El poder es sólo penúltimo

Porque en el reino todo poder pertenece siempre a Dios, todo ejercicio de poder tendrá puesto un anillo de "penultimidad". Entre los pobres, esto exige la evaluación de los paradigmas usados para nuestros métodos participativos en los proyectos de desarrollo. El compromiso misional entre los pobres ¿comunica un holismo truncado? ¿Comunica "el poder al pueblo" a través de los diversos métodos participativos o el mensaje de que "todo poder pertenece a Dios"?

Resumen

Cuando el Cordero se siente en el trono (Ap 5) y nos conduzca a fuentes de agua viva (Ap 7), el poder tendrá un aspecto muy diferente. El reino redefine la naturaleza misma del poder. El poder en el reino relee la historia desde la perspectiva de Dios, afirma la calidad de pacto de las relaciones, incluye a todos, se basa en la verdad, clarifica la identidad, se define como impotente, enfrenta los principados y poderes, y en el análisis final afirma que el poder pertenece a Dios. Este es un extraño tipo de poder que a los ojos del mundo aparece como impotencia; sin embargo cuestionará e invertirá todas las deficiencias. En su extrañeza, este poder del reino es una crítica profética a la manera del mundo de entender el poder que genera efectivamente y perpetúa la impotencia de los pobres.

---

76 Moltmann, *Theology of Hope*, p. 307.

77 Costas, *Christ Outside the Gate*, p. 172.

El capítulo final pone el foco en la construcción de un paradigma alternativo para responder a la impotencia de los pobres. Está edificado sobre las lecciones que da la historia, en respuesta a las nuevas preguntas que surgen de los pobres, y enraizado en nuestras reflexiones sobre el reino de Dios y su comprensión del poder.

Capítulo 11

Una respuesta basada en el reino a la carencia de poder de los pobres

Mi búsqueda de una manera más efectiva y auténtica de responder a la impotencia de los pobres comenzó en el umbral mismo de los sin poder. La primera parte examinó los supuestos acerca de la pobreza que dieron forma a los modelos de ministerios históricos y contemporáneos entre los pobres. La segunda parte indagó en diversas expresiones de impotencia. La tercera parte analizó los aspectos clave del reino de Dios reflejados en los estudios contemporáneos antes de explorar la comprensión del poder que tiene el reino.

Este capítulo reúne algunas claves acerca de la pobreza, la falta de poder y el poder del reino al explorar y repensar

* los principios para responder a los que carecen de poder;
* los lineamientos para preparar profesionales locales para reequipar a los sin poder;
* las áreas de investigación sobre la efectividad de la misión;
* el actual concepto de misión entre los pobres.

Volviendo a los pobres sin poder

Basado en las reflexiones sobre la impotencia, propongo el siguiente cuadro para analizar las relaciones de poder dentro de una comunidad de pobreza. Este cuadro (cuadro 11-1) procura identificar diversas expresiones del estar sin poder [impotencia] de los pobres.

El cuadro

En el cuadro he reunido diferentes aspectos de las relaciones de pobreza. Las columnas verticales representan varios dominios de relaciones, a saber, el social (S), el económico (E), el político (P), el religioso (R) y el burocrático (B). Todos estos influyen y a la vez son influidos por fuerzas en los niveles micro, macro, global y cósmico del espacio vital. A la izquierda, enumero las cuatro dimensiones de la realidad social (relaciones, espacio, tiempo y ser), además de los aspectos de la visión del mundo y el papel de los principados y poderes.

Espacio vital	Micro					Macro					Global					Cósmico				
	S	E	P	R	B	S	E	P	R	B	S	E	P	R	B	S	E	P	R	B
Relaciones																				
Espacio																				
Tiempo																				
El ser																				
Aspectos de la visión del mundo																				
El papel de los principados y poderes																				

Cuadro 11-1: Cuadro para identificar diversas expresiones de carencia de poder en las situaciones de pobreza.

Cómo aplicar el cuadro

Este cuadro sirve como herramienta para recoger información acerca de relaciones de pobreza basada en las preguntas de los pobres, los temas que debaten y los relatos acerca de sus experiencias y sueños. Estas preguntas, temas, relatos experiencias y sueños sirven como ventana a su experiencia de impotencia. Podemos usar este cuadro para ordenar esta información y desarrollar una comprensión abarcadora de la impotencia de los pobres.

El cuadro, como se describe antes y se usa a lo largo del estudio, intenta captar la experiencia de los que carecen de poder sin reducirlos a meros números. Este instrumento da lugar a las dimensiones humana y relacional, lo mismo que a las fuerzas impersonales que se deban considerar en los niveles micro, macro, global y cósmico en las situaciones de pobreza. También recoge asuntos de la visión del mundo y el papel de los principados y poderes para su análisis. Este cuadro también podría utilizarse para poner en relieve la interacción entre las diversas fuerzas en las situaciones de pobreza en los niveles micro, macro, global y cósmico.

Responder a los pobres que carecen de poder

Las reflexiones sobre el reino de Dios y el poder sugieren siete grandes temas para considerar al desarrollar un paradigma basado en el reino para responder a los pobres sin poder. Como señalamos en la Introducción, este estudio tiene por objeto construir ese paradigma. Las siguientes recomendaciones no tienen por objeto servir de plan de acción para los profesionales de base. Más bien, sirven como temas para que los profesionales de base los consideren a medida que *ellos* construyen un plan de acción para responder a los pobres sin poder. Una respuesta basada en el reino:

- invierte el proceso de desempoderamiento;
- enfrenta los complejos de dios;
- sana a las personas en relaciones de pobreza;
- encara las deficiencias en la visión del mundo;
- cuestiona los principados y poderes;
- establece la verdad y la justicia;
- proclama que todo poder pertenece a Dios.

Una respuesta basada en el reino invierte el proceso de desempoderamiento

Si la impotencia es el resultado de procesos socioeconómicos, políticos, burocráticos y religiosos sistemáticos de desempoderamiento de los pobres, la iglesia y los profesionales de base están llamados a encarar este proceso multifacético y vincularlo al tiempo en las relaciones de pobreza.

Para responder a los que carecen de poder

Un paradigma basado en el reino encarará las dimensiones relacionales construyendo comunidades con calidad de pacto que sean inclusivas. Cuestionará las líneas divisorias. En Josiprasda, esto significaría cuestionar las líneas legales que permiten a los dueños de tierras cultivar los excedentes de tierra mientras llevan a la corte a los sin tierra por la misma "ofensa". En términos de programas, esto significaría evaluar los esfuerzos populares de organización comunitaria que explotan los problemas y las cifras. Una respuesta basada en el reino exige construir una comunidad con calidad de pacto que señale la venida del reino de Dios.

Una respuesta basada en el reino enfrentará las fuerzas en los niveles micro, macro, global y cósmico. Significará involucrarse en el micro nivel que influye en las dimensiones macro y global con una agenda cósmica. Eso debería resultar, por ejemplo, en que la iglesia de Mogalliwakkam cuestione a las Autoridades Metropolitanas de Desarrollo de Madras por el hecho de que los sin tierra están siendo echados de sus "lugares de trabajo".

Una respuesta basada en el reino incluirá la dimensión del tiempo al considerar los procesos de desempoderamiento. Releerá la historia desde la perspectiva de Dios proveyendo una alternativa profética a las distorsiones que perpetúan los "ganadores". Además, infundirá esperanza al equipar a los pobres para imaginar otra vez el futuro. Una respuesta basada en el reino cuestionará la cautividad de los pobres a su creencia de que no pueden cambiar su realidad actual o su futuro.

Definiciones alternativas

Una respuesta del reino al proceso de desempoderamiento exige una nueva comprensión de ciertos marcos de la misión como la sustentabilidad, el empoderamiento y la transformación. Las definiciones de sustentabilidad deberán tener en cuenta los aspectos del tiempo, las relaciones, las personas y el espacio. Las mediciones de sustentabilidad deben considerar específicamente la capacidad de los pobres para releer la historia, la presencia de la esperanza, la creación de comunidades con calidad de pacto y la expresión del propósito inclusivo en las relaciones. Las definiciones de sustentabilidad del impacto también deben tener en cuenta el impacto de la participación del micronivel sobre las fuerzas macro, global y cósmica.

Las estrategias de empoderamiento necesitan empoderar al pobre con habilidades para encarar las fuerzas a cada nivel del espacio vital en las relaciones de pobreza. El empoderamiento debe encarar la cuestión de la desesperanza y la capacidad de las personas de releer la historia, con la participación de Dios como punto de referencia fundamental.

En el análisis final, la transformación debería significar invertir el proceso de desempoderamiento que mantiene sin poder a los pobres.

Una respuesta basada en el reino enfrenta los complejos de dios

Si la impotencia de los pobres es el resultado de su cautividad en los muchos complejos de dios de sus situaciones de pobreza, entonces esos complejos de dios deben ser enfrentados y desmantelados. Los complejos de dios operan a través de diversas relaciones y en diferentes niveles del espacio vital en las situaciones de pobreza; resultan de la interacción de las estructuras, los sistemas, las personas y las "interioridades espirituales". La visión del mundo de una persona también refuerza esos complejos de dios con sanciones divinas, prohibiendo a los pobres cuestionar esos complejos de dios. Los principados y poderes que procuran destruir el reino de Dios perpetúan esos complejos de dios. En la vida de los pobres, esos complejos de dios son verdaderos poderes que buscan absolutizarse y hacerse "dios".

Para responder a los sin poder

El establecimiento del reino de Dios es la respuesta más apropiada a los complejos de dios. La misión entre los pobres debería incluir la proclamación del reino de Dios en toda su gloria y establecerlo. Este reino es teocéntrico, relacional y político; invierte el orden de las cosas, busca responder, pone el foco en el interior y está inclinado, en cuanto a la redención, a favor de los cautivos de esos complejos de dios.

El reino de Dios debería ser el centro y el contexto de todo el compromiso de la misión de la iglesia entre los pobres. Esto exige un consciente reconocimiento y la comunicación del gobierno de Dios en todos los asuntos de la iglesia y de los pobres. Esto cuestiona todos los poderes relativos que procuran absolutizarse a sí mismos. También cuestiona las maneras de ver el mundo que refuerzan las idolatrías en las situaciones de pobreza. Finalmente, esto cuestiona los principados y poderes y sus esfuerzos por mantener los complejos de dios.

En conjunto, estas reflexiones sugieren que proclamar el reino de Dios no es una simple opción. Es *la* respuesta más apropiada a la carencia de poder de los pobres. Cuando los complejos de dios perpetúan la impotencia de los pobres, el reino de Dios es la única alternativa viable al anunciar la verdadera y completa liberación para los pobres que no tienen poder.

Definiciones alternativas

Esta interpretación de una respuesta basada en el reino a los complejos de dios en las relaciones de pobreza, cuestiona además los marcos tradicionales, como la sustentabilidad, el empoderamiento y la transformación. La sustentabilidad en el compromiso misional entre los pobres puede y debe ser medida en términos de su impacto sobre los muchos complejos de dios en las situaciones de pobreza.

El empoderamiento necesita incluir el enfrentamiento de las estructuras, los sistemas, las personas y las interioridades espirituales que modelan los complejos de dios. La transformación debería definirse con el reino de Dios como fundamento; un reino que se opone a todos los demás reinos.

Una respuesta basada en el reino sana a las personas en las relaciones de pobreza

La carencia de poder es esencialmente un fenómeno humano. Supone falta de amor y compasión, inseguridad y dolor, exclusión y quiebre de las seguridades tradicionales, y explotación de la salud, la mente, la voluntad, las costumbres y las maldiciones por parte de principados y poderes. Todo esto estropea la identidad del pobre.

Para responder a los sin poder

Las respuestas evangélicas y los modelos históricos de ministerio enseñan que cualquier respuesta a los que carecen de poder basada en el reino, debe tener en cuenta la compasión, la seguridad, la sanidad de las relaciones heridas y aquellas dimensiones que sean integrales a las respuestas misionales a la pobreza. Este énfasis es apropiado a las experiencias de los impotentes y servirá para corregir la impersonalidad de los análisis de las causas de las situaciones de pobreza.

Una parte esencial de la respuesta basada en el reino es la sanidad que produce al clarificar la identidad de los pobres. Junto con la inclinación redentora del reino en favor de los pobres, las respuestas sobre el poder del reino sugieren que Dios va más allá de los asuntos de justicia y dignidad para enfrentar la subyacente distorsión de la identidad inherente en la injusticia y el desempoderamiento.

Otra implicancia de este llamado a clarificar la identidad de los pobres es que esta clarificación de la identidad es un prerrequisito para equipar a los pobres, para que sean ellos agentes de transformación en su mundo. Una respuesta basada en el reino va más allá del acercamiento tradicional a los pobres. Deberá pasar de un enfoque por proyectos a iniciar movimientos entre los pobres que generen oleadas de transformación.

Definiciones alternativas

Una vez más, esta manera de ver la respuesta basada en el reino demanda de la comunidad de misión una revisión de la interpretación tradicional de conceptos como sustentabilidad, empoderamiento y transformación. La sustentabilidad del impacto debe medirse en términos de la identidad de los pobres y de la sanidad que se provee para el sufrimiento de los pobres en sus relaciones de pobreza.

Las estrategias de empoderamiento deben pasar más allá de los temas de justicia y dignidad. El poder del reino exige que el empoderamiento clarifique la identidad. Eso no puede depender de la demonización ni de la sacralización. En lugar de ello, la clarificación de la identidad se da sobre la base de la imagen de Dios. El papel de la fraternidad en la comunidad y la obra del Dios trinitario como punto de referencia. La transformación en la misión debe clarificar la identidad y sanar las relaciones rotas. Particularmente entre los pobres cuyas relaciones y creencias estropean constantemente su identidad.

Una respuesta basada en el reino encara las deficiencias en la visión del mundo

Las maneras de ver el mundo perpetúan la falta de poder entre los pobres al modelar su interpretación de las relaciones entre los grupos de personas, de las causas de la pobreza, lo mismo que del tiempo y el espacio. Las maneras de ver el mundo le dan justificación religiosa a las relaciones opresivas, a la riqueza de los ricos, a los bajos ingresos y a la situación laboral de los pobres, a la vez que impiden a los pobres desear el cambio.

Para responder a los sin poder

Al considerar el papel de la visión del mundo en relación con la impotencia de los pobres, la respuesta basada en el reino debe ir más allá de las preocupaciones de la sensibilidad cultural. Debe cuestionar las "sanciones o aprobaciones divinas" que contribuyen a la pobreza de las personas. El reino de Dios considera las líneas que dividen a las personas como un tema en el que Dios está profundamente comprometido.

Una respuesta basada en el reino genera preguntas sobre el sentido, cuestiona los sentidos asignados por la visión del mundo de las personas a los diversos hechos de la vida en las situaciones de pobreza. Al ir más allá del alcance de la sensibilidad para llegar a las raíces de la pobreza —ocultas en la visión del mundo y la religión de las personas— expresamos que una respuesta basada en el reino es fundamentalmente un encuentro de la visión del mundo y la religión, con la Biblia como nuestro marco de referencia básico.

Definiciones alternativas

Las definiciones de sustentabilidad deben considerar los temas de la visión del mundo y los cambios relacionados con este. Los métodos, estrategias y programas de misión deben estar dirigidos a generar cambios en la visión del mundo de la gente.

No puede haber empoderamiento sin encarar las deficiencias en relación con la visión del mundo. Porque los principados y poderes explotan la visión del mundo de las personas para perpetuar el engaño. La verdadera transformación debe encarar las deficiencias de las personas en la manera de ver el mundo.

Una respuesta basada en el reino cuestiona los principados y los poderes

Puesto que la mayoría de los análisis de las situaciones de pobreza sustentan una percepción de la realidad orientada por el Iluminismo e ignoran el nivel medio de la realidad como la experimentan y la entienden los pobres, una alternativa del reino buscará salvar esta brecha.

Para responder a los sin poder

Primero, como los principados y poderes están profundamente involucrados en las relaciones de pobreza, la misión del reino entre los pobres debe incluir el ayuno y la oración como herramientas importantes de la acción social. Aunque algunos en la iglesia afirman que el ayuno y la oración son disciplinas privadas, la Biblia aconseja cuidarnos de hacer del ayuno y la oración instrumentos sólo de nuestras necesidades personales y egoístas. Podemos descubrir el potencial del ayuno y la oración para mover montañas y hacer que el diablo y sus fuerzas caigan de los lugares celestiales (Lc 10.18).

Segundo, si la misión entre los pobres supone una batalla con principados y poderes, entonces los profesionales de base deberían estar equipados con *...toda la armadura de Dios* (Ef 6.10–12). Esto implica que los profesionales de base estén continuamente preparados con la disciplina espiritual como parte necesaria de la respuesta del reino a la impotencia de los pobres.

Finalmente, si una respuesta a los desposeídos basada en el reino implica la confrontación de principados y poderes, entonces debemos afirmar que los dones espirituales son habilidades de desarrollo requeridas para responder a su impotencia.

Una respuesta basada en el reino es esencialmente una batalla con poderes cósmicos que perpetúan la pobreza. Cualquier confrontación de la impotencia es una lucha con principados y poderes. Una respuesta basada en el reino debe enfrentar continuamente esta agenda cósmica por medio del compromiso con los niveles micro, macro, global y cósmico de la vida.

Definiciones alternativas

La sustentabilidad del impacto requiere considerar el impacto en la obra de los poderes cósmicos. Las estrategias de empoderamiento necesitan incluir el equipamiento de la iglesia entre los pobres con las disciplinas espirituales necesarias para enfrentar al maligno. La transformación de la obra entre los pobres debe ser redefinida para incluir la dimensión del desafío y la batalla con los principados y potestades activos en toda situación de pobreza.

Una respuesta basada en el reino establece la verdad y la justicia

Si la pobreza de los pobres implica la cautividad en una "red de mentiras", esa red tiene varias "arañas". Incluye los pobres y los no pobres, con sus respectivas visiones del mundo; los principados y poderes; y las interioridades espirituales en las estructuras y sistemas. Por consiguiente, el análisis social de las situaciones de pobreza debe interpretar las mentiras que la perpetúan.

Para responder a los sin poder

La respuesta más auténtica a la "red de mentiras" es establecer y proclamar la verdad y la justicia. Esta verdad reordenará radicalmente las relaciones, buscando establecer la Verdad —con "V" mayúscula— acerca de uno mismo, en la vida pública y privada, y acerca del poder. Esto restaurará la fe de las personas en relaciones de pobreza.

La verdad también cuestiona las deficiencias de las personas en la manera de ver el mundo. Una respuesta basada en el reino no analiza la cultura y la visión del mundo simplemente para formular estrategias relevantes de comunicación, sino que va más allá, pues explora la cultura y la visión del mundo de las personas para desenterrar las raíces de la impotencia o carencia de poder y la pobreza.

Finalmente, el poder del reino, basado en un permanente estudio de la Palabra de Dios y armado con la Palabra de Dios, cuestiona las mentiras que perpetúan los principados y potestades. Una respuesta del reino a los pobres es más que caridad; es esencialmente la tarea espiritual de establecer la verdad y la justicia en las relaciones de pobreza.

Definiciones alternativas

La sustentabilidad del impacto implica la integración de la verdad en las diversas esferas de la vida, incluyendo la visión del mundo que tiene una persona. Debería medir el esfuerzo de establecer la Verdad —con "V" mayúscula— acerca del ser de la persona, del poder y de los aspectos de la vida pública y privada.

Las estrategias de empoderamiento deben estar basadas en la verdad en todos los niveles. El empoderamiento debe incluir equipar a los pobres para establecer la verdad en la vida pública y privada. Finalmente, la trasformación debe redefinirse usando la verdad como su marco de referencia.

Una respuesta basada en el reino proclama que todo poder pertenece a Dios

Mientras que la mayoría de las respuestas a los pobres sin poder afirman la consigna "El poder al pueblo", el poder del reino afirma constantemente que el poder siempre pertenece a Dios. Nuestra comprensión del poder, la tendencia a absolutizar el poder y la erosión de la fe en la vida pública y privada, requieren más que un reordenamiento de las relaciones de poder.

Para responder a los sin poder

Las claves del reino sugieren una manera diferente de ver el poder, el cual en el reino pertenece a Dios. Este poder está a nuestra disposición mediante el empoderamiento del Espíritu Santo.

Al proclamar que el poder pertenece a Dios, una respuesta del reino afirma la teocentricidad del reino de Dios, y también sugiere que en el reino teocéntrico, incluso las cuestiones de poder son penúltimas. En el reino, el foco está en Dios y en su reinado.

El poder jamás puede pertenecer a los pobres ni a los no pobres. El poder siempre pertenece a Dios. Por ello, una respuesta basada en el reino afirma constantemente, en y por medio de todas sus estrategias de empoderamiento y trasformación, que el poder pertenece a Dios y sólo a Dios.

Definiciones alternativas

Esta manera de ver la naturaleza del poder, demanda que los profesionales de base redefinan los asuntos. Las definiciones y las estrategias de empoderamiento que afirman el "poder a los pobres", la sustentabilidad que mide solamente la trasferencia de poder y la transformación que no cuestiona el sentido del poder, serán lamentablemente deficientes. Las mediciones de sustentabilidad deben ir más allá de la mera transferencia de poder, es decir, a la transformación misma del poder.

El conflicto entre poder y carencia de poder, en definitiva, debe poner su caso frente al trono del Cordero sacrificado. En el análisis final, cuando llegue el fin de los tiempos, todos dejaremos nuestras coronas ante el trono y entonaremos una nueva canción proclamando:

> Digno eres, Señor y Dios nuestro, de recibir la gloria, la honra y el poder, porque tú creaste todas las cosas; por tu voluntad existen y fueron creadas (*Ap 4.11*).

Reequipamiento de los profesionales de base

El paradigma alternativo que surge de nuestras reflexiones sugiere un giro fundamental en el papel de los profesionales que están en las líneas delanteras de la misión. La aplicación de esta respuesta basada en el reino demanda un radical reequipamiento de los profesionales de base entre los pobres.

Primero, una respuesta basada en el reino a la impotencia de los pobres debe ser una expresión auténtica del "ser interior" de los profesionales de base. Así como la impotencia es un fenómeno humano y relacional, y el reino de Dios también es relacional, una respuesta basada en el reino de Dios también debe ser relacional. Una respuesta basada en el reino también debe poner el foco en las personas y sus relaciones. La respuesta no se puede reducir a un mero programa de acción. Esta interpretación de la respuesta del reino supone que el peregrinaje personal de los profesionales de base no se puede separar de las expresiones externas de su respuesta. Esto significa una permanente clarificación de la identidad de los profesionales de base fundada en las Escrituras y en el contexto de la comunidad.

Segundo, una respuesta basada en el reino exige que en la comunidad de los profesionales de base se establezcan relaciones inclusivas con calidad de pacto fundadas en la verdad. Una parte integral de la formación de los profesionales de base será ayudarlos a convertirse en una comunidad hermenéutica que constantemente modele y remodele sus paradigmas y modelos de misión.

Tercero, una respuesta basada en el reino a la carencia de poder de los pobres es una batalla con los principados y poderes. Esto significa que los profesionales de base deben ser una comunidad guiada por el Espíritu que viste toda la armadura de Dios (Ef 6.13–18). La formación de los profesionales de base debe afirmar el papel del Espíritu Santo en la misión y planificar una formación espiritual intencional.

Cuarto, como las situaciones de los que no tienen poder involucran a principados y poderes, el reconocimiento y la utilización de los dones espirituales debe ser parte integral de una misión que pretende encarar la impotencia de los pobres. Por ello, el reequipamiento de los profesionales de base incluirá estimularlos a discernir y usar sus dones espirituales en el compromiso misional.

Quinto, una respuesta basada en el reino sigue la iniciativa de Dios en la historia. Los profesionales de base requieren habilidad para percibir la obra de Dios entre los pobres. Esa lectura debe ser desde el interior del contexto, estar basada en la comunidad y en la Biblia, y captar los "patrones" de los movimientos de Dios entre los pobres.

Sexto, porque las raíces de la pobreza están enredadas en la visión del mundo y los sistemas religiosos de las personas, los profesionales de base necesitan reequiparse con habilidades para analizar la visión del mundo de las personas como parte necesaria del análisis de la pobreza.

Séptimo, puesto que una respuesta basada en el reino entre los pobres supone establecer la verdad y la justicia, la tarea de equipar a los profesionales de base también estará determinada por esta responsabilidad en la misión. La verdad debe ser un determinante fundamental en las relaciones en la comunidad de profesionales de base. La comunidad de los profesionales de base debe estar equipada para convertirse en "expresadora del sufrimiento" como los profetas, con el conocimiento y la habilidad para decir la verdad acerca de las relaciones de pobreza.

A continuación, los profesionales de base necesitan estar equipados para enfrentar los temas de nivel macro y global con una agenda cósmica mientras están involucrados en las microcomunidades. El compromiso tradicional entre los pobres tiende a estar atado al micro nivel. El foco está puesto en los proyectos y actividades. No obstante, la indagación en la naturaleza de los pobres muestra que la pobreza se ve afectada por fuerzas de los niveles micro, macro, global y cósmico. Los esfuerzos por implementar una respuesta basada en el reino sin encarar esas fuerzas en todos los niveles del espacio vital de los pobres, serán inadecuados.

Al afirmar la inclusión, el poder del reino procura generar oleadas de transformación. Una respuesta basada en el reino equipa a los pobres para ser agentes de trasformación y, por ende, iniciadores de movimientos. La comunidad de los profesionales de base requiere habilidades para equipar a los pobres con una verdadera comprensión del poder del reino para que puedan generar oleadas de transformación en su mundo. Los profesionales de base deben estar ellos mismos equipados para ir más allá de los proyectos y poner a la iglesia entre los pobres en condiciones de iniciar movimientos en sus comunidades.

Finalmente, una respuesta basada en el reino afirma que el poder pertenece a Dios. Esto supone que los profesionales de base que buscan implementar una respuesta basada en el reino entre los pobres deben vivir esa afirmación. Los profesionales locales deben depender del Dios del reino. Esto permitirá a los pobres percibir el vínculo existente entre el poder expresado en las respuestas basadas en el reino, y la dependencia de la comunidad de profesionales de base en Jesucristo, a quien pertenece todo poder y gloria.

Investigar sobre la efectividad de la misión

La profundización del análisis para mejorar la calidad del compromiso misional entre los pobres debe tener en cuenta cinco áreas:

* Hay necesidad de desarrollar una teología del poder en el contexto de los pobres. Esta teología del poder debe incluir las dimensiones del tiempo y el espacio vinculadas a la pobreza, el poder y la carencia de poder.

* Los problemas metodológicos requieren mayor estudio. Primero, necesitamos una metodología rigurosa para una hermenéutica evangélica diferente que utilice el potencial de los relatos y las narraciones como herramienta hermenéutica. Además, necesitamos herramientas para la exégesis de los paradigmas a nivel de los profesionales. Con frecuencia las preguntas sobre el paradigma se han basado en los "paradigmas escritos", pero a menudo los paradigmas están a nivel verbal entre los profesionales de base.
* Hay necesidad de estudiar la relación entre la interpretación del reino de Dios de la iglesia local y el poder del reino y la efectividad de la iglesia entre los pobres.
* El papel del Espíritu Santo y la espiritualidad en el compromiso misional entre los pobres demanda mayor reflexión. La carencia de poder y la pobreza involucran las interioridades espirituales en las estructuras y los sistemas, los sistemas religiosos y la visión del mundo de las personas, al igual que el papel de los principados y poderes. El poder pertenece a Dios, y el Espíritu Santo es el empoderador último. Hacen falta más estudios para reunir todos estos hilos, explorando el encuentro de las espiritualidades en conflicto en las situaciones de pobreza y el papel del Espíritu Santo.
* Hace falta desarrollar más la identidad en relación con la impotencia de los pobres y una respuesta basada en el reino. También se requiere investigar más el papel de la historia, la manera de entender el poder en el mundo, la visión del mundo y el papel de los principados y poderes en relación con la identidad estropeada de los pobres.

Repensar la misión

Las reflexiones de este capítulo sugieren que una respuesta basada en el reino puede revertir los procesos de desempoderamiento, confrontar los complejos de dios, sanar a las personas en sus relaciones de pobreza, sanar las deficiencias en la visión que tienen las personas acerca del mundo, cuestionar los principados y poderes, establecer la verdad y la justicia, y proclamar que todo poder pertenece a Dios.

Finalmente, la misión entre los pobres es una presencia profética basada en el reino que critica la comprensión del poder en el mundo que retiene a los pobres despojados de poder. La misión es una respuesta en la que el compromiso de la comunidad del reino en el micronivel influye en las dimensiones macro y global a nivel cósmico. Es una respuesta basada en el reino que procura establecer la verdad y la justicia en las relaciones de pobreza y sanar a las personas en relaciones de pobreza. En el análisis final, la misión entre los pobres carentes de poder intentará participar auténticamente en la respuesta de Dios a las oraciones de los pobres cuando expresan

> *Venga tu reino.*
> *Hágase tu voluntad,*
> *como en el cielo,*
> *así también en la tierra.*
> (Mt 6.10, RV95)

Apéndice 1:

La naturaleza de los "poderes"

(Capítulo 7)

Los siguientes autores han descrito la naturaleza de los principados y poderes (Col 2.15, Ef 6.12), de diferentes maneras:

* **Heinrich Schiler** desarrolla la idea de que el "aire" en Efesios 2.2 (RV95) es el principal medio por el que los poderes ejercen su control sobre los asuntos de los seres humanos[1].
* **H. Berkhof** propuso que esos poderes son estructuras de existencia terrenal, y que el énfasis de Pablo no es tanto en los aspectos espirituales personales de la naturaleza, como en el papel de los poderes que condicionan la vida terrenal[2].
* **Oscar Cullman** propuso que los poderes eran tanto autoridades humanas como poderes angélicos[3].
* **Wesley Carr** afirma que los poderes no deben entenderse como alguna fuerza maligna o demoníaca, sino como seres puramente angelicales que rodean el trono de Dios[4].
* **John Howard Yoder** enfoca su atención en la "subordinación revolucionaria" de la iglesia a esos poderes. Con relación a la identidad de los poderes, Yoder dice que son caídos. Sin embargo, "los Poderes no son simplemente algo ilimitadamente maligno. Los Poderes,

---

1 *Principles and Powers*, p. 12.

2 *Christ and the Powers* (Cristo y los poderes), Herald Press, Scottdale PA, 1962, p. 18.

3 *In Christ and Time* (Cristo y el tiempo), Westminster Press, Filadelfia, 1950.

4 "Angels and Principalities: The Background, Meaning and Development of the Pauline Phrase hai Archai kai hai exousiai" (Ángeles y principados: el trasfondo, el sentido y el desarrollo de la frase paulina *hai Archai kai hai exousiai*), SNTSMS, vol. 42, 1981.

a pesar de su condición caída, siguen cumpliendo una función ordenadora"[5].

* **Richard J. Mouw** sugiere que Pablo personaliza el poder, a la vez que identifica esos poderes como fuerzas que "'están detrás de' e 'influyen en' la vida política [...] [y] otras áreas de la vida social humana"[6].
* **Clinton E. Arnold**, en su investigación sobre el concepto de poder en Efesios, concluye que Pablo no "desmitifica los 'poderes' haciéndolos equivalentes a las nociones abstractas de 'carne' y 'pecado' ni los ve como algún tipo de 'atmósfera'. La carne y el diablo (con su 'poder') obran en conjunto llevando a la humanidad a la desobediencia de Dios"[7].
* Finalmente, la obra en tres partes de **Walter Wink** sugiere que los poderes espirituales no son alguna entidad etérea o celestial separada, sino "el aspecto interno de las manifestaciones materiales o tangibles de poder"[8]. Wink define tal comprensión de los poderes como la marca de una visión del mundo integral basada en las ideas de Carl Jung y otros. Los poderes son "la interioridad de todas las cosas [...] [la] realidad espiritual interior [que está] inseparablemente relacionada con una concentración exterior o manifestación física"[9]. Wink sugiere tres tipos de manifestaciones de los poderes: la posesión personal externa, la posesión colectiva y la personal interior demoníaca[10]. Para Wink, los poderes son esa interioridad espiritual del sistema de dominación que modela la vida diaria de todos los seres humanos.

---

5 *The Politics of Jesus*, pp. 143–44.

6 *Politics and the Bible Drama*, p. 87.

7 Arnold, *Ephesians*, p. 69.

8 *Naming the Powers: The Language of Power in the New Testament* (Nombrar los poderes: el lenguaje del poder en el Nuevo Testamento), Fortress Press, Filadelfia, 1984, p. 104.

9 *Engaging the Powers*, p. 5.

10 *Unmasking the Powers: The Invisible Forces that Determine Human Existence* (Desenmascarar los poderes: las fuerzas invisibles que determinan la exitencia humana), Fortress Press, Filadelfia, 1986, p. 43.

Apéndice 2:

Definiciones de "poder"

(Capítulo 10)

El poder en la literatura

Las definiciones del poder en las obras literarias más importantes varían, aunque hay algunos temas comunes:

* **Max Weber** (1864–1920) definió el *poder* como la "posibilidad de imponer la propia voluntad sobre la conducta de otras personas"[11].
* **Gary Yukl** sugiere que el poder es "la influencia potencial del agente sobre las actitudes y conductas de una o más personas asignadas como blanco"[12].
* **James McGregor Burns** define el poder como "la posibilidad de que un actor de una relación social pueda llevar a cabo su voluntad a pesar de la resistencia, e independientemente de la base sobre la que esa probabilidad se apoye"[13].
* **Donald E. Messer** señala que el poder es un término neutral. Sugiere que las connotaciones negativas se ven cuando el poder se usa para controlar y los ejemplos

---

11 En Galbraith, *The Nature of Mass Poverty*, p. 2.

12 *Leadership in Organizations* (Liderazgo en organizaciones), segunda edición, Prentice-Hall Cliffs NJ, 1989, p. 14.

13 *Leadership* (Liderazgo), Harper & Row, Nueva York, 1978, p. 11.

de uso positivo del poder se dan cuando se utiliza para servir a otros[14].

* **Dennis Wrong** sugiere que "el poder es la capacidad de algunas personas para producir efectos intencionados y previstos sobre otros"[15]. Wrong sigue adelante para sugerir que cualquier definición o descripción del poder debe encarar cinco puntos: la intencionalidad (pretendida o prevista, contrariamente a la influencia no intencional), la efectividad (el éxito o fracaso en el uso del poder), la latencia (la disposición o la tendencia a utilizar el poder, a diferencia de los actos de conducta específica o episódicos), la asimetría y el equilibrio en las relaciones de poder entre quien lo sustenta y quien es blanco de él, y finalmente, la naturaleza de los efectos producidos[16].
* **Paul Hersey** y **Kenneth Blanchard** definieron el poder como "el potencial de influencia": el recurso que permite a un líder obtener la conformidad y el compromiso de otros[17].
* **Galbraith** distingue entre tres instrumentos de poder: "poder merecido", que obtiene la sumisión por su habilidad para imponer una alternativa a la preferencia del individuo o el grupo (esta definición trasunta una connotación de castigo); "poder compensatorio", que obtiene la sumisión mediante una recompensa positiva; y "poder condicionado", que se ejerce cambiando las ideas por medio de la persuasión, la educación o el compromiso social[18].

---

14 *Contemporary Images of Christian Ministry* (Imágenes contemporaneas del ministerio cristiano), Abingdon Press, Nashville TN, 1989, p. 104.

15 *Power*, p. 4.

16 *Ídem*, pp. 4–17.

17 *Management of Organizational Behavior: Utilizing Human Resources* (Administración de la conducta de organización: el uso de los recursos humanos), quinta edición. Prentice-Hall, Englewood Cliffs NJ, 1988, p. 202.

18 *Nature of Mass Poverty*, pp. 4–6.

El poder en las Escrituras

En la Biblia, las palabras hebreas para poder son *hayil*, *hazaq* y *yad*, y en el Nuevo Testamento, las palabras en griego para poder son *exousia* y *dunamis*.

- El significado básico para la palabra hebrea *hayil* es "fuerza", de donde viene el sentido derivado "ejército" y "riqueza". La riqueza se relaciona con frecuencia con el poder, y *hayil* aparece 30 veces con ese sentido.
- El adjetivo *hazaq* aparece 57 veces en el Antiguo Testamento y 23 en el Nuevo Testamento. Se refiere a "mano fuerte" y, en la mayoría de los casos, al poder de Dios, como en Éxodo.
- La palabra hebrea *yad* se refiere a la mano del ser humano cuando realiza funciones manuales normales.
- El término griego *exousia* significa autoridad conferida o derivada, indica el derecho a hacer algo (Mt 21.23–27).
- *Dunamis* implica habilidad (2Co 8.3), fuerza (Ef 3.16) o hechos poderosos (Hch 2.22)[1]. La mayoría de las veces *dunamis* denota la habilidad para llevar a cabo una acción pero también puede referirse a un acto que expresa poder o a un ser sobrenatural que tiene mucho poder[2]. En el Nuevo Testamento *dunamis* aparece 118 veces, relativamente más frecuente en los escritos de Pablo; en los escritos de Juan no figura. En los evangelios sinópticos denota el poder de Dios, el poder celestial y el poder que completa la salvación[3].

Las palabras para "dominio" en hebreo, que indican que Dios tiene un dominio supremo, son *masal* (Job 25.2); *meluka* (Sal 22.28); *memsala* (Sal 145.13); *rada* (Gn 1.26–27), las cuales significan la mayordomía humana del orden natural y el poder político de la

---

1 Allen C. Myers (ed.), *The Eerdmans Bible Dictionary* (Diccionario Bíblico Eerdmans), Eerdmans, Grand Rapids MI, 1987, p. 844.

2 Bromiley, *The International Standard Bible Encyclopedia*, p. 927.

3 Brown, New International Dictionary (Nuevo Diccionario Internacional), vol. 2, p. 603.

monarquía; o *salat* (Sal 119–133), que significa el control del pecado sobre la vida humana.

Las palabras para "dominio" en griego son *kratos* (1Ti 6.16), la cual significa el dominio de Dios; *kyrieuo* (Ro 6.14), que significa el control del pecado en la vida humana o, como en Efesios 6.12, una jerarquía de ángeles[4].

"Autoridad" es otra palabra en la Biblia que comunica el uso del poder. Los términos hebreos que aparecen en la Biblia son *raba*, la cual se refiere a "ser grande" (Pr 29.2) o *toqep*, que significa "validez", como en la ratificación de la carta del rey por parte de Ester. En el Nuevo Testamento, la palabra griega *exousia* se usa también para significar "autoridad interior válida" para enseñar (Mr 1.22), perdonar (Mt 9.8; Mr 2.10; Lc 5.24) y juzgar (Jn 5.27)[5].

---

4 Myers, *Eerdmans Biblie Dictionary*, p. 920.

5 *Ídem*, p. 108.

Visión

Nuestra visión para cada niño y niña, vida en toda su plenitud;
Nuestra oración para cada corazón: la voluntad de hacer esto posible.

Declaración de Misión

VISIÓN MUNDIAL INTERNACIONAL es una confraternidad internacional de cristianos cuya misión es Seguir a Jesucristo, nuestro Señor y Salvador trabajando con los pobres y oprimidos para promover la transformación humana, buscar la justicia y testificar de las buenas nuevas del Reino de Dios

Procuramos cumplir esta misión por medio de un compromiso integral e integrado con:

Un desarrollo transformador sostenible
basado en la comunidad,
con atención especial a la problemática de la niñez;

Ayuda en situaciones de emergencia
para socorrer a las personas afectadas por conflictos o desastres;

La promoción de la justicia
que busque el cambio de las estructuras injustas
que oprimen a los pobres con quienes trabajamos;

Iniciativas estratégicas
que apoyen a la iglesia en el cumplimiento de su misión;

La concientización del público
para que comprenda la problemática de la pobreza,
lo cual conduzca a compartir recursos, comprometerse y orar;

El testimonio de Jesucristo
por medio de la vida, hechos, palabras y señales
que estimulen a las personas a responder al evangelio.

www.ingramcontent.com/pod-product-compliance
Ingram Content Group UK Ltd.
Pitfield, Milton Keynes, MK11 3LW, UK
UKHW022028190726
13853UKWH00005B/2152

9 789972 701818